Pixel & Vektor

Katharina Sckommodau
lebt in München und ist als Redakteurin bei dem Computerfachmagazin MACup für die Artikel rund um die professionelle Grafiksoftware zuständig. Zuvor war sie als selbstständige Journalistin und Dozentin tätig und hat sich hauptsächlich mit digitaler Bildbearbeitung, Vektorgrafik und 3D-Gestaltung beschäftigt. Sie ist Autorin des im dpunkt.verlag erschienenen Buches »Inkscape. Vektorgrafiken gestalten – für PC, Mac und Linux«.

Katharina Sckommodau

Pixel & Vektor

Kreative Grafiken mit Illustrator und Photoshop

Für CS5 und CS4

dpunkt.verlag

Katharina Sckommodau
sckommodau@sisypha.com

Lektorat: Barbara Lauer, Bonn
Copy-Editing: Hans Brückner
Umschlaggestaltung: Helmut Kraus, www.exclam.de
Layout und Satz: Katharina Sckommodau
Herstellung: Nadine Thiele
Druck und Bindung: L.E.G.O., S.p.a., Vicenza, Italien

Bibliografische Information der Deutschen Nationalbibliothek. Die Deutsche Nationalbibliothek verzeichnet diese Publikation in der Deutschen Nationalbibliografie; detaillierte bibliografische Daten sind im Internet über http://dnb.d-nb.de abrufbar.

ISBN 978-3-89864-680-2

1. Auflage 2010

Ringstraße 19 B
D-69115 Heidelberg

5 4 3 2 1 0

Vorwort

Auf den ersten Blick scheinen Pixel- und Vektorgrafiken völlig unterschiedliche Bereiche abzudecken. Da gibt es etwa eine Bildmontage, die in Photoshop erstellt wurde, oder eine Vektorgrafik aus Illustrator. Beim näheren Hinsehen zeigt sich jedoch, wie sich in vielen Arbeiten die Techniken vermischen: Erinnern Sie sich beispielsweise an das Filmplakat »Wer früher stirbt ist länger tot« von Marcus H. Rosenmüller? Offensichtlich liegt diesem ein Pixelbild aus dem Film zugrunde – doch wie könnte man diesen Rand bewerkstelligen, der wie ein weißer Scherenschnitt das Bild begrenzt? Solche exakten Kanten sind am besten mit einer Vektorgrafik umzusetzen. Oder noch ein konkretes Beispiel aus meinem Buch, welches auch den Einband schmückt: das Zebra. Sicher besteht es aus reinen Vektorformen, hier ist kein Pixelbild zu sehen. Als Vorlage dient jedoch ein Foto des Zebras, welches zum Abzeichnen in Illustrator zuvor gezielt in Photoshop aufbereitet wurde. In diesem Sinne könnte ich noch viele Beispiele aufführen, einige davon finden Sie als Übungen in diesem Werk.

Buchinhalt

Anders als andere Bücher, die sich mit Grafik und Bildbearbeitung beschäftigen, bietet das vorliegende Buch keine vollständige Funktionsbeschreibung der beiden Programme, vielmehr zeigt es in den verschiedenen Beispielen das Zusammenspiel von Pixeln und Vektoren. Dabei kommen bestimmte Funktionen recht ausführlich zum Zuge, andere wiederum spreche ich in keinem der Kapitel an. Das Werk erfüllt also sicher nicht die Kriterien eines Handbuches für Illustrator und Photoshop, es ist als Ergänzung zu einem solchen gedacht.

Für diejenigen, die noch mit der Vorversion arbeiten, habe ich alle Übungen so konzipiert, dass sie sowohl mit den Programmversionen CS4 wie auch mit der neuen CS5 durchgeführt werden können. Die Arbeitsschritte für die CS4-Anwender haben jedoch auch noch in der CS5 ihre Gültigkeit, da sie Techniken und Funktionen zeigen, die im restlichen Buch nicht unbedingt vorkommen. Sie liefern also jedem Leser wertvolle Informationen.

Benötigte Vorkenntnisse

Mit meinem Buch richte ich mich bewusst an fortgeschrittene Anwender und setze Grundkenntnisse in beiden Programmen voraus. Nur so ist es möglich, komplexe Zusammenhänge und Funktionsabläufe in einer übersichtlichen Form zu liefern. Sie sollten also die Grundlagen der Bildbearbeitung in Photoshop beherrschen und auch den Umgang von Zeichenwerkzeugen kennen.

Gliederung und Verwendung des Buches

Der Schwerpunkt des Buches liegt bei den zehn Übungen, die sich nach Themenbereichen sortiert in vier Kapiteln sammeln. Jedem Kapitel geht ein Grundlagenteil voraus, der kurz die wichtigsten Funktionen zu dem Thema zusammenfasst und zum Teil auch kleinere Arbeitsbeispiele mit dem gerade angesprochenen Programm zeigt. Ergänzende Informationen zu den angesprochenen Arbeitsweisen finden Sie in kurzen Exkursen; diese sind in der jeweiligen Programmfarbe hervorgehoben und so schnell zu erkennen. Abweichende Techniken der Version CS4 finden Sie ebenfalls in Form von Exkursen. Ein Überblick über alle Exkurse befindet sich im Anschluss an das Inhaltsverzeichnis.

Die einzelnen Kapitel und Übungen bauen nicht aufeinander auf – Querlesen ist also erlaubt. Jede Übung zeigt ein konkretes Arbeitsbeispiel mit exakten Anweisungen; das Bildmaterial dazu steht Ihnen auf der Webseite zum Buch unter *www.dpunkt.de/pixelvektor* zur Verfügung. Die in den Übungen verwendeten Beispiele finden sicher nicht immer eine praktische Anwendung; diesen Anspruch sollen sie auch nicht erfüllen. Sie dienen lediglich als Anregung für eigene Arbeiten und zeigen funktionale Vorgehensweisen, wie sich bestimmte Ideen umsetzen lassen. So geht es beispielsweise nicht darum zu lernen, wie man eine dreidimensionale Zitrone baut und diese in ein Foto mit Kirschen setzt; vielmehr geht es darum zu sehen, wie man solche Objekte generell bauen und stimmig in ein Foto einsetzen kann.

Zum Abschluss

Herzlich danken möchte ich allen, die an der Entstehung des Buches mitgewirkt haben. Dazu gehören die Fotografen aus allen Ländern, die ihre Bilder auf der Webseite *www.morguefile.com* kostenlos und lizenzfrei zur Verfügung stellen, und ohne die das Buch sicher nicht so vielfältig geworden wäre. Mein besonderer Dank gilt dem Illustrator Max Bachmeier, der mir für die Übung *1.2 Mit Handzeichnungen arbeiten* seine Illustration

»LOOK! IT'S TEH WEEKEND« zur Verfügung gestellt hat, der Roxy Film GmbH, die den Abdruck des Filmplakates »Wer früher stirbt ist länger tot« als Anregung für die Übung *1.4 Scherenschnitt* genehmigt hat, sowie Melanie Wallner und Stefani Schlereth, die sich die Zeit genommen haben, extra für die Übung *3.4 Schminken mit Vektoren* Bildmaterial anzufertigen.

Ebenfalls maßgeblich beteiligt am Gelingen dieses Buches waren Barbara Lauer vom dpunkt.verlag, die mir mit Rat und Tat während der gesamten Produktion zur Seite gestanden und auch in schwierigen Schaffensphasen nie die Geduld verloren hat, André Thamerus sowie mein Freund Hans Brückner, der dem Werk durch seine Korrekturen noch den letzten Schliff verliehen hat.

Zum Abschluss möchte ich Ihnen viel Spaß und gutes Gelingen beim Nachvollziehen der vorliegenden Übungen wünschen.

August 2010,
Katharina Sckommodau

Links

Bildmaterial:
www.morguefile.com
www.dpunkt.de/pixelvektor

Webseiten von Künstlern, deren Werke manche Übung inspiriert haben:
www.speronewestwater.com
www.christojeanneclaude.net
www.maxbachmeier.de

Download für den Filter *Extrahieren*:
www.adobe.com/support/downloads
http://www.adobe.com/support/downloads/thankyou.jsp?ftpID=4047&fileID=3768
http://www.adobe.com/support/downloads/detail.jsp?ftpID=4056

Inhalt

LOOK! IT'S TEH WEEKEND!

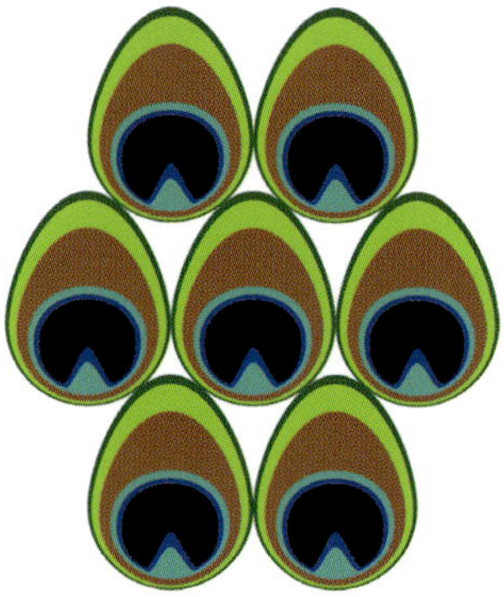

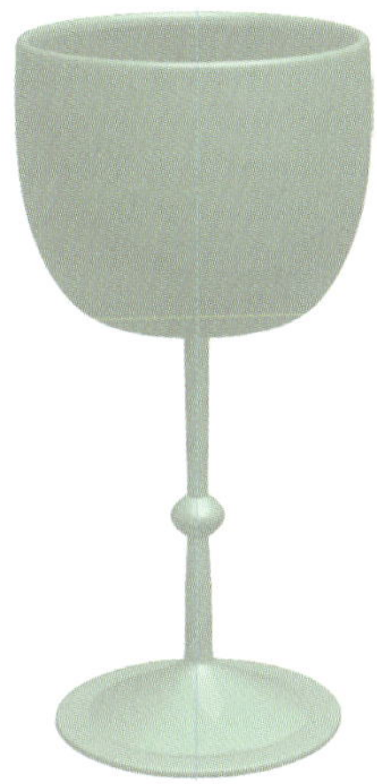

Exkurse

1 Zeichnen und malen

Bereits die Namen der beiden Programme deuten auf ihren Verwendungszweck hin. Doch lassen sich Illustrationen nicht nur in Illustrator anfertigen. Gerade das Zusammenspiel von Photoshop und Illustrator ermöglicht digitale Zeichnungen, die mit einer der beiden Lösungen nicht so einfach zu realisieren wären.

1.1 Grundlagen: Mal- und Zeichenwerkzeuge

LOOK! IT'S TEH WEEKEND!
© Max Bachmeier

Exkurse in diesem Kapitel:

Grund

lagen

1.1 Mal- und Zeichenwerkzeuge

Die Werkzeuge und Funktionen von Photoshop dienen dazu, Pixelbilder zu bearbeiten, die von Illustrator hingegen ermöglichen es, Vektorzeichnungen anzufertigen. Dennoch bieten beide Programme sowohl einen Zeichenstift wie auch einen Pinsel. Folgende Werkzeuge und Techniken zeigt dieser Abschnitt:

Photoshop:

- Arbeiten mit dem Grafiktablett
- Zeichenstift-Werkzeug
- Pinsel-Werkzeug
- Protokollpinsel- und Kunstprotokoll-Pinsel-Werkzeug
- Schnappschuss eines Bearbeitungszustands
- Mischpinsel

Illustrator:

- Arbeiten mit dem Grafiktablett
- Zeichenstift-Werkzeug
- Pinsel-Werkzeug
- Formen kombinieren und füllen
- Tropfenpinsel versus Buntstift

1.1.1 Crashkurs Zeichnen?

Nur die wenigsten erfolgreichen Illustratoren haben von Anfang an spektakuläre Zeichnungen zu Papier gebracht. Um ein (Kunst-)Handwerk wirklich gut ausüben zu können, bedarf es dreierlei: das Beherrschen der Werkzeuge, sehr viel Übung und Geduld – und ein gehöriges Maß an Begabung.

So ist es auch beim digitalen Zeichnen. Anders als bei einer Tuschezeichnung können Sie zwar bei der Arbeit am Computer von Ihrem Werk Zwischenschritte speichern, was auch dringend zu empfehlen ist, Arbeitsschritte rückgängig machen oder in einer Vektorzeichnung Punkte verschieben. Doch auch bei dieser Disziplin müssen Sie zunächst die Werkzeuge und Funktionen beherrschen. Das dauert sicher eine Weile, da viele Funktionen erst im Zusammenspiel ihre grandiosen Möglichkeiten entfalten; einen kleinen Eindruck, was möglich ist und wie es sich umsetzen lässt, liefert sicherlich auch die Übung *1.5 Vexeln*.

Der richtige Blick

Beherrscht man die Werkzeuge und kann diese mehr oder weniger blind bedienen, braucht man einen Blick für Motive. Auch die Zeichnung eines sehr langweiligen Gegenstandes oder das Foto von einer öden und kahlen Landschaft kann brauchbar sein – gerade wenn es darum geht, Pixel und Vektoren miteinander zu vereinen.

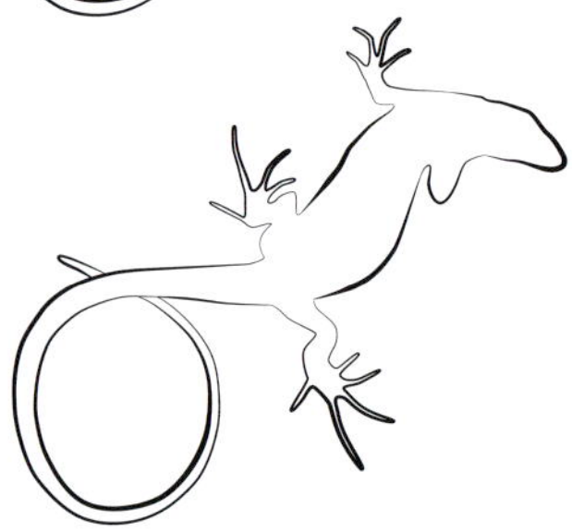

Möchte man ein komplexes Motiv auf wenige Striche reduzieren, muss jeder dieser Striche sitzen. Fehlt einer, fällt das sofort auf. Dieses Problem besteht nicht nur bei Freihandzeichnungen: Zum Beispiel die kleine Eidechse aus dem zweiten Kapitel *Nachzeichnen und malen*. Links oben sehen Sie das Original, darunter die gleiche Zeichnung, bei der jedoch einige wichtige Striche fehlen. Da sind einmal die beiden kleinen Zehen am (vom Betrachter gesehen) rechten Vorderfuß. Diese könnten sich zwar unter dem Kopf befinden, fehlen sie jedoch, wie in der unteren Skizze, wirkt es so, als ob sie vergessen wurden. Bestückt mit einer abgeänderten Kopie von zwei anderen Zehen wirkt die Zeichnung wieder richtig, obwohl diese so nicht der Bildvorlage entspricht. Ebenso verhält es sich mit den nachträglich eingefügten Linien an den Beinansätzen. Erst dadurch lässt sich die Dreidimensionalität des Körpers erahnen, die ja durch den sich überkreuzenden Schwanz bereits angedeutet ist. Dass die Augen nicht eingezeichnet wurden, stört nicht weiter.

Es kommt also darauf an zu erkennen, was hinzugefügt und was weggelassen werden muss, damit eine Grafik stimmig wirkt. Genauso ist es bei der Vexel-Übung in diesem Kapitel; müssten Sie jedes erkennbare Haar im Fell des Zebras einzeln zeichnen, würde diese Arbeit sicher zum Lebenswerk.

1.1.2 Techniken

Im Gegensatz zur fotorealistischen Darstellung geht es also beim Zeichnen um das Reduzieren von Formen. Neben freien Zeichnungen, wie sie die gescannte Zeichnung aus der Übung im zweiten Kapitel zeigt, lassen sich auch Fotos als Vorlage verwenden, die dann auf mehreren darüber liegenden Ebenen nachgezeichnet werden. Zeigen diese per Hand nachgezeichneten Formen nur eine Flächenfarbe und keinen Verlauf, nennt man diese Technik Vexeln. Ein Beispiel sehen Sie auf dieser Seite, ebenso ist das am Ende dieses Kapitels nachgebaute Zebra gevexelt. Natürlich lassen sich auch Verläufe in solche gevexelten Grafiken integrieren, diese sollten aber sparsam eingesetzt werden. Beispielsweise wurde das Auge des Tigerkopfes auf der linken Seite mit einem kreisförmigen Verlauf gefüllt. Auch Grafiken, die über die automatische Nachzeichnen-Funktion von Illustrator angefertigt wurden, lassen sich mit per Hand gezogenen Strichen ergänzen. Hierzu finden Sie im Anschluss die Übung *1.4 Scherenschnitt*.

1.1.3 Zeichnen mit dem Grafiktablett

Zum Zeichnen bieten Illustrator wie auch Photoshop das Pinsel-Werkzeug, auf das auf den folgenden Seiten noch näher eingegangen wird. Erst mit einem Grafiktablett lassen sich die Pinsel (in beiden Programmen) optimal nutzen, da sich hier Eigenschaften wie der Druck oder die Neigung des Stiftes einstellen lassen.

Zum Zeichnen ist am besten ein Tablett von Wacom geeignet, da diese Produkte sehr genau arbeiten und der Stift ohne Batterie wesentlich besser in der Hand liegt als der eines Konkurrenzproduktes, dessen Stifte nur mit einer Batterie funktionieren. Als relativ preiswertes Einsteigermodell eignet sich ein Bamboo, wesentlich mehr Möglichkeiten bietet jedoch ein Intuos 4 (linke Abbildung), das es in vier verschiedenen Größen gibt.

© Wacom

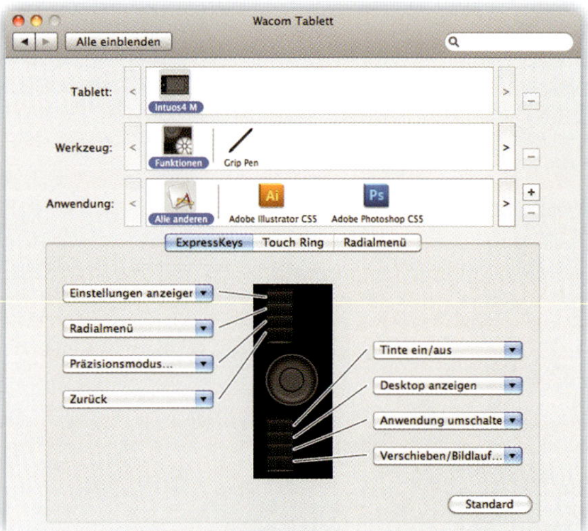

Tablett-Einstellungen

Die Schaltflächen des Tabletts (ExpressKeys) sowie der mitgelieferte Stift lassen sich im Wacom-Tablett-Kontrollfeld anpassen. Dieses öffnen Sie unter Windows per Klick auf *Start*, wählen Sie dort *Alle Programme > Wacom Tablett > Wacom Tablett-Eigenschaften*.

Arbeiten Sie am Mac, öffnen Sie die *Systemeinstellungen* im Apple-Menü, im Dock-Menü oder in einem geöffneten Ordner und klicken Sie dann auf das Symbol *Wacom Tablett*.

Hier lassen sich beispielsweise persönliche Einstellungen für einzelne Benutzer des Tabletts speichern und später wieder laden.

Ai Mit dem Grafiktablett in Illustrator arbeiten

Um einen neuen Pinsel anzulegen, der mit einem Grafiktablett zusammenarbeitet, gehen Sie folgendermaßen vor: Wählen Sie im Menü des Pinsel-Bedienfelds die Option *Neuer Pinsel*. Wählen Sie hier den Kalligrafiepinsel.

Formen Sie die Pinselvorschau zu einer Ellipse. Wählen Sie bei *Winkel* statt *Fixiert* die *Neigung* und schieben Sie den Regler bei *Variation* beliebig weit nach rechts. Durch diese Einstellung dreht sich die elliptische Pinselspitze, wenn Sie den Stift neigen. Bei *Rundheit* können Sie die *Ortung* wählen. Bei dem Durchmesser wählen Sie *Druck*, um die Linienstärke mit dem Stifteandruck regeln zu können. Die neue Pinselspitze erscheint nun im Pinsel-Bedienfeld. Zeichnen Sie eine beliebige Form mit dem Pinsel-Werkzeug.

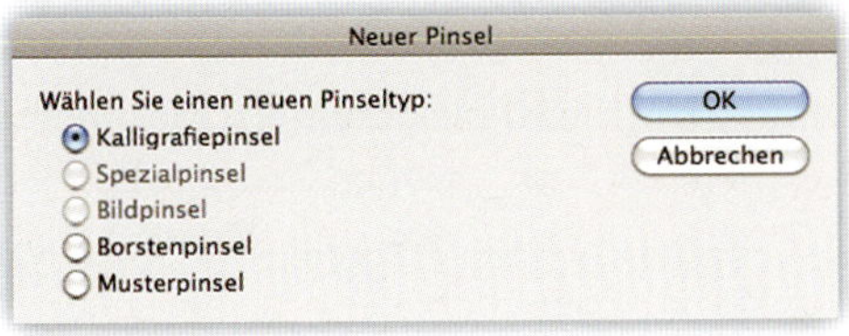

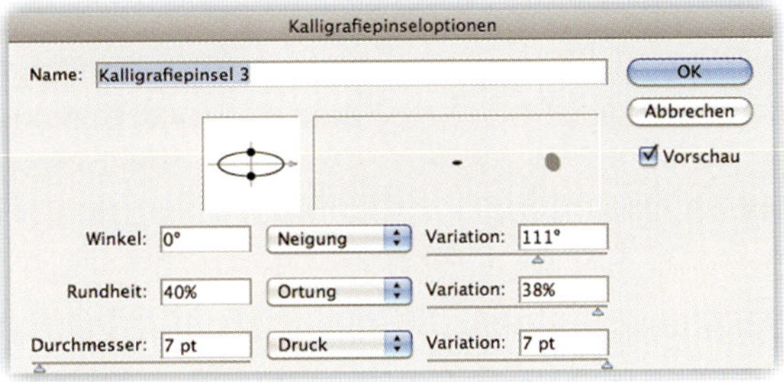

CS5

Zeichnen Sie auf einem Grafiktablett, verfolgt der neue Borstenpinsel interaktiv die Bewegungen des Stifts und berücksichtigt dabei die Ausrichtung des Stifts und dessen Druck. Zudem ist ein eigener Mauszeiger zu sehen, der die Form der Pinselspitze beim Malen simuliert. Arbeitet man mit der Maus, wird dieser Cursor nicht angezeigt.

Ps Photoshops Pinsel mit dem Grafiktablett verwenden

Weitaus ausgefeilter sind die Pinseleinstellungen in Photoshop. Um etwa einer vorhandenen Pinselspitze Eigenschaften zuzuweisen, die das Grafiktablett betrifft, wählt man zunächst den entsprechenden Pinsel im Bedienfeld *Pinselvorgaben* und öffnet dann das Bedienfeld *Pinsel*. Hier lassen sich die einzelnen Pinseleigenschaften aktivieren, um ihnen dann bei *Steuerung* die jeweiligen Stifteigenschaften zuzuordnen.

Ebenfalls in Photoshop CS5 gibt es die Borstenpinsel, die wie bei Illustrator CS5 einen eigenen Cursor anzeigen. Zudem zeigt Photoshop eine kleine Animation der aktuellen Pinselspitze beim Malen.

CS5

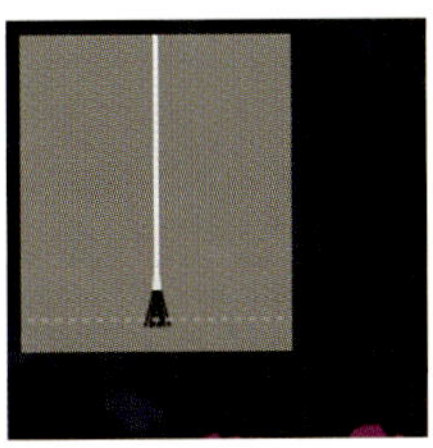

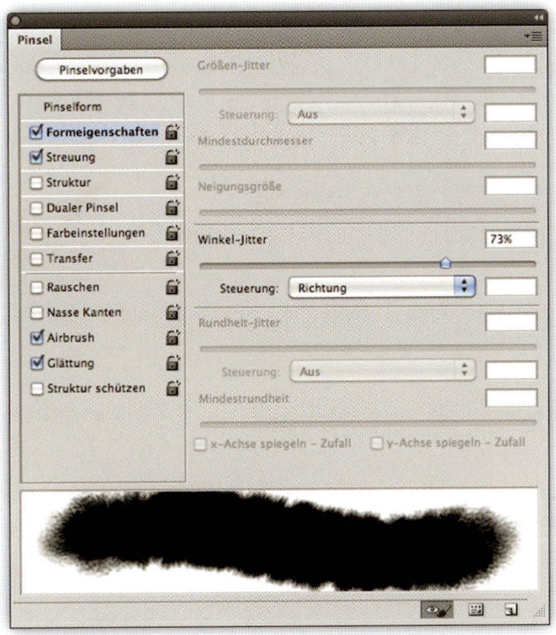

1.1.4 Das Zeichenstift-Werkzeug

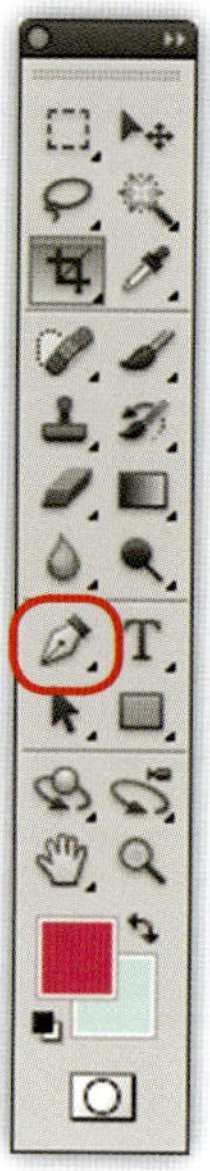

Wohl am ähnlichsten in der Funktionalität in Photoshop und Illustrator ist das Zeichenstift-Werkzeug, welches an einem Feder-Symbol zu erkennen ist. In beiden Programmen werden damit Vektorformen gezogen, die durch Ankerpunkte und die Pfade, die diese verbinden, beschrieben werden. Ein Ankerpunkt kann entweder eine Ecke oder eine Rundung definieren. Per Klick entsteht ein Eckpunkt, Klick und gleichzeitiges Ziehen erzeugt eine Kurve, mit deren Steuerlinien der Kurvenverlauf auch nachträglich geändert werden kann. Unter dem Zeichenstift liegen die Werkzeuge Ankerpunkt hinzufügen und Ankerpunkt löschen.

Ps Photoshops Zeichenstift-Werkzeug

In Photoshop kann man in der Optionsleiste wählen, ob der Pfad nur ein Pfad, eine Formebene oder eine mit Pixeln gefüllte Form sein soll. Rechts daneben lassen sich der Freiform-Zeichenstift sowie einige Form-Werkzeuge aktivieren.

Ein Pfad erscheint dann im Bedienfeld *Pfade* als Arbeitspfad, hier kann er beispielsweise als Auswahl geladen werden oder weiter als Beschneidungspfad für den Textumfluss in Adobe InDesign oder QuarkXPress gespeichert werden.

Ist die Option *Form* gewählt, wird eine mit der eingestellten Vordergrundfarbe gefüllte Vektorform gebildet, die im Bedienfeld *Ebenen* an oberster Stelle erscheint. Im Bedienfeld *Pfade* erscheint sie als Vektormaske. Die Option *Pixel füllen*, die rechte Schaltfläche im gekennzeichneten Bereich, füllt die gewählte oder die individuell gezeichnete Form direkt auf der aktiven Ebene mit der eingestellten Vordergrundfarbe. Skalierbare Vektorinformationen bleiben nicht erhalten.

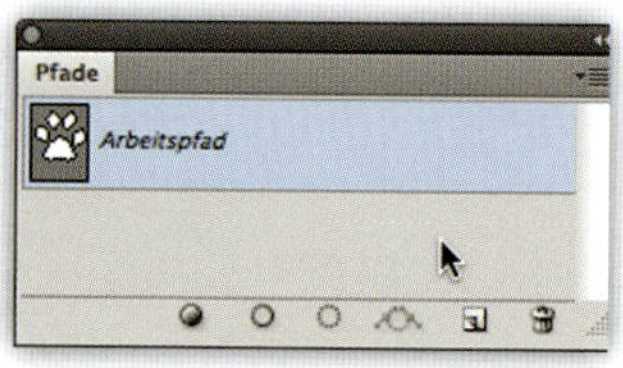

Photoshop verwendet also die Zeichenwerkzeuge für die Begrenzung von Pixeldaten, nicht zum eigentlichen Gestalten von Vektorgrafiken.

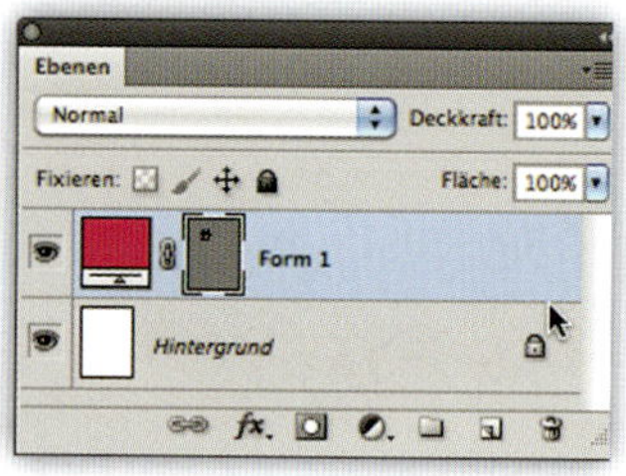

Illustrators Zeichenstift-Werkzeug

Ist hingegen das Zeichenstift-Werkzeug in Illustrator gewählt, zeigt das Optionsleiste lediglich verschiedene Optionen zum Definieren der Ankerpunkte. Das Programm ist eben spezialisiert auf Vektorgrafiken; Pixelbilder spielen hier eine untergeordnete Rolle.

1.1.5 Vektor- oder Pixelpinsel?

Außer dem Zeichenstift bieten Illustrator und Photoshop eigene Pinsel. Bei beiden Pinseln lassen sich individuelle Pinselspitzen anfertigen, deren Striche wie gemalt wirken. Dabei liefert das Pinsel-Werkzeug von Illustrator weiterhin skalierbare Vektorinformationen, Photoshops Pinselstriche hingegen bestehen aus einzelnen Bildpunkten.

Pinsel in Photoshop

In Photoshop gibt es das Pinsel-Werkzeug, dessen Einstellungsmöglichkeiten in der Version CS5 mit dem Borstenpinsel erweitert wurden. Näheres über den Umgang mit dem Pinsel erfahren Sie in diesem Kapitel in der Übung *1.2 Mit handgezeichneten Skizzen arbeiten*.

Im Werkzeugbedienfeld unter dem Pinsel befindet sich der Protokollpinsel. Damit lässt sich der Zustand eines früheren Bearbeitungsschrittes nachträglich in das Bild malen. Hierzu nimmt man im Protokoll-Bedienfeld per Klick auf die mittlere Schaltfläche in der unteren Leiste zunächst einen Schnappschuss auf. Nach weiteren Bearbeitungsschritten wählt man den Schnappschuss und malt die darin gespeicherten Bildinformationen mit dem Protokollpinsel an die gewünschten Bildstellen.

Ebenso wie der Protokollpinsel verwendet auch der Kunstprotokoll-Pinsel als Quelldaten die Daten des gewählten Schnappschusses. Dieser Pinsel verwendet jedoch zusätzlich auch die eingestellten Farben und Kunststile.

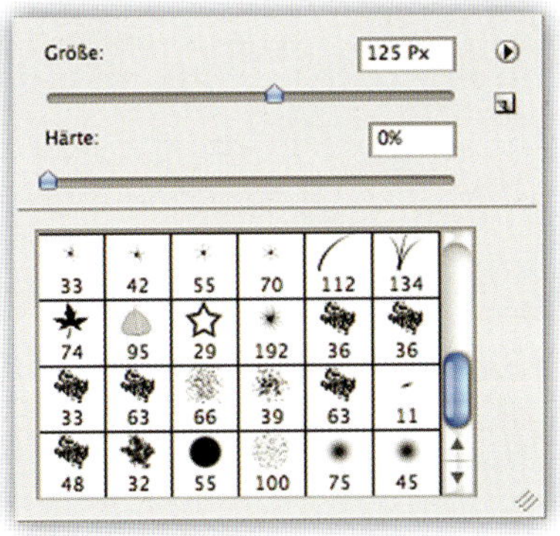

Die beiden Spezialpinsel Protokollpinsel und Kunstprotokoll-Pinsel lassen sich in Kombination mit Schnappschüssen sinnvoll einsetzen.

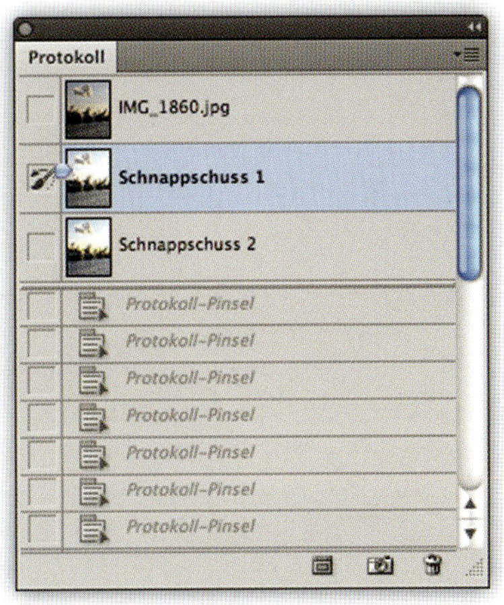

Mit verschiedenen Schnappschüssen, auf die dann wechselweise mit dem Kunstprotokoll-Pinsel und dem Protokollpinsel zugegriffen wird, lassen sich ungewöhnliche Effekte erzielen.

Hier wurden zwei Schnappschüsse angelegt, deren Bearbeitungsstatus mit dem Protokoll- und dem Kunstprotokoll-Pinsel nachträglich in das Bild gezeichnet wurde.

Im unteren Bild wurden beispielsweise zwei Schnappschüsse angelegt. Der erste zeigt das Bild in einer natürlichen Farbgebung und dient als Quelle für den Kunstprotokoll-Pinsel. Als Pinselspitze diente hier der voreingestellte Musterpinsel *Verstreute Blätter*. Der andere Schnappschuss zeigt die Szene nach einer Dynamik-Korrektur. Hiermit wurde das gleißende Abendlicht verstärkt und mit dem Protokollpinsel stellenweise wieder zum Vorschein gebracht.

Der Mischpinsel

CS5

Neu in Photoshop CS5 ist der Mischpinsel. Damit lassen sich bereits aufgetragene Farben mischen. Zudem lässt sich einstellen, wie nass der Farbauftrag ist. Je nasser die Farben sind, desto mehr vermischen sie sich mit den bereits aufgetragenen Farben.

Zwei Einstellungen in der Optionsleiste bestimmen, wie stark der Pinsel die Farbe des Maluntergrundes aufnimmt. Mit der Option *Nass* bestimmt man die Menge der vom Untergrund aufgenommenen Farbe zum Vermischen mit der neu aufgetragenen Farbe. Mit *Mix* stellt man das Farbmischverhältnis zwischen der Untergrundfarbe und der aufgenommenen Pinselfarbe ein.

Auf allen Abbildungen wurde mit dem Mischpinsel auf ein Foto gemalt. Links: Die gelbe Farbe ist zu 100 % deckend mit einer Einstellung von 0 % bei Nass. Dabei ist die Option Mix inaktiv. Mit denselben Einstellungen wurde auf dem mittleren Bild mit roter Farbe über den gelben Farbauftrag gemalt. Auch hier deckt die neue Farbfläche die alte zu 100 % ab, es gibt keine Vermischungen. Rechts wurde bei Nass 50 % gewählt. Die Option Mix ist nun aktiv und wurde auf 30 % gestellt. Hier vermischen sich die Farben bereits an den Rändern.

1.1.6 In Illustrator formen

Zum Malen und Zeichnen gibt es in Illustrator verschiedene Kalligrafie-, Spezial-, Bild- und Musterpinsel. Die Version CS5 bietet wie Photoshop CS5 nun auch einen Borstenpinsel, der pinselähnliche Vektorstriche erlaubt. Das neue Werkzeug wird in diesem Kapitel unter *1.2 Mit Handzeichnungen arbeiten* näher beschrieben. Mit dem neuen Breitenwerkzeug lassen sich Konturen mit variabler Breite erstellen. Hierzu finden Sie im weiteren Verlauf des Kapitels den Workshop *Vom Pfad zur Kontur*. Alle Pinsel in Illustrator generieren Vektordaten, wie eingangs bereits erwähnt.

CS5

Das Zeichenprogramm bietet keinerlei Werkzeuge zum Erstellen von Pixeldaten, hierfür ist eindeutig Photoshop zuständig. Vielmehr bietet es alle Werkzeuge und Optionen zum Erstellen von Formen, deren Flächen sich dann füllen lassen. Füllfarbe und Kontur werden im Werkzeug-Bedienfeld eingestellt.

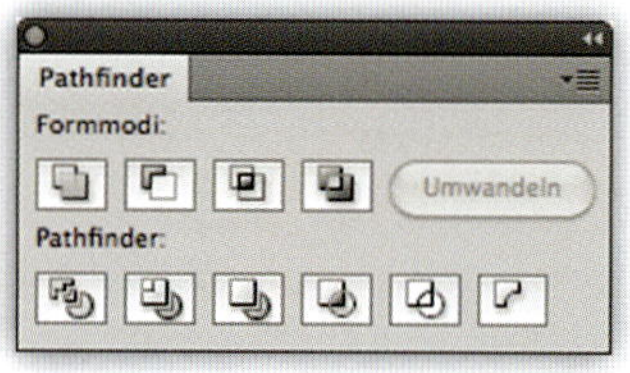

Daneben gibt es Funktionen, um Formen miteinander zu kombinieren. So entstehen Flächen, die sich dann füllen oder auch mit einem Pinsel bemalen lassen. Zu finden sind sie im Bedienfeld *Pathfinder*. Zudem gibt es in der Version CS5 im unteren Bereich des Werkzeugbedienfeldes drei neue Schaltflächen, mit denen man bestimmen kann, in welchem Bereich einer zuvor aufgezogenen Form eine neue Form oder ein Pinselstrich erscheint. Zur Verfügung stehen:

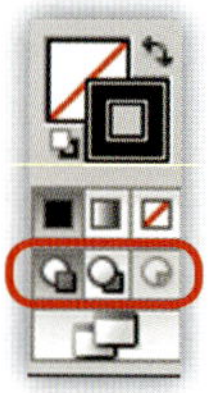

- **Normal zeichnen**: Hier werden alle Formen oder Pinselstriche zuoberst angelegt. Eine darunter liegende Grafik wird nicht berücksichtigt.
- **Dahinter zeichnen**: Formen und Pinselstriche werden hinter der aktiven Form gezogen.
- **Innen zeichnen**: Alle Formen oder Pinselstriche werden von der darunter liegenden, aktivierten Fläche mit einer automatisch erstellten Schnittmaske begrenzt.

CS4

Die Reihenfolge der Formen wird alternativ dazu auch in Version CS4 über *Objekt > Anordnen* festgelegt. Um eine neue Form durch eine zweite zu begrenzen, können Anwender von Illustrator CS4 über das Menü *Objekt* die Schnittmaske verwenden.

Links wurde die Option Normal zeichnen gewählt, in der Mitte Dahinter zeichnen. Bei der Option Innen zeichnen in der rechten Abbildung erzeugt Illustrator eine Schnittmaske.

Tropfenpinsel versus Buntstift

Mit dem Buntstift-Werkzeug können Sie zwar mit einer hoch eingestellten Konturbreite eine Fläche malen, diese zeigt jedoch als Pfad weiterhin den Strichverlauf mit allen von Illustrator angelegten Ankerpunkten.

Um statt der vielen Pfade direkt eine Fläche zu gestalten, verwenden Sie den Tropfenpinsel. Ist dieselbe Farbe gewählt, überschneiden sich die gemalten Linien und verschmelzen zu einer einzigen Fläche. Dieser Fläche können beliebig viele Pinselstriche angefügt werden, erst bei der Wahl einer neuen Farbe legt Illustrator eine neue Fläche an.

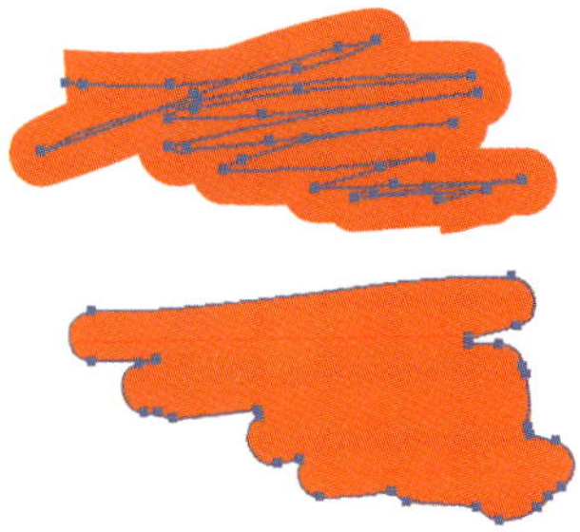

Die obere Form wurde mit dem Bunststift gemalt, die untere mit dem Tropfenpinsel.

Interaktiv malen

Intuitiver als über das Feld *Fläche* im Werkzeugbedienfeld füllen Sie die verschiedenen Flächen einer Grafik, indem Sie innerhalb einer interaktiven Malgruppe malen. In einer interaktiven Malgruppe spielen Ebenen oder die Reihenfolge der Objekte im Stapel keine Rolle, auf alle Einzelflächen kann zugleich zugegriffen werden. Überschneiden sich beispielsweise mehrere Formen, Linien oder Pfade, können Sie jede Teilfläche direkt füllen, ohne zuerst die Flächen aufteilen zu müssen. Eine interaktive Malgruppe kann auch nachträglich mit verschiedenen Elementen erweitert werden und wird von Illustrator dann aktualisiert.

Für die rechts abgebildete interaktive Malgruppe wurden hier sechs Kopien einer vereinfachten Form der Zeichnung aus dem Workshop *1.3 Vom Pfad zur Kontur* verwendet. Schnittflächen für die interaktive Bemalung schaffen sieben Rechtecke in zwei Blautönen, die hinter den Kopien der Zeichnung liegen.

Weitere Informationen über das interaktive Malen finden Sie in der anschließenden Übung *1.2 Mit Handzeichnungen arbeiten.*

LOOK!
IT'S TEH
WEEKEND!

Übung

1.2 Mit Handzeichnungen arbeiten

Zwar ist es mit einem Grafiktablett und den verschiedenen Mal- und Zeichenwerkzeugen möglich, eine Skizze direkt in Photoshop oder als Vektorgrafik in Illustrator anzulegen. Dennoch werden die ersten Entwürfe einer Zeichnung in den meisten Fällen zunächst auf echtem Papier angelegt. Die Kolorierung kann dann in Illustrator erfolgen.

Diese Übung zeigt, wie aus einer Handskizze auf der Basis einer Nachzeichnung in Illustrator eine Vektorgrafik entsteht. Folgende Techniken wenden Sie in diesem Workshop an:

Photoshop:

- Aufbereiten einer gescannten Handzeichnung über die Einstellungen *Kontrast* und *Farbe ersetzen*
- Pinselspitzen in CS4 und CS5

Illustrator:

- Import einer Illustrator-Datei
- Nachzeichnen mit transparentem Hintergrund
- Vereinfachen von Pfaden
- Mit Farben arbeiten
- Interaktiv malen
- Lücken füllen
- Gezielter Einsatz des Tropfenpinselwerkzeugs
- Neue Pinsel in CS5
- Modusänderungen über das Bedienfeld *Aussehen*

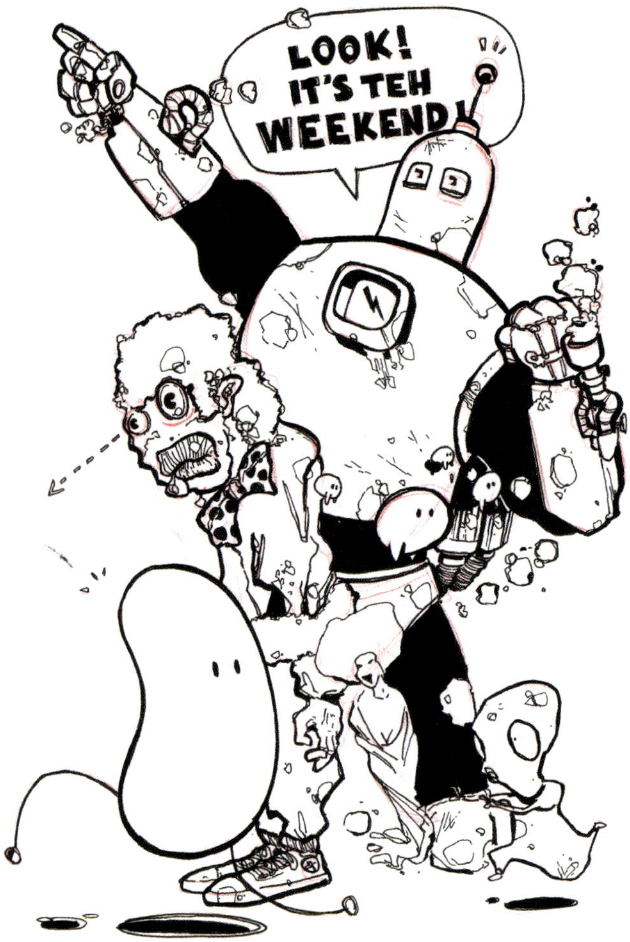

© Max Bachmeier

Aufgabenstellung

Der Illustrator Max Bachmeier legt in der Regel die erste Skizze seiner Arbeiten in Magenta an und zeichnet noch vor dem Scannen die korrekten Linien in Schwarz darüber. Später blendet er die bunten Linien in Photoshop aus und bearbeitet die Grafik weiter digital. Hier gibt es viele Gestaltungsmöglichkeiten. Die folgende Übung greift eine mögliche Vorgehensweise auf.

Ps 01 Kontrast erhöhen

Die in Magenta gefärbten Linien lassen sich über *Bild > Einstellungen > Farbe ersetzen* ausblenden. Dies funktioniert jedoch nur, wenn sich die farbigen Bildpunkte gut von den restlichen Bildflächen abgrenzen und die schwarzen Linien und Flächen, die später vektorisiert werden, eindeutig schwarz sind und keine rötlichen Bildpunkte enthalten.

Für diesen Schritt vergrößern Sie die Sizze auf etwa 500%, um die einzelnen Pixel zu erkennen. Wählen Sie *Bild > Einstellungen > Helligkeit/Kontrast*, erhöhen Sie den Kontrast und reduzieren Sie zugleich die Helligkeit.

02 Magenta ausblenden

Wählen Sie nun *Bild > Einstellungen > Farbe ersetzen*. Hier klicken Sie mit der Pipette zunächst auf eine in Magenta gefärbte Bildstelle. Aktivieren Sie die *Vorschau* und ziehen Sie den Regler bei der *Helligkeit* ganz nach rechts auf den Wert +100. Mit dem Schieberegler *Toleranz* regeln Sie, inwieweit ähnliche Farben in die Auswahl einbezogen werden. Fügen Sie dann mit der mittleren Pipette mit dem kleinen Pluszeichen alle weiteren Tonwerte, die entfernt werden sollen, hinzu, bis die magentafarbigen Linien verschwunden sind.

03 Import

Öffnen Sie die Datei in Illustrator. Da Illustrator beim Vektorisieren das Originalbild direkt umwandelt, arbeiten Sie auf einer Kopie der Ebene. Dies hat den Vorteil, dass Sie das originale Pixelbild zum Überprüfen bei späteren Bearbeitungsschritten immer wieder einblenden können. Für die Vektorisierung steht in der Optionsleiste die Funktion *Nachzeichnen* bereit, die bereits mit den in Illustrator voreingestellten Werten eine schwarzweiße Vektorgrafik anlegt. Solange Sie nicht auf *Umwandeln* klicken, können Sie zwar noch keine Pfade anzeigen oder ändern, die Nachzeichnen-Einstellungen sind so jedoch weiterhin zugänglich.

04 Transparenter Hintergrund

Die von Illustrator automatisch angelegte Zeichnung besteht aus schwarzen und weißen Flächen, den Linien und dem Hintergrund. Dass der Hintergrund tatsächlich nicht transparent ist, lässt sich durch eine farbige Fläche, die hinter die Grafik gelegt wurde, überprüfen, im Beispiel ist es das linke Bild mit dem gelben Rechteck hinter der Grafik. Schalten Sie zunächst die Ebene unsichtbar, auf der das Original liegt, und sperren Sie diese.

Öffnen Sie über die Optionsleiste die *Nachzeichneroptionen*. Aktivieren Sie hier in den Nachzeichnereinstellungen die Option *Weiß ignorieren* – die gelbe Form ist nun hinter der Zeichnung zu sehen, wie das rechte Bild zeigt.

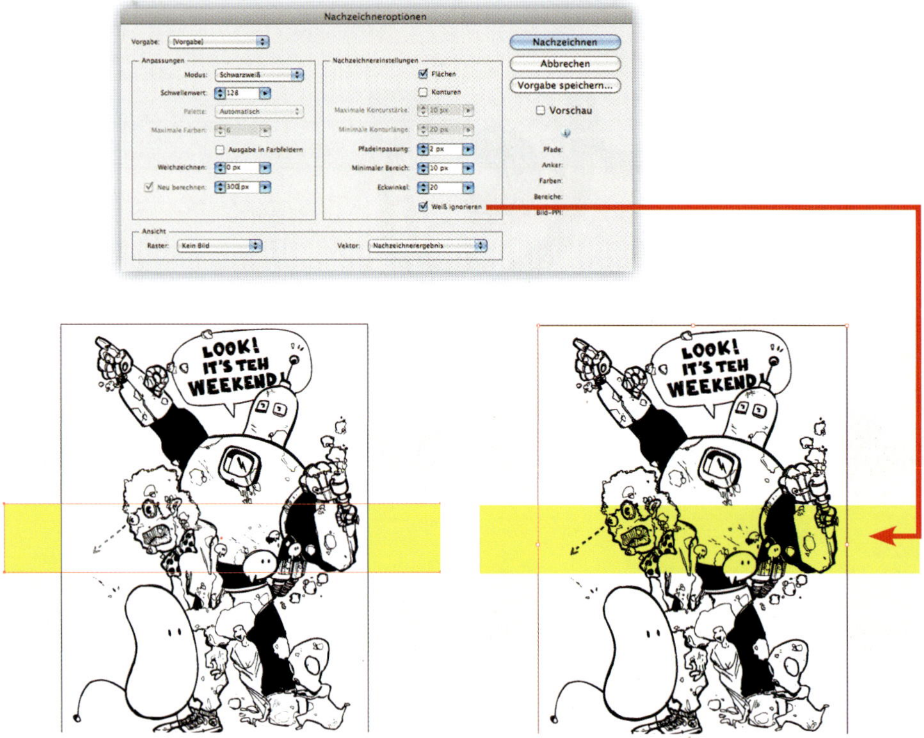

05 Zeichnung vereinfachen

Öffnen Sie ein weiteres Mal die *Nachzeichneroptionen*. Die Information im rechten Bereich des Dialogfensters zeigt eine relativ hohe Zahl an Pfaden und Ankerpunkten. Reduzieren Sie diese, indem Sie bei den Einstellungen den Wert bei *Neu berechnen* ändern: Bei einem kleineren Wert berechnet Illustrator die Vektoren auf der Basis des Pixelbildes in der entsprechend niedrigeren Auflösung.

Bei dem Wert 150 Px fehlen zwar einige feine Details, die Anzahl der Flächen hat sich dadurch jedoch um etwa ein Viertel reduziert, die der Ankerpunkte sogar um ein Drittel.

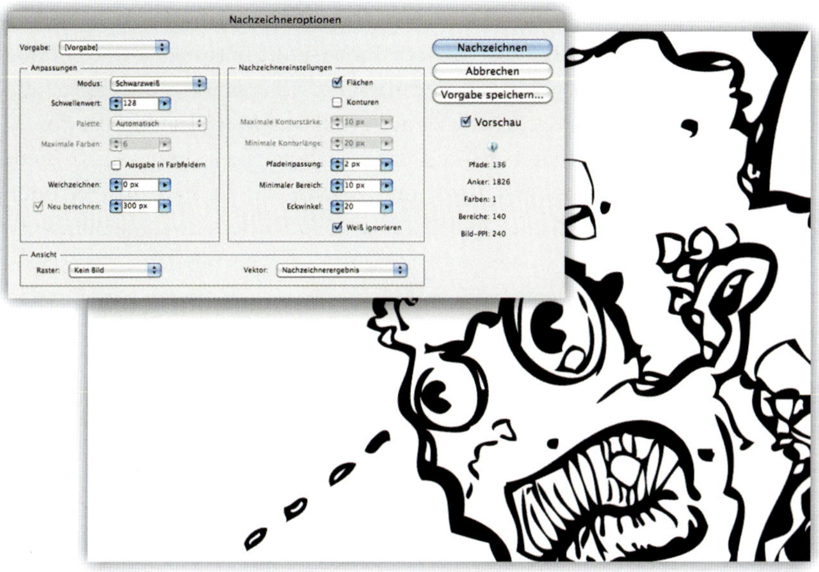

Interessant beim Einstellen von nachgezeichneten Bildern in Schwarzweiß ist auch der Schwellenwert: Dieser legt fest, wann Illustrator einen Bildpunkt in Weiß und wann in Schwarz darstellt. Eine Reduzierung der Ankerpunkte kann jedoch über diesen Wert nicht erreicht werden.
Die Option Weichzeichnen beeinflusst das Bildergebnis. Je höher der Wert, desto mehr werden eventuell vorhandene ungewünschte Kanten geglättet.

Der Wert 200 Px ändert hingegen kaum etwas:

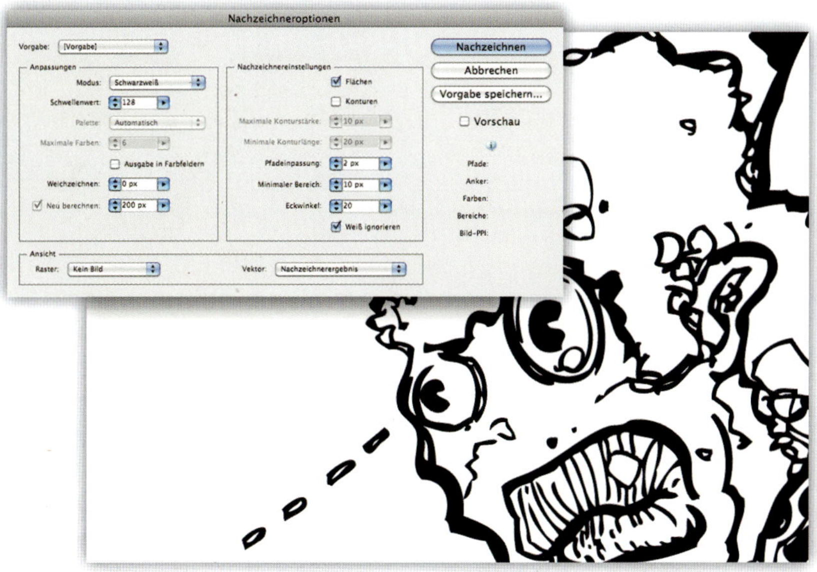

06 Farben vorbereiten

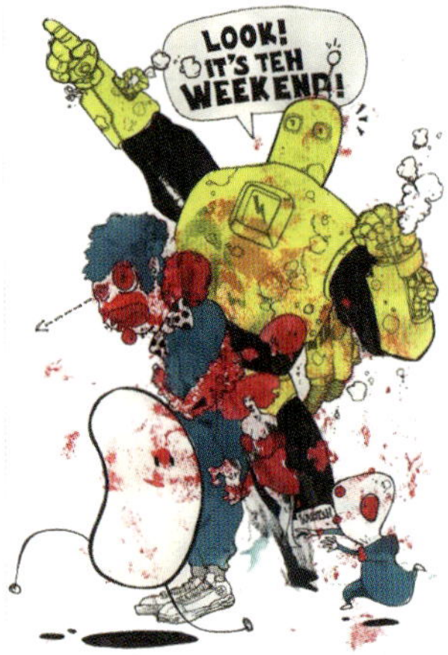

© Max Bachmeier

Beim digitalen Malen ist es sehr praktisch, mit zuvor angelegten Farbgruppen zu arbeiten: Ist eine Farbe aus einer Farbgruppe gewählt, zeigt das Interaktiv-malen-Werkzeug über dem Cursor-Symbol dieses Farbfeld mit seinen beiden Nachbarfarben. Mit den Pfeiltasten kann man während des Färbens der Flächen zwischen den Farben der Gruppe hin- und herschalten. Das Original zeigt drei Farben: einen Gelbton, Magenta und ein dunkleres Cyan. Legen Sie sich diese Farben als Farbgruppe an.

Wählen Sie im Menü des Bedienfelds *Farbe* die Option CMYK oder RGB; je nachdem, ob Sie die Grafik für den Druck oder zur Darstellung am Monitor verwenden. Das Beispiel zeigt eine Variante für den Druck, also CMYK. Stellen Sie den ersten Farbwert ein und ziehen Sie die Farbe in das Bedienfeld *Farbfelder*.

Die Farbe können Sie nachträglich justieren. Per Doppelklick auf das Farbfeld öffnen Sie dessen Optionen, mit denen sich die Farben auch nachträglich einstellen lassen. Ist ein Farbfeld bereits einer Fläche oder einer Kontur zugewiesen, übernimmt diese die Änderungen automatisch.

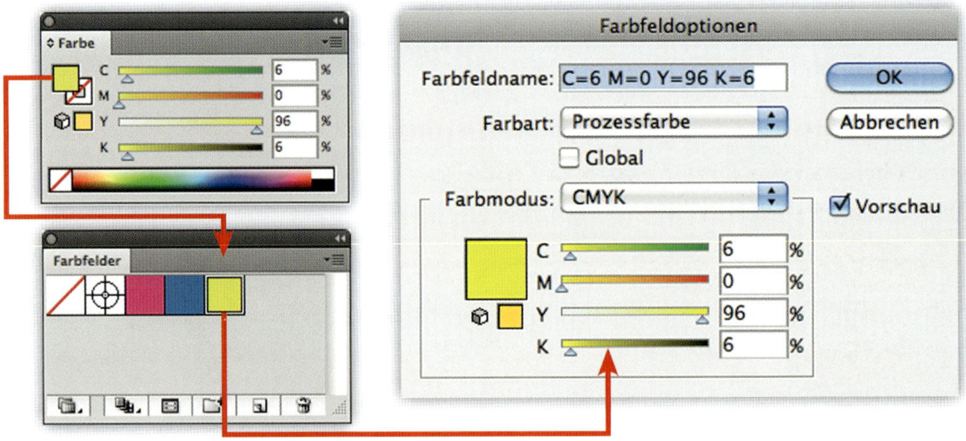

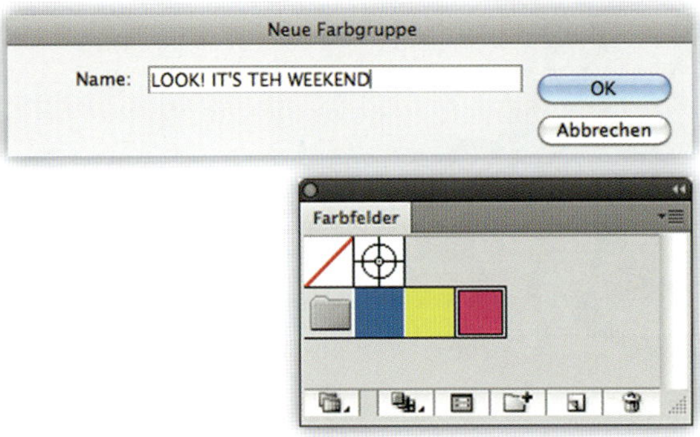

Gruppieren Sie nun die Farbfelder. Klicken Sie hierzu im Bedienfeld *Farbfelder* in der unteren Leiste auf die Schaltfläche *Neue Farbgruppe*; das Ordner-Symbol mit dem kleinen Pluszeichen. Es erscheint unterhalb der bereits vorhandenen Farben ein neuer Ordner.

Benennen Sie die Farbgruppe. Ziehen Sie dann die drei Farbfelder in den Ordner der soeben erstellten Farbgruppe.

07 Umwandeln

Zwar haben Sie bereits beim Nachzeichnen die Anzahl der Pfade und Ankerpunkte durch einen niedrigeren Wert bei *Neu berechnen* verringert, die Zeichnung lässt sich jedoch noch weiter vereinfachen.

Per Klick auf die Schaltfläche *Umwandeln* in der Optionsleiste wird die Grafik bearbeitbar und zeigt Pfade. Wie rechts zu sehen ist, liegen auf diesen Pfaden immer noch mehr Ankerpunkte, als es für die Formen notwendig wäre.

Bevor Sie die Pfade weiter bearbeiten, wählen Sie *Ansicht > Ecken ausblenden*. Die farbig markierten Ankerpunkte und Pfade sind in dieser Ansicht nicht mehr zu sehen, so lässt sich eine Änderung der Zeichnung besser beurteilen. Dass die Grafik immer noch aktiviert ist, erkennen Sie an der farbigen Markierung der Flächen-Konturen, sobald Sie den Cursor über die Zeichnung führen. Zoomen Sie etwas in das Bild hinein, um Änderungen besser sehen zu können. Wählen Sie nun *Objekt > Pfad > Vereinfachen*. Hier stellen Sie die Werte so ein, dass die Konturen bei einer reduzierten Anzahl an Ankerpunkten möglichst gut erhalten bleiben.

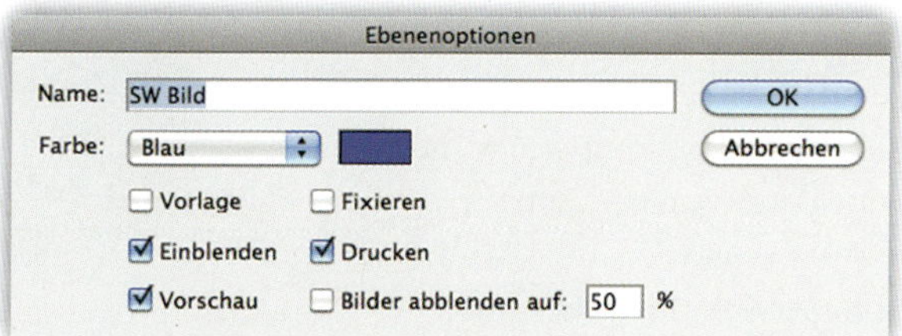

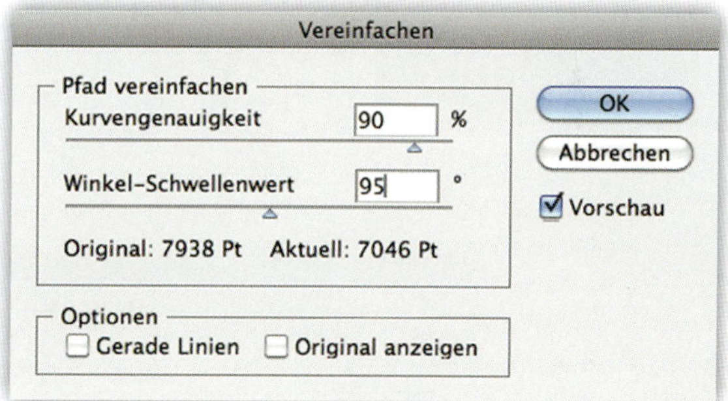

Tipp: Hilfslinien färben

Die Umrandungen einer aktivierten Form sind immer mit einer der Ebene zugeordneten Farbe gekennzeichnet, es sei denn, die Ecken sind ausgeblendet. Ist die Farbe Rot eingestellt, kann man nur schwer die ebenfalls rote Kennzeichnung der interaktiven Malform erkennen. Ändern Sie dies in den Ebenen-Optionen. Suchen Sie hier eine neue Farbe aus, etwa Blau.

Exkurs

Mit Farben arbeiten

Illustrator bietet mehrere Möglichkeiten, Farben zu bestimmen, zu kombinieren und in Farbgruppen zu sammeln.

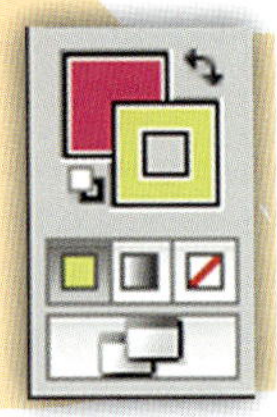

Über das Bedienfeld Werkzeug:
Ist bei den Icons unter der Flächen- und Konturfarbe das rechte Feld aktiv, ist die Farbe gewählt. Die mittlere Einstellung färbt mit einem Verlauf, links befindet sich die Option *Keine*. Diese Einstellungen können der Fläche wie auch der Kontur zugewiesen werden.

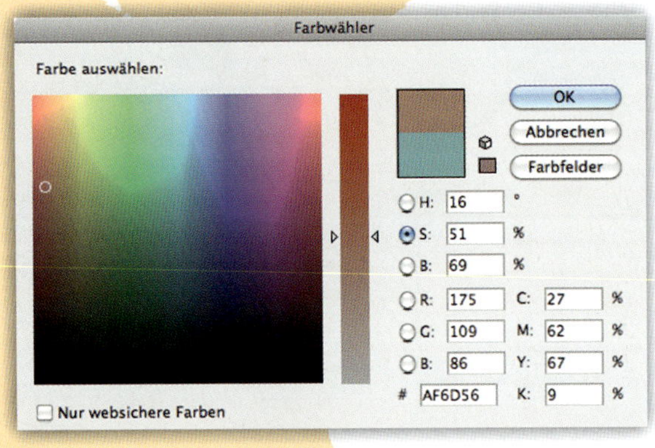

Mit dem Farbwähler:
Die linke Fläche zur Farbwahl kann über die Radiobuttons rechts nach Farbe, Sättigung, Helligkeit sowie nach den Farben Rot, Grün und Blau eingestellt werden. Feineinstellungen sind über den Schieberegler möglich. Das Beispiel zeigt die Farbwahl über die Sättigung; hierbei stehen alle möglichen Farben im linken Auswahlfeld bereit, die Sättigung wird über den Schieberegler rechts daneben eingestellt. Eine über den Farbwähler eingestellte Farbe ist jedoch nicht gespeichert! Rechts lassen sich die Farben über ihre einzelnen Farbwerte in Prozent bestimmen.

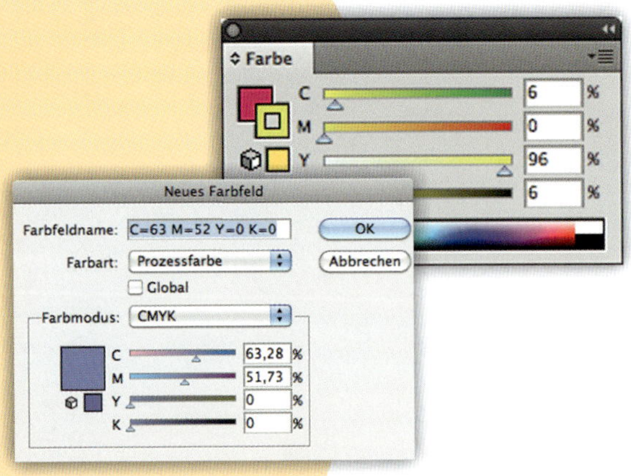

Über das Bedienfeld Farbe:
Auch über das Bedienfeld *Farbe* lassen sich gezielt per Werteeingabe oder über Schieberegler Farbwerte einstellen. Im Menü des Bedienfeldes kann man den Farbmodus umstellen. Zudem lässt sich hier die gewählte Farbe umstellen oder dessen Komplementärfarbe wählen.

Über die Option *Neues Farbfeld erstellen* öffnet sich der Dialog *Neues Farbfeld,* in dem die Farbfeldart, der Modus und dessen Name eingestellt werden können.

Über das Bedienfeld Farbfelder:

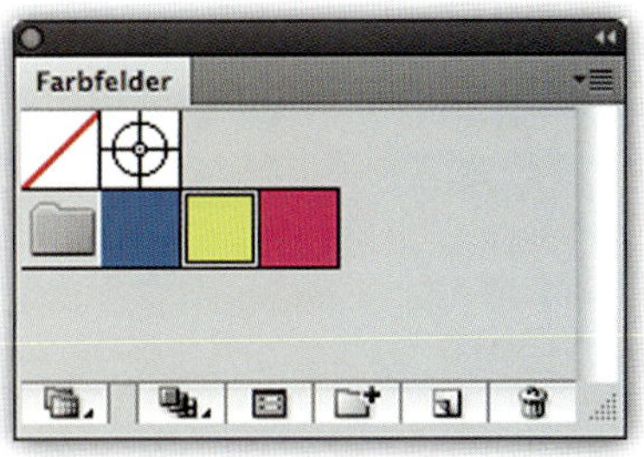

Die im Bedienfeld *Werkzeug* oder über das Bedienfeld *Farbe* eingestellten Farbwerte lassen sich einfach in das Bedienfeld *Farbfelder* ziehen und stehen dann auch nach erneuter Farbwahl zur Verfügung. Die Farbfelder kann man innerhalb des Bedienfeldes beliebig verschieben oder auch in vorhandene Farbfeldgruppen ziehen:

Per Klick auf *Farbfelder* erscheinen die Farbfelder aller bereits angelegten Farbgruppen. Das Bild zeigt die zuvor für die Übung angelegte Farbgruppe. Ein Farbfeld kann auch mit einem Verlauf oder einem Muster belegt sein. Die untere Leiste des Bedienfelds bietet folgende Funktionen (von links nach rechts):

- Öffnen der Bibliothek
- Farbfelder
- Farbfeldarten einblenden (Farbe, Verlauf, Muster)
- Farbfeldoptionen
- Neue Farbgruppe
- Neues Farbfeld
- Löschen

Farbharmonien mit der Farbhilfe

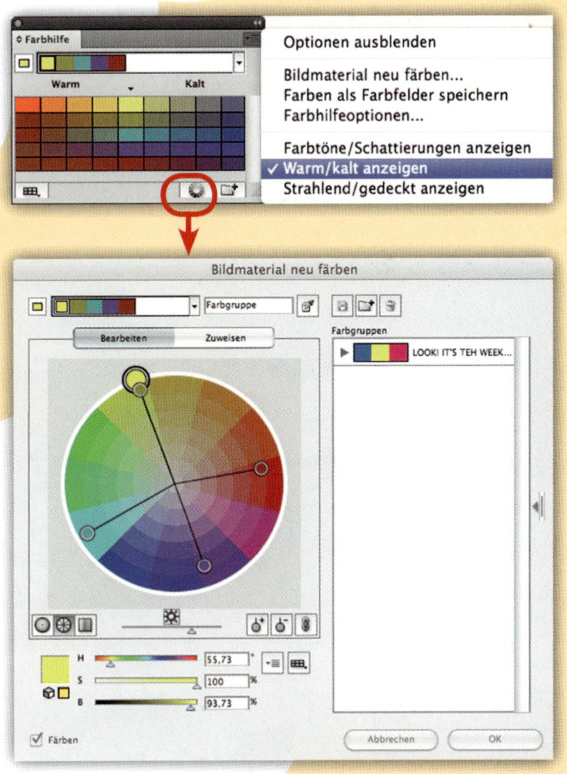

Das Farbhilfe-Bedienfeld dient dazu, Farbgruppen nach den Regeln der Farbharmonie festzulegen. Die in der Werkzeugleiste gewählte Farbe bildet hierbei die Basis. Das Klappmenü daneben stellt dann die verschiedenen Regeln bereit und zeigt die dazugehörigen Farben direkt in der oberen Leiste. Die unteren Farbkästen zeigen zu den gewählten Farben alle möglichen Abstufungen, die sich im Bedienfeld-Menü bestimmen lassen. Per Klick auf eine der Farben wird diese als neue Basisfarbe festgelegt. Eine über die Farbhilfe erstellte Zusammenstellung von harmonischen Farben kann direkt über die Schaltfläche rechts unten als neue Farbgruppe im Bedienfeld *Farbfelder* gespeichert werden.

Über die Schaltfläche *Farben bearbeiten* am unteren Bedienfeldrand *Farbhilfe* öffnet sich der entsprechende Dialog, über den sich die Farben der gewählten Farbharmonie individuell einstellen lassen.

08 Interaktiv malen

Erstellen Sie eine interaktive Malgruppe. Per Klick in das Bild mit dem Direktauswahlwerkzeug selektieren Sie dazu alle Pfade der Grafik. Wählen Sie dann *Objekt > Interaktiv Malen > Erstellen;* Illustrator aktualisiert damit die Malgruppe. Aktivieren Sie dann im Bedienfeld *Farbfelder* die zuvor erstellte Farbgruppe, indem Sie auf das Ordner-Symbol klicken. Wählen Sie das Interaktiv-malen-Werkzeug. Sobald Sie nun den Mauszeiger über eine Form der Grafik führen, erscheinen deren Grenzen mit einer dicken, roten Umrandung. Klicken Sie in ein solches Feld, wird dieses mit der eingestellten Flächenfarbe gefüllt. Zu einer Nachbarfarbe in der Farbgruppe schalten Sie über die Pfeiltasten um.

Um mehrere einzelne Formen mit derselben Farbe zu füllen, selektieren Sie diese mit dem Interaktiv-malen-Auswahlwerkzeug. Hier zeigt Illustrator beim Markieren ebenfalls den dicken roten Rand, alle markierten Formen weisen zudem ein Rastermuster auf.

Wie mit dem Auswahlrechteck-Werkzeug von Photoshop können Sie auch mit diesem mit gedrückter Maustaste ganze Bereiche der Zeichnung zusammen wählen und ihnen eine Farbe zuweisen. Leider ist diese Vorgehensweise bei einer vektorisierten Zeichnung meist nicht möglich, da auch feinere Linien der Zeichnung zu einzelnen Flächen gewandelt und somit auch gefärbt werden würden. Klicken Sie also gezielt mit gedrückter Umschalt-Taste die einzelnen Bereiche an, die Sie einfärben möchten. Die Farbe weisen Sie per Klick in das entsprechende Farbfeld zu.

09 Lücken füllen

Je nachdem wie genau die Zeichnung ist, gibt es mehr oder weniger große Lücken. Flächen, die somit nicht vollständig von Pfaden umgeben sind, lassen sich mit dem Interaktiv-malen-Werkzeug nicht füllen. Über *Objekt > Interaktiv malen > Lückenoptionen* kann man kleinere Lücken sehr gut füllen. Gilt es jedoch, gezielt auch größere Lücken zu schließen, ist diese Methode nicht so geeignet, da damit alle Lücken der eingestellten Größe geschlossen werden. Hier ist es sinnvoll, mit einem Pinsel-Werkzeug die gewünschten Formen zu schließen. Im Beispiel kann das rechte Auge gefüllt werden, da es von Pfaden umschlossen ist. Das linke Auge hingegen zeigt an der oberen Kante eine Öffnung. Würde diese über die benutzerdefinierten Einstellungen der Lückenoptionen geschlossen werden, würde Illustrator alle Lücken dieser Größe ebenfalls schließen; die Zeichnung würde dadurch stark verändert werden.

Auch während der Bearbeitung einer interaktiven Malgruppe können Sie das Tropfenpinselwerkzeug einsetzen. Mit diesem Werkzeug tragen Sie wie mit einem echten Pinsel Farbe auf, um so die größeren Lücken zu schließen.

Per Doppelklick auf das Werkzeug öffnen sich die Optionen, stellen Sie hier eine kleinere Pinselspitze ein. Malen Sie zunächst alle fehlenden Verbindungen in die Zeichnung.

Um die interaktive Malgruppe zu aktualisieren, selektieren Sie alle Pfade und wählen erneut *Objekt > Interaktiv malen > Erstellen* oder *Objekt > Interaktiv malen > Zusammenfügen.* Danach können Sie die geschlossenen Formen wie in Schritt 8 mit Farbe füllen. Sollten Sie weitere Pinselstriche einzeichnen, müssen Sie vor dem interaktiven Malen die interaktive Malgruppe erneut aktualisieren.

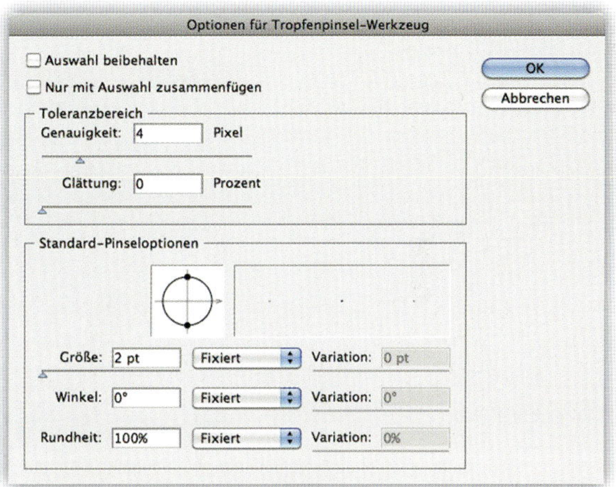

10 Kleinere Flächen füllen

Sollen viele kleinere Flächen gefüllt werden, die jedoch zusammenhängen, etwa der Mund, ist das mit dem Interaktiv-malen-Werkzeug etwas mühsam. Hier eignet sich ebenfalls das Tropfenpinselwerkzeug.

Zunächst muss jedoch eine weitere Ebene angelegt werden, die unter der Ebene liegt, auf der sich die Grafik befindet. Da ja beim Nachzeichnen die Option *Weiß ignorieren* aktiviert wurde, sind die Pinselstriche unter der schwarzen Zeichnung zu sehen.

Im Gegensatz zum Pinsel verschmelzen die Linien, die mit dem Tropfenpinselwerkzeug in derselben Farbe gezogen werden, zu einer Fläche, wodurch auch weniger Ankerpunkte entstehen.

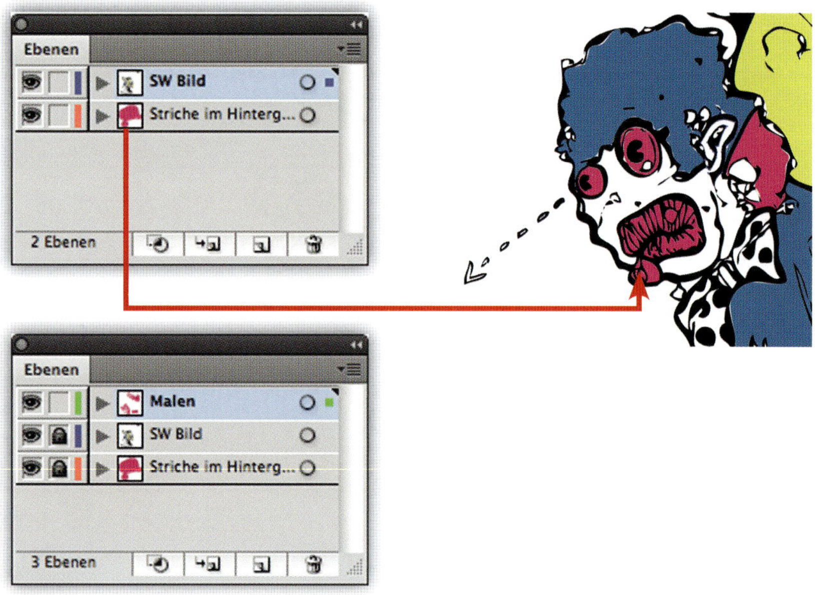

11 Malen

Das Original zeigt Pinselstriche auf der Grafik, die sich nicht an der eigentlichen Objektform orientieren. Diese Pinselstriche lassen sich sowohl in Illustrator wie auch in Photoshop (siehe Exkurs) setzen.

In beiden Fällen sollten Sie jedoch eine neue Ebene an oberster Stelle dafür anlegen und die darunter liegenden Ebenen sperren.

Um die linienförmige Farbkleckse zu ziehen, bietet Illustrator sowohl in der Version CS4 wie auch in der Version CS5 eine Sammlung an Pinselspitzen, die sehr nahe an des gewünschte Aussehen herankommen. Das *Schmutzpinsel Vektorpaket* laden Sie über das Menü des Bedienfelds *Pinsel*, öffnen Sie hier die Pinsel-Bibliothek *Vektorpakete*.

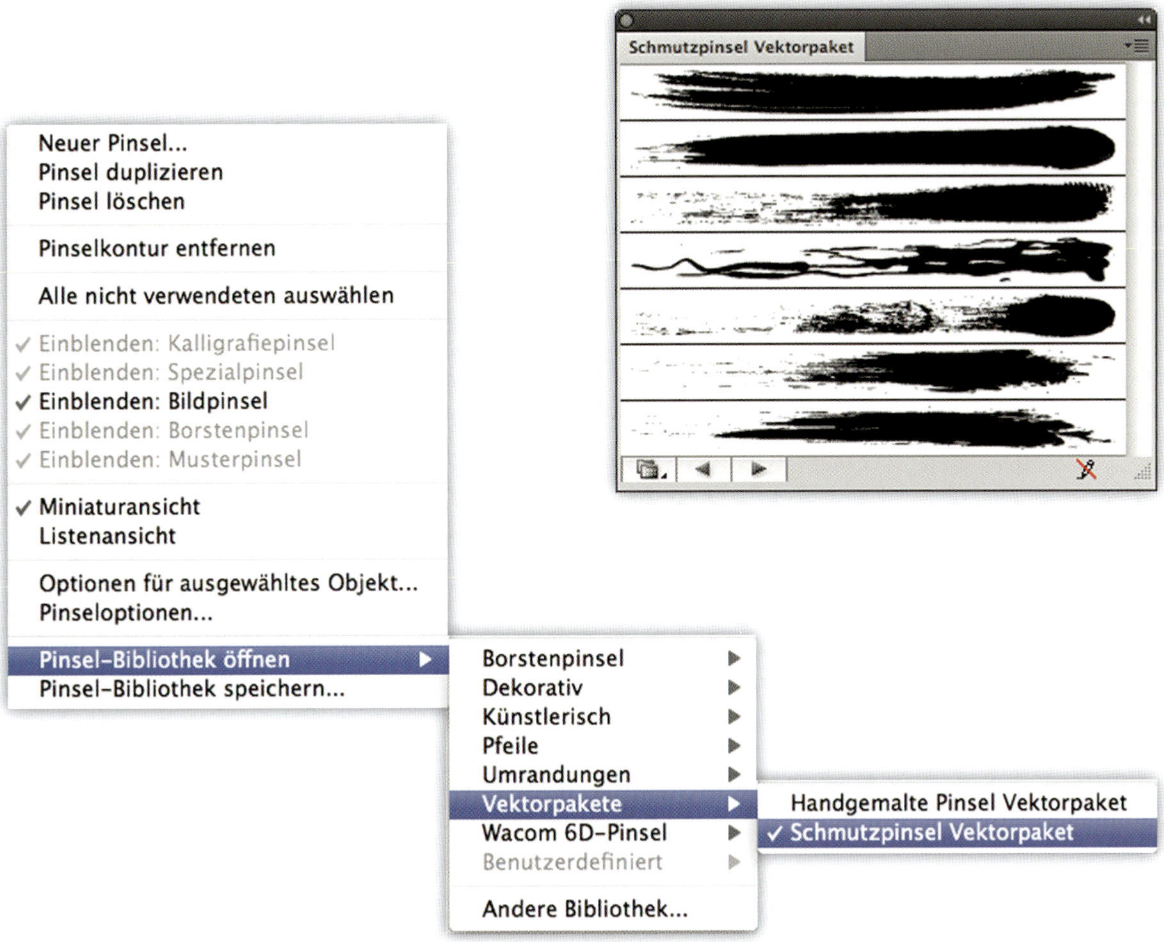

Info: Seit der Version CS5 gibt es den Borstenpinsel. Um einen solchen Pinsel zu erstellen, wählen Sie im Menü des Bedienfelds *Pinsel* die Option *Neuer Pinsel*. Der Borstenpinsel befindet sich zwischen dem Bild- und dem Musterpinsel. In den *Borstenpinseloptionen* kann man zwischen verschiedenen Formen wählen, die in einem Vorschaubild gezeigt werden. Eigene Pinsel lassen sich unter einem neuen Namen speichern, sie sind dann über das Pinsel-Bedienfeld verfügbar. Trotz des natürlichen Aussehens eines solchen Pinselstriches handelt es sich hierbei um einen Vektorpfad.

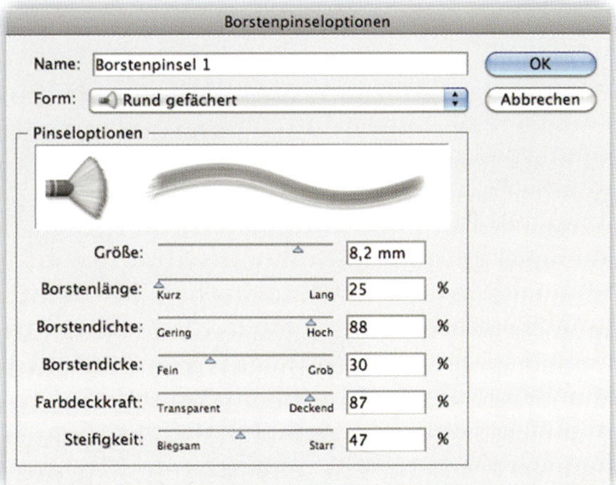

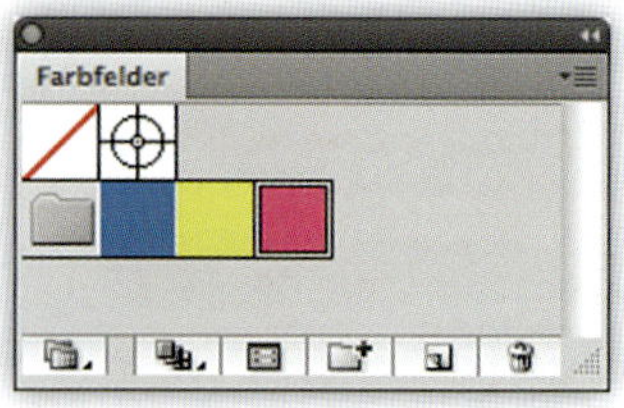

Die einzelnen Striche lassen sich am besten mit Hilfe eines Grafiktabletts ziehen. Verwenden Sie die Farben der Farbgruppe, die Sie bereits zu Beginn der Übung im Bedienfeld *Farbfelder* gespeichert haben.

12 Modus und Transparenz ändern

Mit einem geänderten Modus und verringerten Werten bei der Transparenz ändern Sie das Aussehen der einzelnen Striche. Öffnen Sie hierzu über das Menü *Fenster* das Bedienfeld *Aussehen*, es müsste bei aktivem Pinsel und gezeichneter Linie der Pfad angezeigt sein. Klicken Sie auf das kleine Dreieck bei *Kontur*. Darunter sehen Sie die Deckkraft, die auf 100 % steht. Mit einem Klick auf die *Deckkraft* öffnen Sie einen kleinen Klapp-Dialog, in dem Sie den Modus und Deckkraft ändern können. Hier eignet sich der Modus *Multiplizieren* besonders gut, da bei diesem Modus die Farbflächen den darunter liegenden Bereich wie beim Malen mit einem Filzstift abdunkeln.

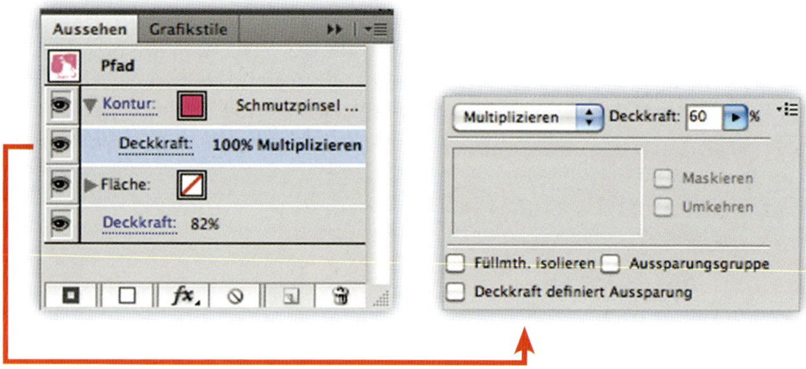

Zeichnen Sie mit allen Farben. Gut wirkt es auch, wenn sich die Linien teilweise überdecken oder andere Strichstärken zeigen. Diese stellen Sie in der Optionsleiste unter *Kontur* ein.

LOOK! IT'S TEH WEEKEND!

Exkurs

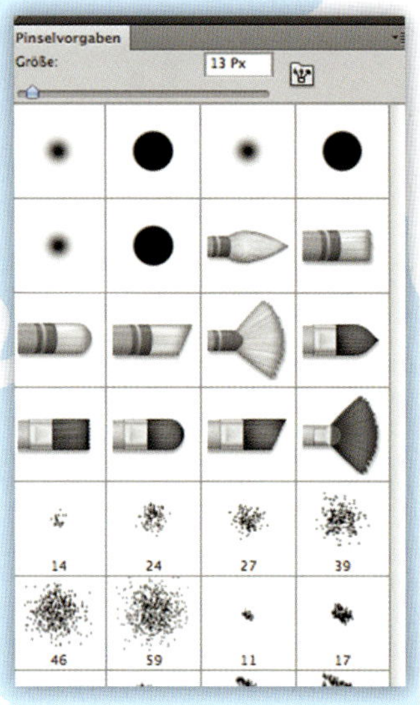

CS5

Pinsel in Photoshop

Nicht nur in Illustrator lassen sich die Flecken zeichnen. Photoshop bietet bereits fertige Pinsel-Bibliotheken, die ebenfalls Schmutzflecken-Effekte ermöglichen; dieser Exkurs zeigt eine Alternative zu dem *Arbeitsschritt 11*. Auf jeden Fall sollten Sie Verzierungen dieser Art auch in Photoshop auf einer eigenen Ebene anlegen.

Pinseleinstellungen

Beide Versionen haben ähnliche Pinseleinstellungen; abgesehen von den neuen Borstenpinseln, die wie Illustrator nun auch Photoshop liefert. Das Bedienfeld *Pinsel* ist über das Menü *Fenster* zu erreichen.

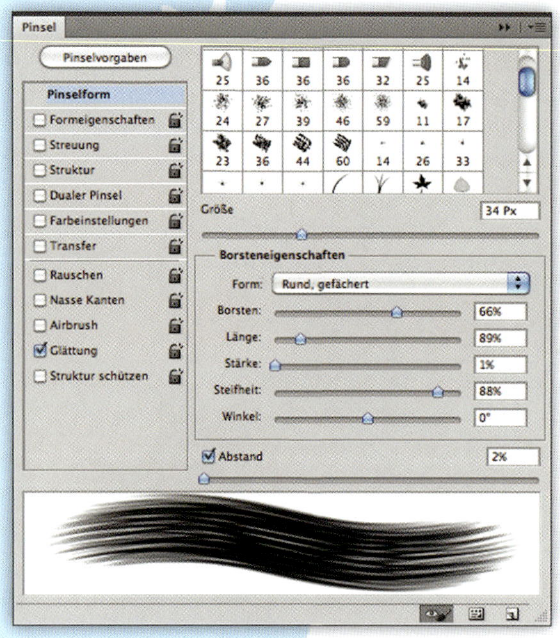

Im Menü *Fenster* finden Sie nun unter dem neuen Eintrag Pinsel die Pinselvorgaben. Zu sehen sind hier die Spitzen aller Standardpinsel. Über das Bedienfeld-Menü lassen sich große Miniaturen einstellen, wie sie die Abbildung links oben zeigt. Ebenso lassen sich über das Menü andere Pinsel-Bibliotheken laden.

Gleich zuoberst sind hier die verschiedenen neuen Borstenpinsel zu sehen. Die meisten Pinsel darunter gab es bereits in der Version CS4.

Um eine Pinselspitze abzuwandeln, öffnen Sie das Bedienfeld *Pinsel*. Zuoberst gibt es hier die Schaltfläche *Pinselvorgaben*, die das gleichnamige, soeben beschriebene Bedienfeld öffnet. Darunter befinden sich die einzelnen Attribute, die der gewählten Spitze zugewiesen werden können. Dieses Feld finden Sie ebenfalls im Pinsel-Bedienfeld der Version CS4, ebenso die Übersicht über alle geladenen Pinselspitzen auf der rechten Seite. Darunter befinden sich in beiden Versionen Regler für die feineren Einstellungen des Pinsels, im Beispiel links sind es die neuen Borstenpinsel.

Ebenfalls neu in der CS5: Beim Malen mit dem Borstenpinsel blendet Photoshop an der linken oberen Ecke des Bildes eine kleine Animation ein (Abb. links, Mitte), die das Verhalten der Pinselspitze beim Malen zeigt.

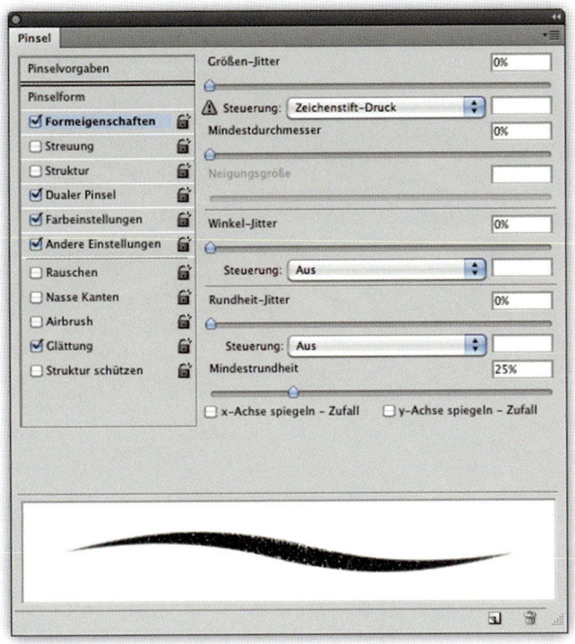

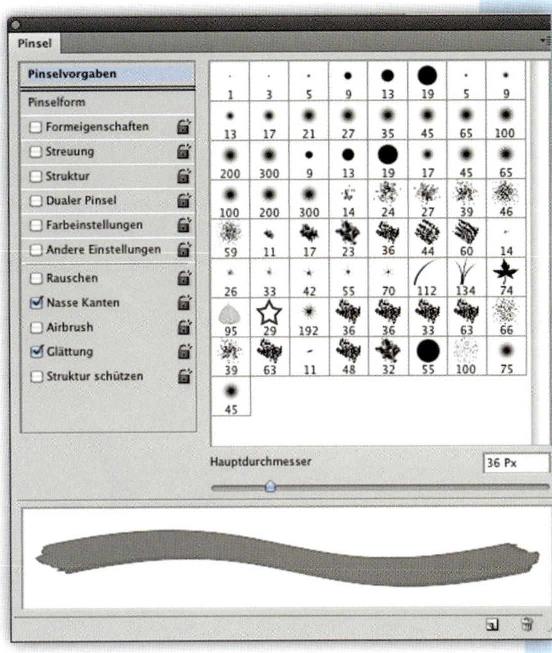

Wird links ein Attribut aktiviert, erscheinen rechts statt der Übersicht der Pinselspitzen Feineinstellungen, die sich nur auf das gewählte Attribut beziehen. Auch diese Vorgehensweise ist in beiden Versionen identisch. Die Abbildung links oben zeigt etwa die Einstellungen der Formeigenschaften, deren Steuerung sich an ein angeschlossenes Grafiktablett anpassen lässt. Die meisten dieser Eigenschaften können über ein Grafiktablett gesteuert werden, etwa, wie rechts gezeigt, die Farbeinstellungen. Die Pinselspitze reagiert dann auf den Druck, die Neigung oder die Drehung des Zeichenstiftes.

CS4

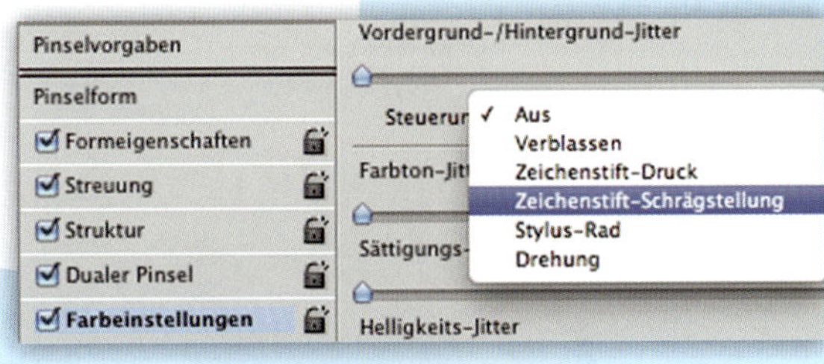

Schmutzflecken malen

Zurück zu unserem Beispiel: Die Pinselspitzen *Spritzer* oder *Kreide* eignen sich hervorragend für Schmutzflecken. Sie finden diese Spitzen sich in den Pinselvorgaben der CS5 direkt unter den Borstenpinseln, ebenfalls in der CS4 sind die Spitzen bei den Standard-Pinseln enthalten.

Stellen Sie zum Malen eine große Pinselspitze ein und klicken Sie nur einmal auf die Fläche, um nur Farbtupfer zu verteilen. Den Modus können Sie für alle Farbspritzer gemeinsam regeln. Wählen Sie ihn bei aktiver Spritzer-Ebene im Bedienfeld *Ebenen*.

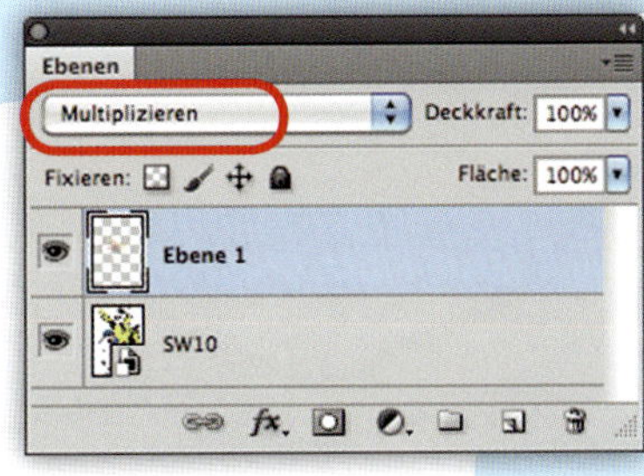

Übung

1.3 Vom Pfad zur Kontur

Mit Hilfe eines Pfades lässt sich nach einem Foto eine einfache Zeichnung erstellen, die beispielsweise für ein Logo verwendet werden kann. Besonders reizvoll wirken dabei unregelmäßige Konturen. Folgende Techniken wenden Sie in diesem Workshop an:

Photoshop:

- Pfad über Auswahl erstellen
- Pinselspitzen in CS4 und CS5

Illustrator:

- Pfad aus Photoshop in Illustrator importieren
- Bearbeiten von Pfaden mit dem Direktauswahl-Werkzeug
- Formen mit dem Radiergummi-Werkzeug teilen
- Zeichnungen manuell verbessern und ergänzen
- Pfade mit dem Schere-Werkzeug trennen
- Breitenwerkzeug einsetzen
- Füllungen mit dem Tropfenpinsel oder dem Pinsel-Werkzeug

Aufgabenstellung

Eine einfache und formschöne Grafik einer Eidechse soll entstehen, deren Kontur so wirkt, als ob sie mit einem Pinsel gemalt sei. Hierbei dient ein Foto als Vorlage. Die Kontur, die dann in Illustrator bearbeitet wird, basiert auf einem Pfad aus Photoshop.

Ps 01 Bild bearbeiten

Als Vorlage für eine Zeichnung in Illustrator kann ein Foto dienen, etwa das bereitstehende Foto *Eidechse*. Zwar ließe sich das Objekt direkt in Illustrator nachzeichnen, bei der Funktion *Nachzeichnen* werden jedoch auch feinste Linien in Formen umgesetzt, einzelne Konturen entstehen dabei nicht. Für die Zeichnung benötigen Sie jedoch lediglich die »Outline« der Eidechse.

Hier bietet sich ein Pfad entlang des Objektes aus Photoshop an. Diesen Pfad erstellen Sie über eine Auswahl. Je klarer sich das Objekt, im Beispiel die Eidechse, vom Hintergrund abzeichnet, desto leichter ist eine solche Auswahl zu treffen. Sind die Objektkanten im Bild nicht scharf genug, bearbeiten Sie das Bild zunächst mit verschiedenen Einstellungsebenen, um die Kontur besser wählen zu können.

Geeignet ist hier eine Tonwertkorrektur, mit der der Kontrast etwas angehoben wird. Die zweite Einstellungsebene *Dynamik* sorgt für leuchtende Farben, die sich hauptsächlich auf die Eidechse auswirken, da sich der Hintergrund eher in Grauwerten zeigt. Stellen Sie die Werte so ein, dass sich die Echse besser vom Hintergrund abhebt, die Farben können dabei durchaus etwas zu grell sein, da Sie später das Pixelbild nicht weiter benötigen.

© Stephanie Watson

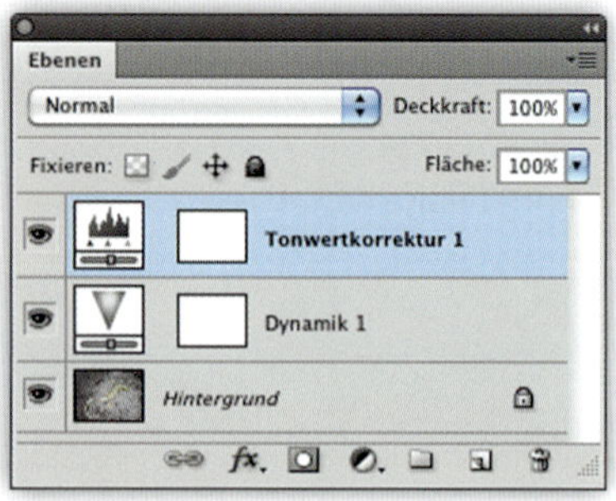

02 Pfad anlegen

Wählen Sie das Objekt, dessen Form die spätere Zeichnung bilden soll, hier ist es die Echse. Verwenden Sie hierbei eine beliebige Methode, oft eignet sich etwa das Schnellauswahlwerkzeug, es befindet sich hinter dem Zauberstab-Werkzeug. Wählen Sie dann im Bedienfeld *Pfade* die Option *Arbeitspfad erstellen*. Bestimmen Sie den Wert bei *Toleranz*. Möglich sind Werte zwischen 0,5 und 10 Pixel; je höher der Wert, desto weniger Ankerpunkte werden gesetzt, jedoch weicht bei entsprechend hohen Werten der Arbeitspfad stark von der eigentlichen Kontur ab.

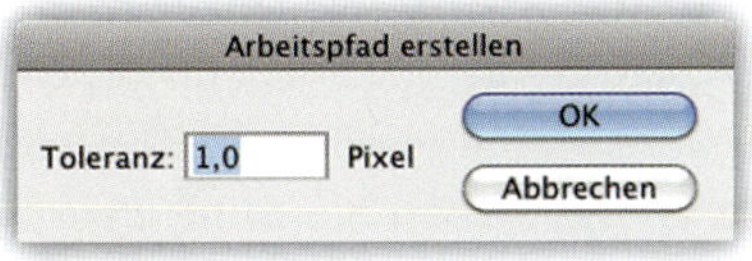

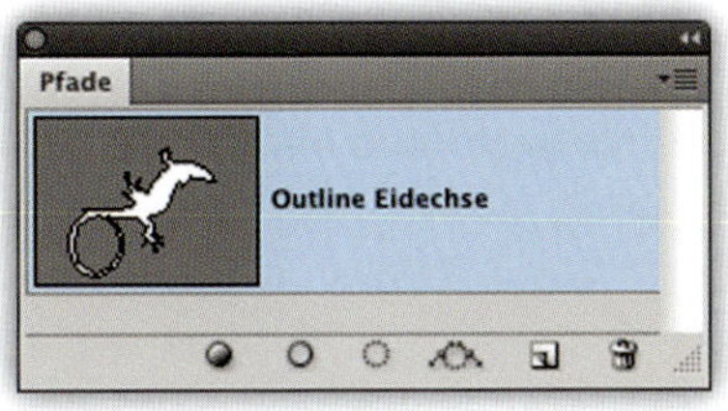

Speichern Sie den Pfad unter einem neuen Namen. Speichern Sie ebenfalls das Bild mit dem Pfad, da Sie diesen für einen späteren Arbeitsschritt noch benötigen.

Tipp: Das Umwandeln der Auswahl in einen Pfad geht schneller über die Schaltfläche *Arbeitspfad erstellen* am unteren Rand des Bedienfelds *Pfade*. Hierbei wird der aktuell eingestellte Toleranzwert eingesetzt, das Dialogfeld *Arbeitspfad erstellen* öffnet sich nicht.

03 Pfad laden

Um den Pfad in einem Illustrator-Dokument zu laden, aktivieren Sie noch in Photoshop im Bedienfeld *Pfade* den Arbeitspfad. Kopieren Sie ihn über die Zwischenablage (Befehlstaste + C) und fügen Sie ihn in ein neues Illustrator-Dokument ein (Befehlstaste + V). Der Pfad erscheint in Illustrator als frei editierbare Form ohne Füllung und Kontur. Stellen Sie über die Optionsleiste eine Kontur von 1 Pt ein.

04 Form glätten

In der Regel ist bei den Pfaden aus einer Auswahl noch etwas Nacharbeit notwendig. So befinden sich an den Konturen noch Ankerpunkte, die Ecken bilden. Selektieren Sie mit dem Direktauswahl-Werkzeug die einzelnen Ankerpunkte, um sie zu verschieben, zu löschen oder über die Optionsleiste in Übergänge zu wandeln.

05 Zwischenräume radieren

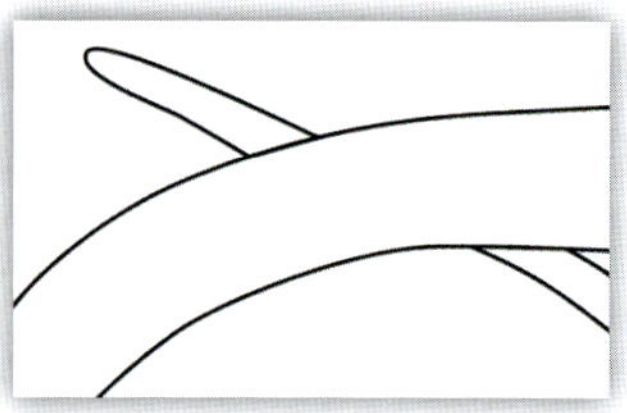

Noch zeichnet der aus Photoshop übernommene Pfad lediglich eine Form, bei der die Schwanzspitze der Eidechse mit dem restlichen Körper verbunden ist. Um zu zeigen, dass die Spitze unter dem restlichen Körper des Tieres liegt, muss die Fläche zweimal durchtrennt werden. Hierfür eignet sich am besten das Radiergummi-Werkzeug. Ziehen Sie damit über eine geschlossene Form, teilt sich diese entlang der Zuglinie und schließt beide Hälften zu neuen Formen. Die Breite der Zuglinie bestimmen Sie in den *Radiergummioptionen*. Öffnen Sie diese mit einem Doppelklick auf das Werkzeug. Im Beispiel wurde ein Durchmesser von 1 Pt gewählt, da so die Zwischenräume zwischen den Formen nicht mehr sichtbar sind.

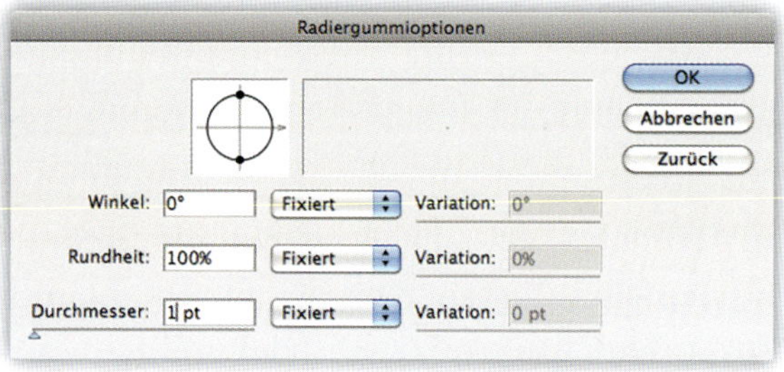

Da die beiden übereinanderliegenden Linien dicker als die restliche Kontur sind, verschieben Sie mit dem Direktauswahlwerkzeug einzelne Ankerpunkte der einen Linie auf die Kontur der zweiten Trennlinie.

06 Zehen korrigieren

Die Zehen der Eidechse sind teilweise noch etwas zu kurz. Diese verlängern Sie, indem Sie mit dem Ankerpunkt-hinzufügen-Werkzeug weitere Punkte in die Kontur einfügen. Dieses Werkzeug finden Sie hinter dem Zeichenstift-Werkzeug.

Ziehen Sie die neuen Ankerpunkte an die gewünschte Stelle und biegen Sie den Kurvenverlauf der Kontur mit Hilfe der Steuerlinien in die richtige Form. Ebenso können Sie mit dem Ankerpunkt-löschen-Werkzeug unerwünschte Ankerpunkte entfernen.

07 Trennlinien

Der von Photoshop übernommene Pfad zeigt nur die äußere Kante der Eidechse. Besser wirkt die Zeichnung jedoch, wenn sichtbar ist, dass die Beine abgewinkelt sind und somit teilweise vom Körper verdeckt werden. Das Radiergummi-Werkzeug ist dafür weniger geeignet, da so eine Trennkante mit zwei Konturlinien entsteht.

Zeichnen Sie also die Linien mit dem Buntstift-Werkzeug. Wie exakt sich die Linie Ihren Zugbewegungen anpasst, bestimmen Sie in den Optionen des Buntstift-Werkzeugs. Bei einem höheren Wert der Glättung vermeiden Sie Zitterlinien, die Genauigkeit bestimmt die Komplexität des Pfades und damit die Anzahl der Ankerpunkte. Hier lohnt es sich, verschiedene Einstellungen zu testen. Relativ glatte Pfade entstehen mit der gezeigten Einstellung. Korrigieren Sie in der Vergrößerung zum Schluss mit dem Direktauswahl-Werkzeug die Endpunkte der einzelnen Linien.

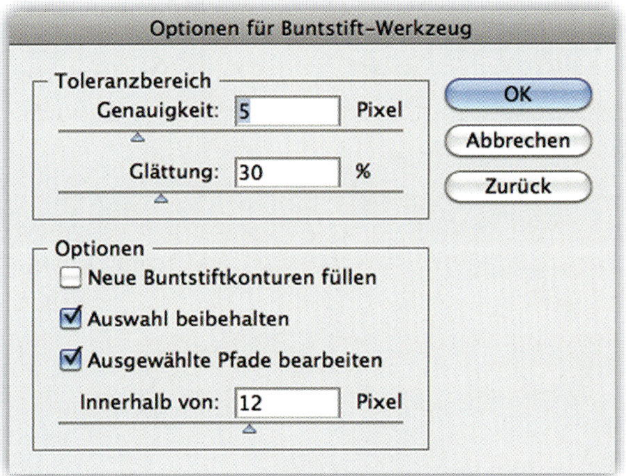

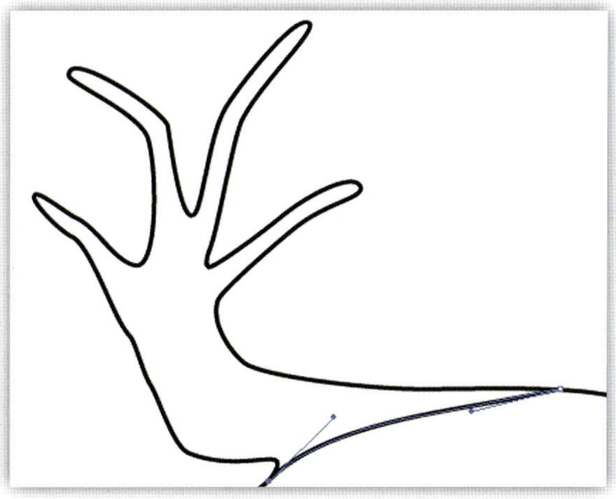

Tipp: Statt des Buntstift-Werkzeugs können Sie für solche Arbeiten auch das Zeichenstift-Werkzeug verwenden. Der Vorteil dieses Werkzeugs liegt darin, dass Sie die Ankerpunkte gezielt setzen und dadurch weniger Korrekturen an den fertigen Linien durchführen müssen. Allerdings müssen Sie dabei geschickt mit Bézier-Kurven umgehen können.

08 Zehen anfügen

Die Zehen des vorderen Fußes, der nach unten zeigt, sind im Originalbild kaum zu sehen. Beim Umwandeln der Auswahl in Photoshop und dem Glätten der Kontur in Illustrator ist nur noch ein in der Form sehr reduzierter Ansatz geblieben. Trotz der allgemein einfach gehaltenen Form fällt dadurch sofort auf, dass etwas in der Zeichnung fehlt.

Dies lässt sich durch zwei angefügte Zehen ausgleichen. Diese müssen Sie jedoch nicht neu zeichnen, hier können Sie einen Teil des oberen Hinterfußes kopieren, etwas drehen und an das untere Vorderbein ansetzen. Zum Schluss zeichnen Sie noch einen Knick am Ellenbogen ein.

Die im linken Bild gekennzeichneten Ankerpunkte werden mit dem Direktauswahl-Werkzeug gewählt und in die Zwischenablage kopiert. Die eingefügte Kopie erscheint als Pfad ohne Kontur, wie es das rechte Bild zeigt.

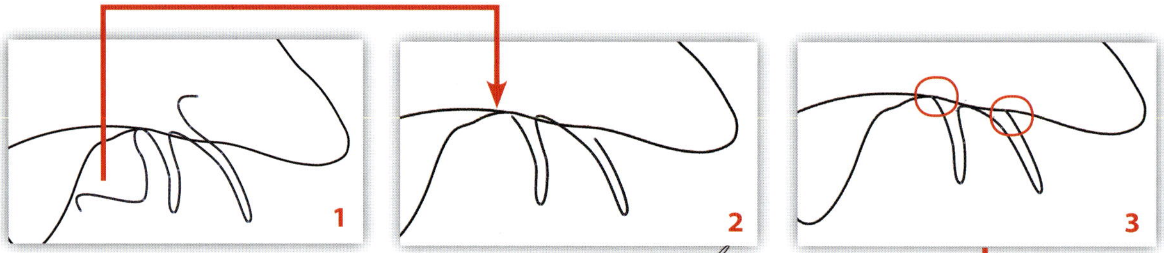

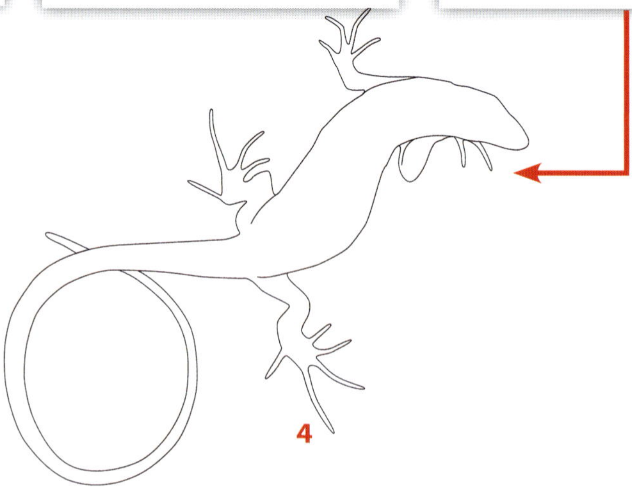

Bild 1: Der Pfad bekommt eine Kontur von einem Punkt und wird gedreht an die passende Stelle gesetzt. Bild 2: Die überflüssigen Ankerpunkte werden dann gelöscht. Bild 3: Die Endpunkte werden auf die Kontur der Figur geschoben, um eine Verbindung zu schaffen. Bild 4: Hier ist zuletzt noch der Knick am Ellenbogen eingezeichnet worden.

09 Pfade teilen

Die Kontur ist nun fertig. Etwas lebendiger wirkt sie, wenn sie unterschiedliche Linienstärken zeigt. Um gezielt verschiedene Bereiche der Linie mit unterschiedliche Strichstärken zu versehen, sollte die Grafik nicht aus einem zusammenhängenden Pfad bestehen. Getrennte Pfadabschnitte lassen sich besser bearbeiten.

Den Pfad teilen Sie mit dem Schere-Werkzeug, es befindet sich hinter dem Radiergummi-Werkzeug. Zum Schneiden muss sich der Mauszeiger direkt über dem Pfad oder einem Ankerpunkt befinden. Da ein Schnitt auf dem Pfad zwei weitere Ankerpunkte erzeugt, ist es besser, möglichst auf den Ankerpunkten zu schneiden. Beim Schnitt sollten jedoch sinnvolle Abschnitte gewählt werden. Bei der Eidechsenkontur bietet es sich an, jeweils vor und hinter einem Bein die Kontur zu durchtrennen. Im Bild sind die Ankerpunkte, an denen geschnitten wurde, rot umkreist. Die einzelnen Abschnitte sind noch gruppiert und lassen sich nicht weiter einzeln bearbeiten.

Tipp: Speichern Sie die Datei, bevor Sie die Pfade teilen; so können Sie später eine Füllung in Illustrator anlegen.

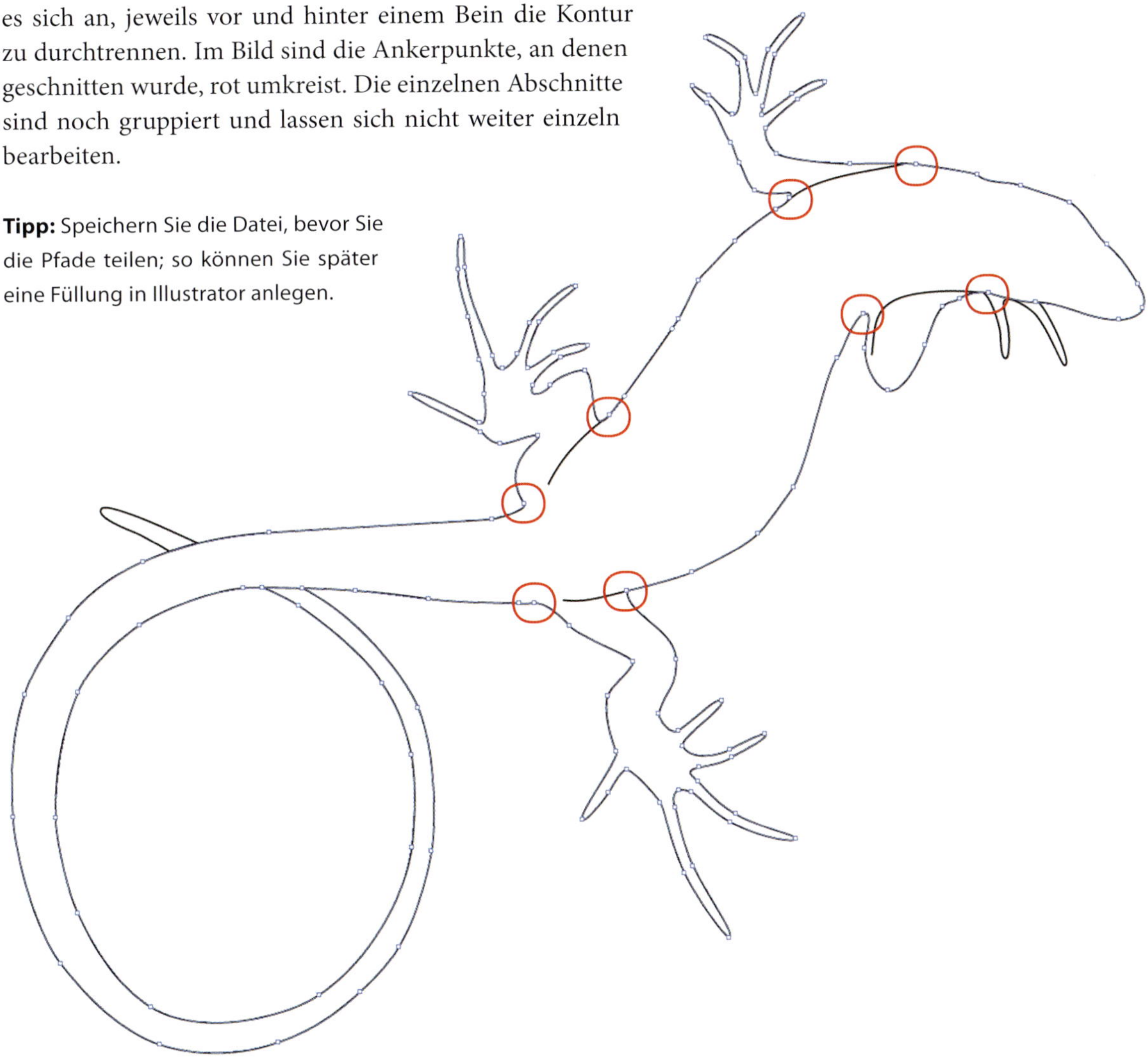

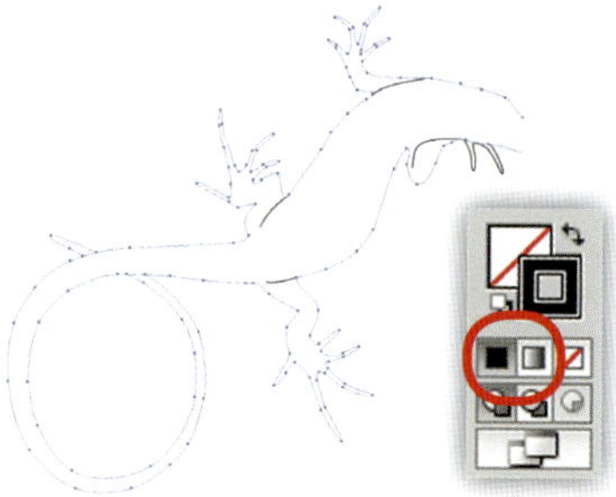

10 Gruppierung aufheben

Wählen Sie die äußere Kontur, dann *Objekt > Gruppierung aufheben*. Jetzt stehen weitere Optionen zur Verfügung, die Sie in den nächsten Arbeitsschritten zum Bearbeiten der einzelnen Konturen benötigen. Die getrennten Pfade zeigen nun die Kontur *Keine*, über das Werkzeugbedienfeld stellen Sie bei der gruppierten Kontur die *Farbe* ein.

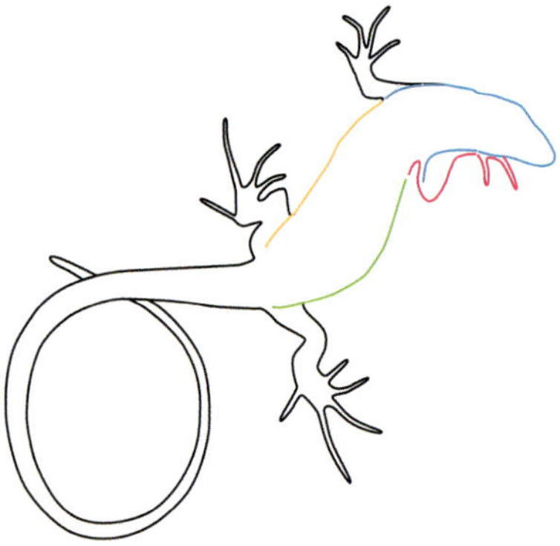

11 Pfade zusammenfügen

Bevor Sie die Pfade weiter bearbeiten, müssen einige der zerschnittenen Pfade mit den später gezogenen Linien an den Füßen verbunden werden. Die Skizze der Eidechse links zeigt die vier Pfade bunt markiert, die nach dem Vereinen entstehen sollten. Vor dem Verbinden wurden noch einige Ankerpunkte an dem vorderen Fuß verschoben, um eine harmonischere Form zu schaffen.

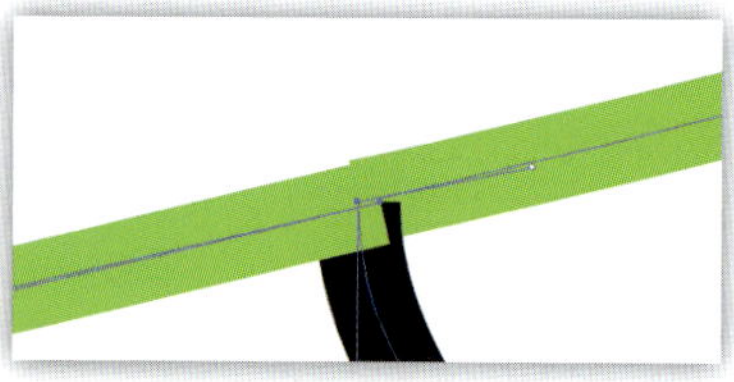

Vergrößern Sie die Schnittstelle, die Sie verbinden möchten. Hier befinden sich drei Endpunkte relativ nahe beieinander.

Um die beiden Punkte der grünen Linien verbinden zu können, selektieren Sie den schwarzen Pfad und schieben dessen Endpunkt etwas nach unten.

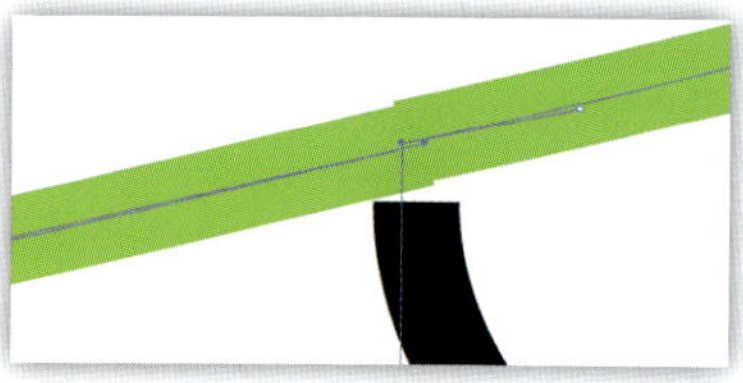

Nun können Sie die beiden Endpunkte der oberen Pfade mit dem Direktauswahl-Werkzeug selektieren, ohne den Endpunkt des schwarzen Pfades zu berühren.

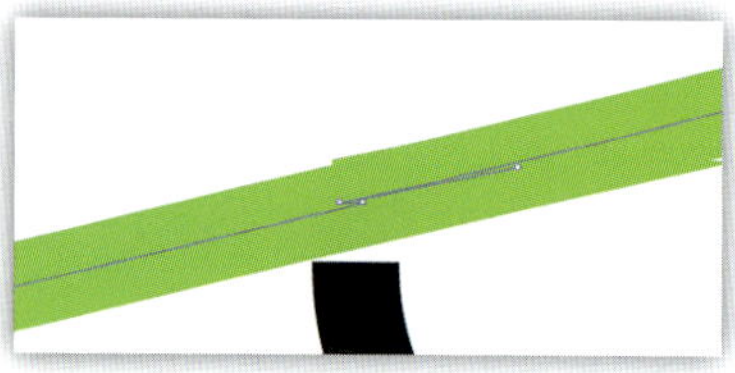

Wählen Sie Objekt > Pfad > Zusammenfügen. Zwischen den beiden Punkten entsteht eine Verbindung, die allerdings eine unerwünschte Ecke bildet.

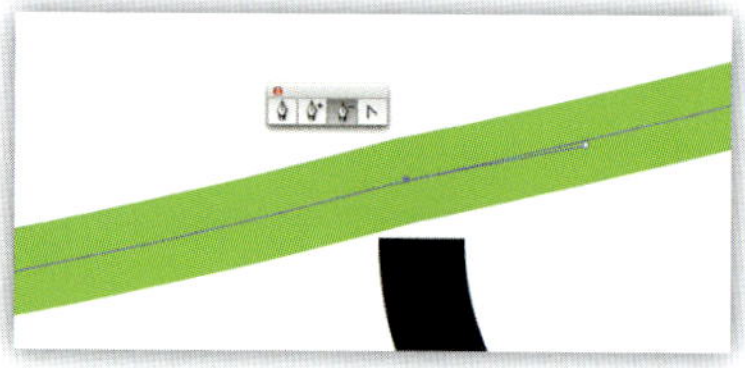

Löschen Sie mit dem Ankerpunktlöschen-Werkzeug einen der beiden Punkte …

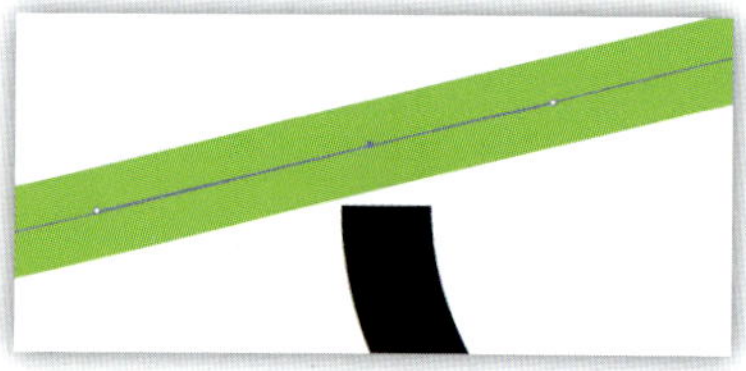

… und klicken Sie in der Optionsleiste bei Konvertieren auf Ausgewählte Ankerpunkte in Übergang konvertieren.

12 Weiten mit dem Breitenwerkzeug

CS5

Mit dem neuen Breitenwerkzeug der Version CS 5 lassen sich Konturen an einer frei wählbaren Stelle verbreitern. An dem Punkt auf der Kontur, an der die neue Breite aufgezogen wird, bildet sich eine im Lot auf die Kontur treffende Linie mit zwei Ankerpunkten an den Enden. Auch nachträglich kann man mit dem Breitenwerkzeug die Breite ändern, indem man an einem der beiden Steuerpunkte zieht. Lässt man die Maustaste los, verbreitert sich die Kontur an dieser Stelle und verjüngt sich an den beiden Enden des Pfades auf die eingestellte Konturbreite.

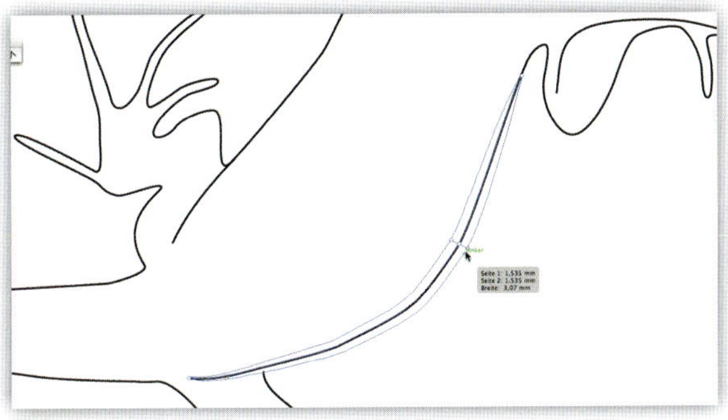

13 Profil speichern

Haben Sie ein erstes Teilstück der Grafik mit dem Breitenwerkzeug bearbeitet und sind mit dem so entstandenen Profil zufrieden, können Sie die Linienform als variables Breitenprofil speichern.

Selektieren Sie das Teilstück mit dem Direktauswahl-Werkzeug und öffnen Sie in der Optionsleiste das Klappmenü bei *Variables Breitenprofil*. Klicken Sie unten auf die Schaltfläche *Zu Profilen hinzufügen*. Benennen Sie das neue Profil.

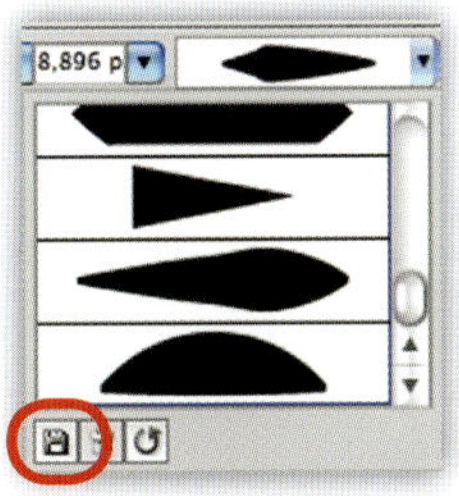

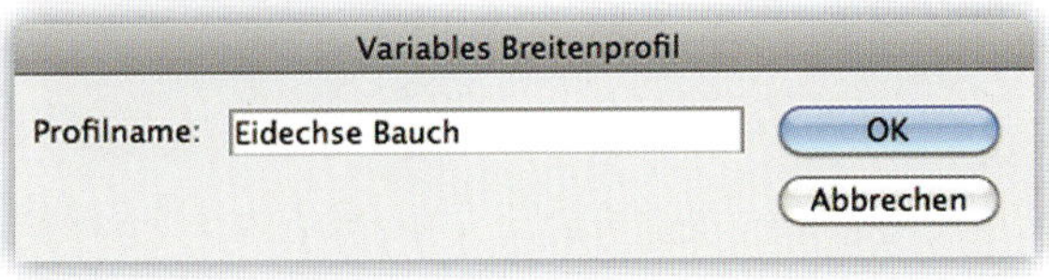

Info: Kontur oder Fläche?

Eine Linie, die mit einem auf diese Art eingestellten Profil versehen ist, bleibt in Illustrator CS5 vorerst eine Kontur. Über *Objekt > Aussehen umwandeln* kann die Kontur in eine Fläche gewandelt und beispielsweise mit einem Verlauf oder einem Muster gefüllt werden.

Öffnet man eine Zeichnung mit Breitenprofil in Illustrator CS4, werden Breitenprofile nach einer Warnmeldung in Flächen gewandelt, das eigentliche Aussehen bleibt also erhalten.

14 Profile übertragen

Wenden Sie zuerst das gespeicherte Breitenprofil auf die komplette Zeichnung an und nehmen Sie danach Verbesserungen an einzelnen Linien vor.

Selektieren Sie dazu alle Pfade mit dem Auswahl-Werkzeug und öffnen Sie in der Optionsleiste das Klappmenü bei *Variables Breitenprofil*. Wählen Sie hier das im letzten Arbeitsschritt gespeicherte Profil – das Aussehen der Zeichnung ändert sich nur unwesentlich.

Dies liegt an der eingestellten Konturstärke: Wird eine Linie mit dem Breitenwerkzeug bearbeitet, setzt Illustrator die breiteste Stelle der bearbeiteten Kontur als Wert für die Konturstärke. Im Beispiel wurde eine der Teilstrecken mit dem Breitenwerkzeug geändert. Die dickste Stelle dieser kontur zeigt eine Stärke von 9 Pt. Alle anderen Teilstrecken hatten zuvor eine Konturenstärke von nur einem Punkt. Illustrator wendet zwar das Breitenprofil bei allen Pfaden korrekt an, die breiteste Stelle der Kontur hat jedoch einen Wert von nur noch 1 Pt. Stellen Sie in der Optionsleiste bei der Kontur einen höheren Wert ein, etwa 7 Pt, ist das Profil auf allen Pfaden deutlich zu erkennen.

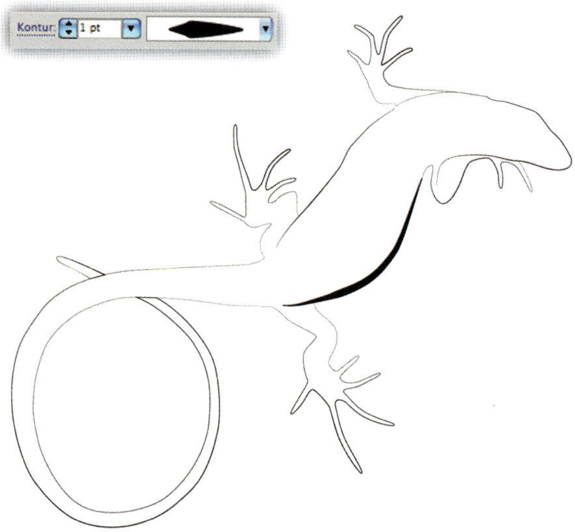

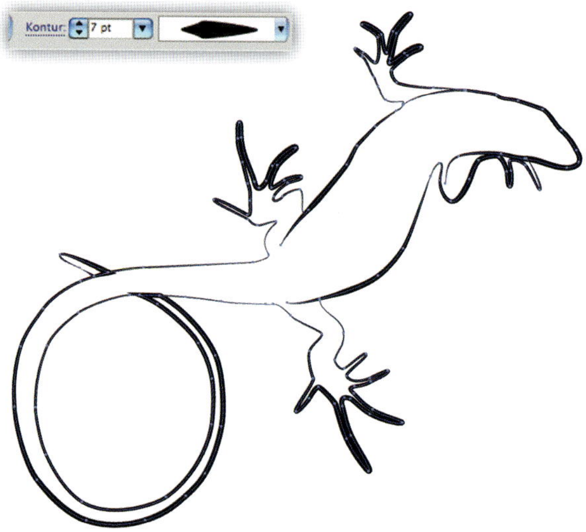

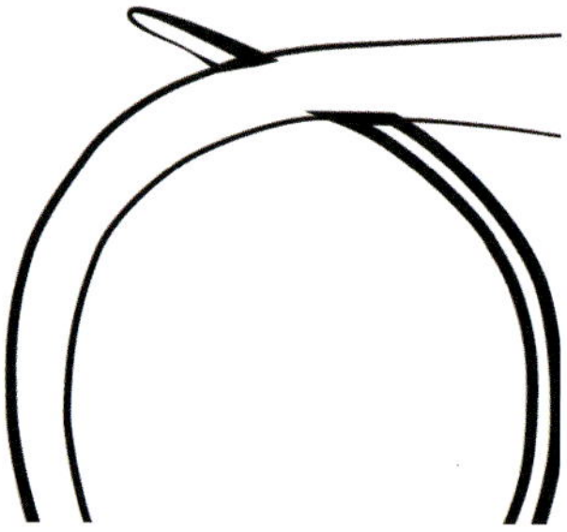

An einigen Stellen, etwa bei der durch das Radiergummi-Werkzeug getrennten Form an der Schwanzspitze, ist nun die Kontur zu dick. An den Übergängen, besonders im unteren Bereich, ergeben sich am unteren Teil des Schwanzes und der Spitze Kanten, die über dem Teil liegen, der eigentlich zuoberst sein sollte. Durch den Verlauf des Profils ist der untere Schwanzteil zudem zu dick.

15 Weitere Trennstellen einfügen

Die unschönen Übergänge sind dadurch entstanden, dass der Schwanz bis auf die Spitze aus einer einzigen Kontur besteht und damit die dickste Stelle des Profils in die Länge gezogen wird. Die Kontur der Spitze hingegen besteht aus einem wesentlich kürzerem Pfad. Hier hilft es, den Pfad an den entsprechenden Stellen mit der Schere aufzuteilen und den Teilstücken gezielte Konturen zuzuweisen.

Tipp: Liegen die Pfade direkt übereinander, etwa an der Kante von der Spitze zum restlichen Schwanz, kann ein solches Teilstück oder auch einzelne Ankerpunkte verschoben werden, um mit der Schere den richtigen Pfad zu treffen.

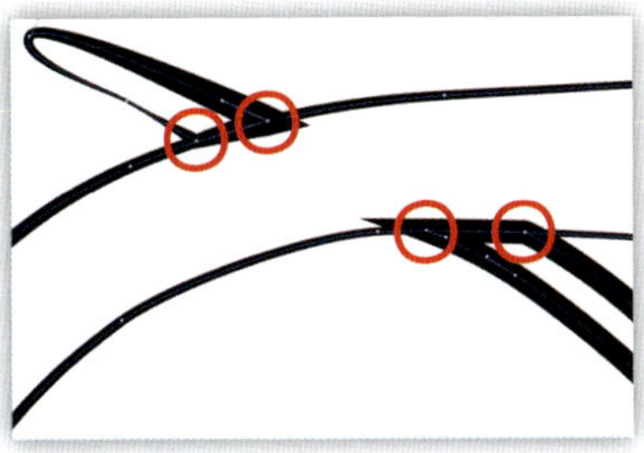

Trennen Sie mit dem Schere-Werkzeug den Pfad an den Ankerpunkten, die auf der oberen Kontur des Schwanzes liegt.

Auf den neuen Teilstücken ist das eingestellte Profil neu verteilt – abhängig davon, ob die Kontur des zuoberst liegenden Bereiches auch durchtrennt wurde.

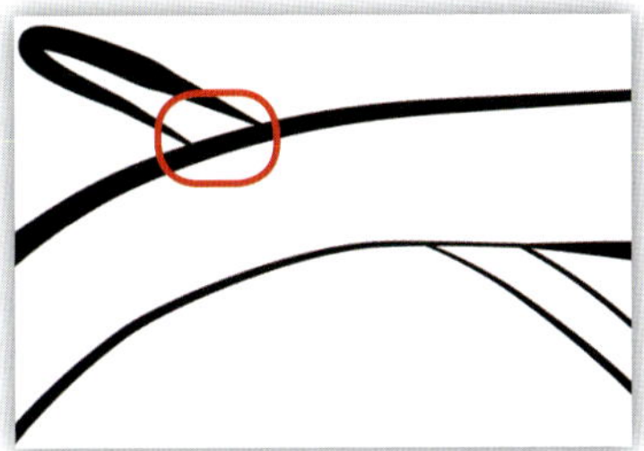

Hier wurde dem oberen Teilstück eine Kontur von 1 Pt zugewiesen, der dicke Bereich in der Mitte verschwindet.

16 Pfade bearbeiten

Bearbeiten Sie noch die einzelnen Pfade, um ein ansprechenderes Ergebnis zu erzielen. So ist beispielsweise die Kontur an einigen Stellen der Füße noch zu dick. Um dies zu ändern, können Sie weitere Profile erstellen und auf mehrere Pfade anwenden, das vorhandene Profil mit dem Breitenwerkzeug bearbeiten oder auch bei manchen Pfaden eine andere Konturstärke einstellen.

Im Beispiel rechts wurden lediglich die Konturen bei den Fußpfaden auf 4 Pt herabgesetzt.

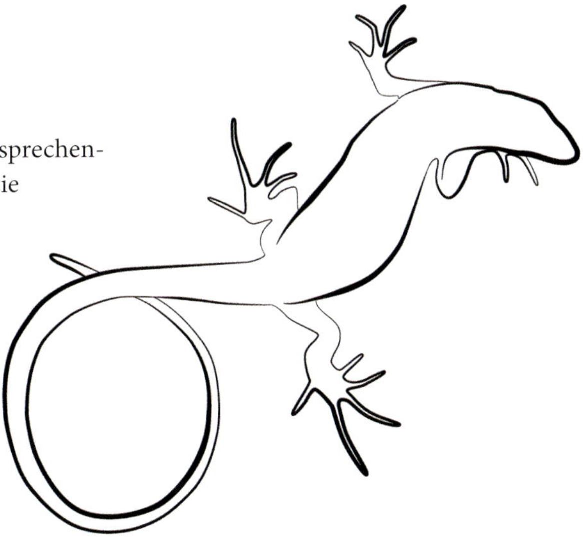

17 Und die Füllung?

Eine Form zu füllen, ist in Illustrator leicht – wie eingangs beschrieben. Man weist der Grafik einfach eine Farbe, einen Verlauf oder ein Muster zu, fertig. Leider ist das bei der Eidechse nicht so leicht möglich, da sie aus verschiedenen Pfaden besteht. Wollte man diese über *Objekt > Pfad > Zusammenfügen* zu einer Form vereinen, stören diverse kleine Lücken in der Form, die jedoch die Zeichnung lebendiger gestalten. Ebenfalls ist es nicht möglich, die Fläche über die Funktion *Interaktiv malen* zu füllen, da hierzu die Form geschlossen sein müsste. Selbst das Schließen von kleineren Lücken und ein Zusammenfügen des Pfades würde nichts helfen, da Illustrator die einzelnen Pfade nicht zu der ursprünglichen Eidechsenform zusammenfügt.

CS5

Eine Möglichkeit besteht darin, die Form mit dem Tropfenpinsel zu bemalen. Der Reiz dieser Methode liegt darin, dass Sie die Grafik nicht exakt füllen und somit noch den Eindruck einer Handzeichnung verstärken. Wählen Sie im Bedienfeld *Werkzeug* die Option *Dahinter zeichnen,* um die schwarzen Linien nicht zu überdecken.

Legen Sie noch eine Kopie der Echsenfüllung in einem etwas dunkleren Farbton an und schieben Sie diese leicht versetzt unter die Originalfüllung.

Alternative: Geschlossene Kontur laden

Haben Sie die Datei, wie im Schritt *2 Pfad anlegen* empfohlen wurde, gespeichert, bevor Sie die Pfade geteilt haben, so können Sie nun diese Form über die Zwischenablage laden, füllen und unter die fertige Eidechsenzeichnung legen.

18 Eine weitere Alternative: Füllung in Photoshop

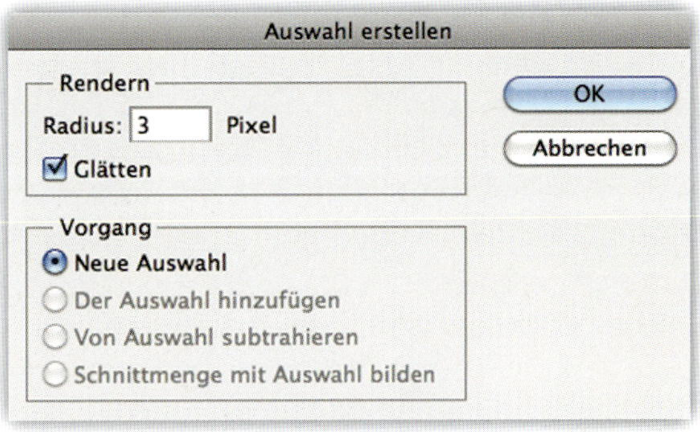

Eine solche Form können Sie auch relativ einfach in Photoshop füllen. Zwei Methoden stehen hierzu zur Verfügung; zunächst die, die eine etwas ungenauere Form erzeugt: Haben Sie im zweiten Arbeitsschritt die Bilddatei mit dem Pfad gespeichert, können Sie diesen erneut laden.

Aktivieren Sie im Bedienfeld *Pfade* den Eidechsenpfad und wählen Sie im *Menü* Bedienfeld die Option *Auswahl erstellen*. Um diese Auswahl etwas zu glätten, geben Sie bei *Rendern* dem Radius einen Wert von etwa 3 Pixel. Erstellen Sie erneut einen Arbeitspfad und speichern Sie diesen. Kopieren Sie den neuen Pfad und fügen Sie ihn in Illustrator als *Zusammengesetzte Form* ein. Das Ergebnis ist ähnlich wie eine Handbemalung mit dem Tropfenpinsel.

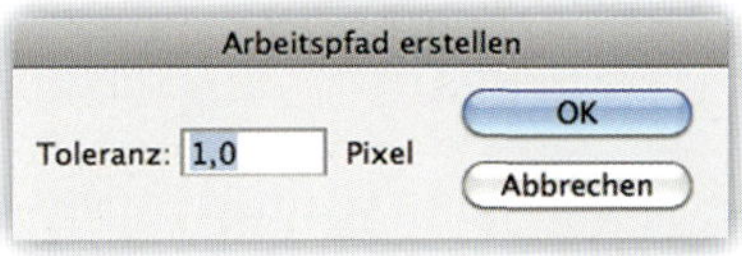

Die zweite Vorgehensweise erzeugt eine wesentlich genauere Form. Hierzu schließen Sie in Illustrator zunächst die Lücken in der Umrandung, indem Sie mit dem Direktauswahl-Werkzeug einzelne Ankerpunkte verschieben. Selektieren Sie danach die Zeichnung und fügen Sie diese in ein neues Photoshop-Dokument als Pixel ein. Wählen Sie mit dem Zauberstab-Werkzeug alle Flächen innerhalb der Zeichnung. Speichern Sie diese Auswahl als Pfad. Nun können Sie diesen Pfad kopieren und in Illustrator laden, mit Farbe füllen und ihn unter die Zeichnung schieben.

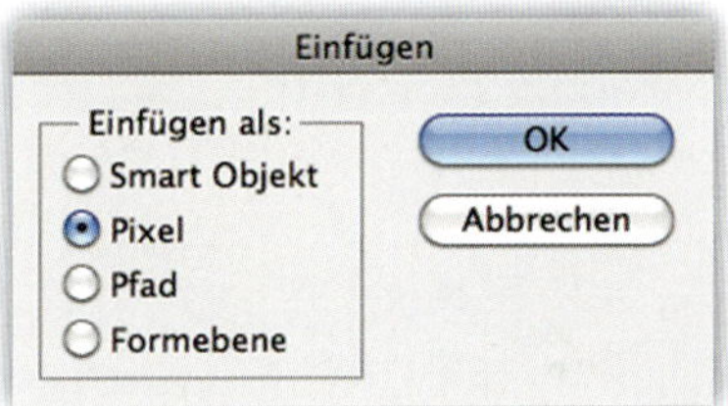

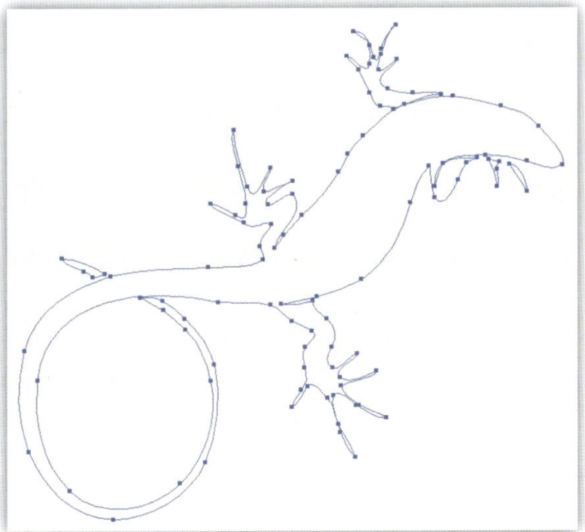

Exkurs

Konturen in Illustrator CS4

Zwar gibt es kein Werkzeug, um in Illustrator CS4 Konturen zu bearbeiten, mit einem selbstgebauten Pinsel können Sie jedoch ein ähnliches Ergebnis wie in Schritt 12 erzielen.

Pinsel bauen

Zeichnen Sie zunächst mit dem Zeichenstift-Werkzeug für das Breitenprofil eine schmale Form, die Sie schwarz füllen und ohne Kontur belassen. Wählen Sie dann bei aktiver Form im Menü des Bedienfeldes *Pinsel* die Option *Neuer Pinsel*. Nehmen Sie den Bildpinsel. In den *Bildpinsel-Optionen* stellen Sie die Richtung nach unten ein und bestätigen Sie die Einstellungen.

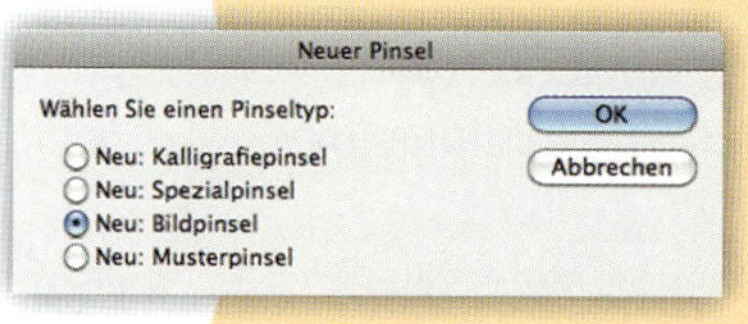

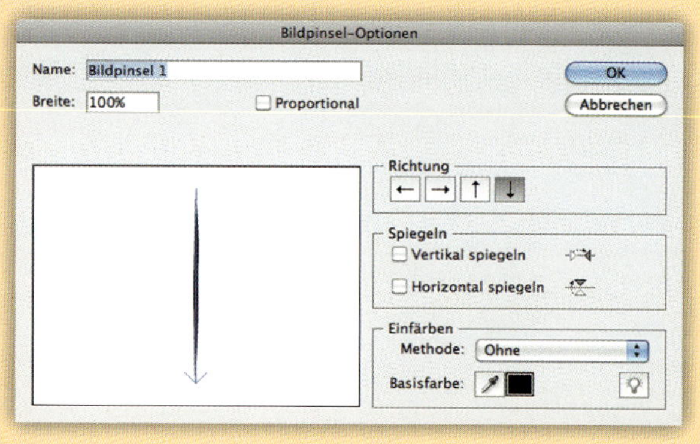

Pinsel anwenden

Aktivieren Sie die gesamte Grafik und klicken Sie im Bedienfeld *Pinsel* auf die soeben erstellte Pinselspitze. Die einzelnen Pfade formen sich wie gezeigt. Um des Ergebnis zu verfeinern, können Sie weitere Bildpinsel anlegen, indem Sie neue Formen entwickeln oder die vorhandenen modifizieren und diese den unterschiedlichen Pfaden zuweisen.

Füllung in Illustrator CS4

Eine Füllung wie im Schritt 17 beschrieben können Sie in Illustrator CS4 problemlos mit dem Pinsel-Werkzeug anfertigen, allerdings bedarf es dabei einiger zusätzlicher Arbeitsschritte.

Füllung malen

Legen Sie zunächst unter der Ebene, auf der sich die Eidechsenkontur befindet, eine weitere Ebene an, auf der Sie die Füllung malen. Sperren Sie zuvor die Skizze.

Umwandeln

Per *Objekt > Aussehen umwandeln* werden die Pinselstriche zu Flächen, die Sie dann im Bedienfeld *Pathfinder* über *Vereinen* zu einer Fläche zusammenfügen.

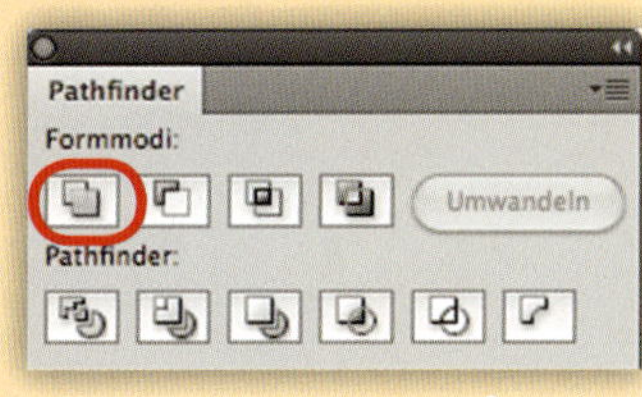

Mit dem Pinsel-Werkzeug kann man wie mit dem Tropfenpinsel malen, es hinterlässt nur Pfad-Spuren mit vielen Ankerpunkten, ...

... die sich jedoch nach dem Umwandeln des Aussehens in Pfade umwandeln lassen.

Mit freundlicher Genehmigung © Roxy Film GmbH

Übung

1.4 Scherenschnitt

Vor wenigen Jahren konnte man das Plakat des (damals neuen) Filmes »Wer früher stirbt ist länger tot« von Marcus H. Rosenmüller in den Kino-Aushängen sehen. Darauf rankten sich im Stil eines Scherenschnittes in Weiß Blätter und Gräser um einen Bildausschnitt des Filmes. Mittlerweile haben diese Technik viele Grafiker übernommen. Eine solche Gestaltung findet man heute auf etlichen Werbe-Plakaten oder auch auf Webseiten. Diese Übung zeigt, wie es geht.

Photoshop:

- Farbbereich auswählen
- Kante verbessern
- Pfade anlegen

Illustrator:

- Bildpinsel
- Schnittmenge bilden

Aufgabenstellung

In dieser Übung fertigen Sie mit Hilfe der automatischen Nachzeichnen-Funktion in Illustrator einen weiß gefärbten Scherenschnitt an. Dafür treffen und verfeinern Sie zunächst die entsprechende Auswahl in Photoshop. Den Scherenschnitt vervollständigen Sie danach in Illustrator mit Details, die Sie mit einem Bildpinsel malen.

01 Auswahl treffen

Für die weiße Scherenschnittform in Illustrator benötigen Sie zunächst das Bild *Feld*. Die Gräser im Vordergrund bilden später die Basis des Scherenschnittes.

Treffen Sie hierzu eine Auswahl, am besten geht es über *Auswahl > Farbbereich*. Stellen Sie eine Toleranz von etwa 50 ein und klicken Sie so oft mit der Pipette *Farbe hinzufügen* in die einzelnen Bildstellen im Himmel, bis dieser vollständig gewählt ist. Kehren Sie dann die Auswahl um.

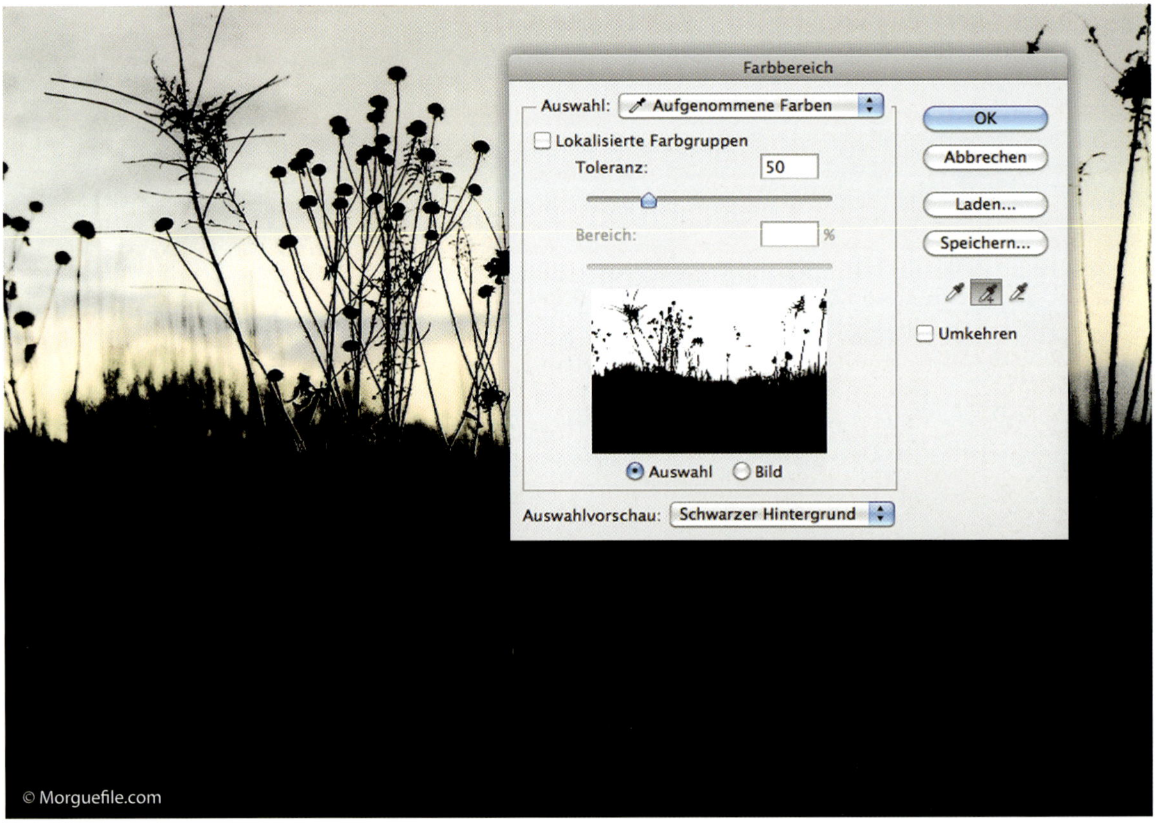

02 Auswahl verfeinern

Über die Option *Kante verbessern* verfeinern Sie die Auswahl. Setzen Sie den *Kontrast* auf 100 %, die *Weiche Kante* auf 0,0 Px und verschieben Sie die Kante etwas in den positiven Bereich. Wählen Sie bei der Anzeige *Schwarzweiß*, um das Ergebnis besser überprüfen zu können. Arbeiten Sie mit der Version CS4, wählen Sie den Vorschaumodus *Maske*.

CS5 **CS4**

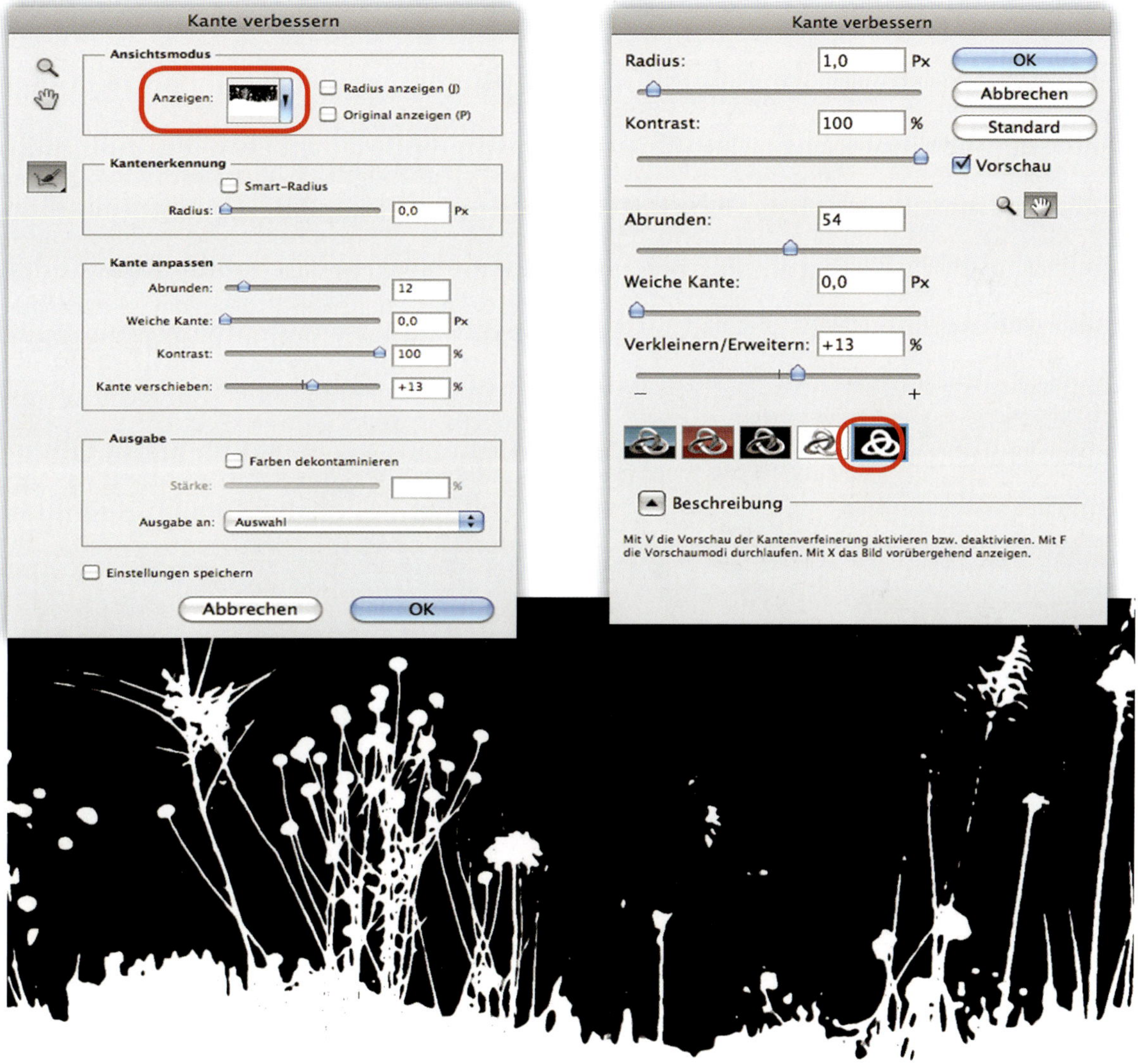

03 Pfad bilden

Wählen Sie im Menü des Bedienfelds *Pfade* die Option *Arbeitspfad erstellen* und speichern Sie den Pfad. Klicken Sie im Bedienfeld *Pfade* einmal auf den Pfad, um ihn zu aktivieren. Kopieren Sie ihn in die Zwischenablage und öffnen Sie nun Illustrator.

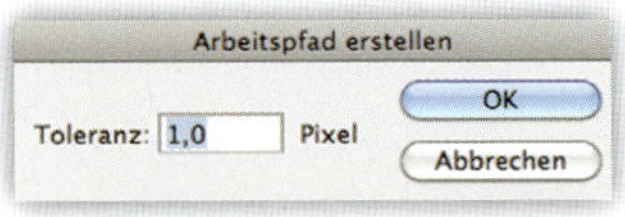

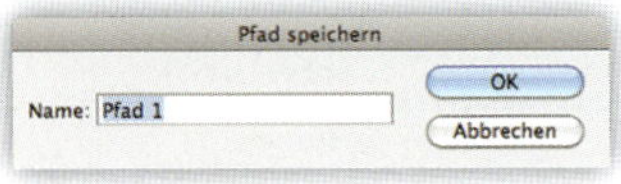

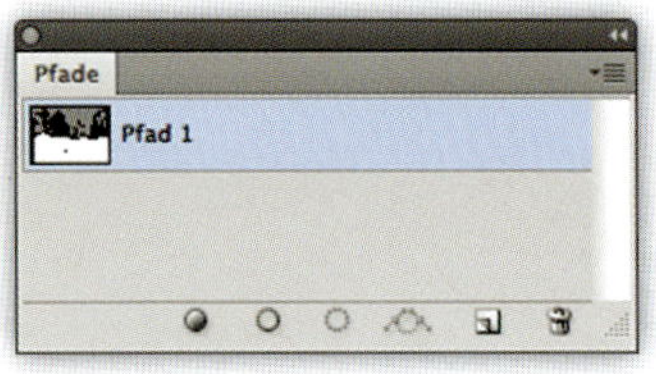

04 Form erstellen

Öffnen Sie in Illustrator über das Menü *Datei* das Bild *Rad*. Legen Sie eine neue Ebene *Form* an, auf der Sie den Photoshop-Pfad aus der Zwischenablage als *Zusammengesetzte Form* einsetzen. Färben Sie die Fläche dieser Form weiß.

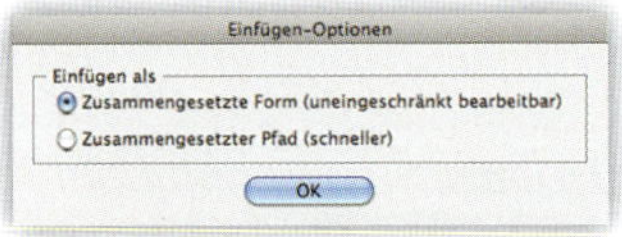

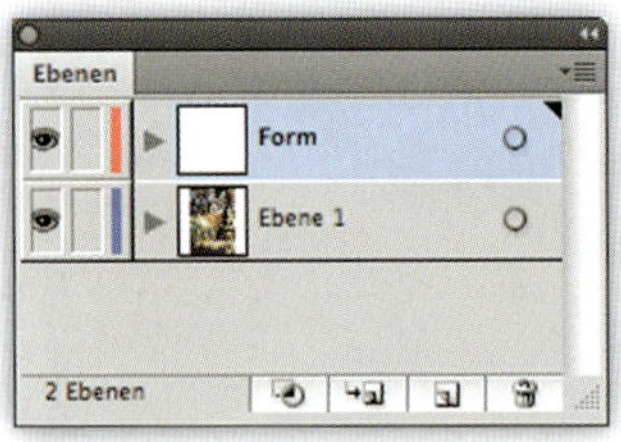

© Mary R. Vogt

05 Formen kopieren

Zwar ist bereits der weiße Scherenschnittrand zu erkennen, doch soll auch der obere Rand und die Seite etwas geschmückt werden.

Legen Sie zwei Kopien der auf der oberen Ebene liegenden Form an. Spiegeln, drehen und skalieren Sie die Kopien, um Variationen zu erzielen. Platzieren Sie die Kopien an den entsprechenden Rändern. Die Formen dürfen weit über den Rand des Hintergrundfotos herausragen, da alle Formen im letzten Arbeitsschritt beschnitten werden.

06 Bildpinsel vorbereiten

Weitere Elemente malen Sie mit einem Musterpinsel, den Sie zuvor selber erstellen, in den Scherenschnitt.

Öffnen Sie hierzu das Bild *Zweig*, treffen Sie eine Auswahl des Himmels und kehren Sie diese um. Wie in Schritt 03 beschrieben, speichern Sie die Auswahl als Pfad, kopieren diesen, um ihn in Illustrator als zusammengesetzte Form zu laden.

Färben Sie zunächst die Form in einer beliebigen Farbe, damit sie sich zum Bearbeiten besser vom weißen Hintergrund abhebt. Die Zahl der Ankerpunkte reduzieren Sie, indem Sie *Objekt* > *Pfad* > *Vereinfachen* wählen. Um die Formen zu überprüfen, können Sie auch über das Menü *Ansicht* die Ecken ausblenden.

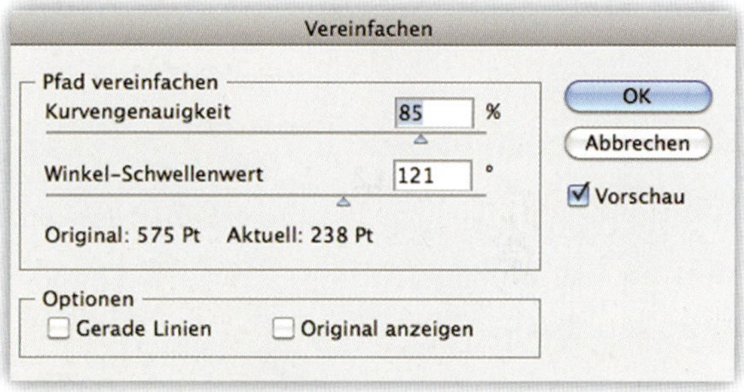

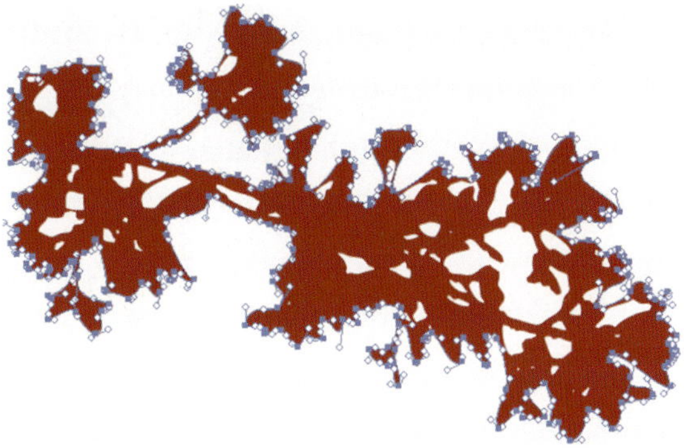

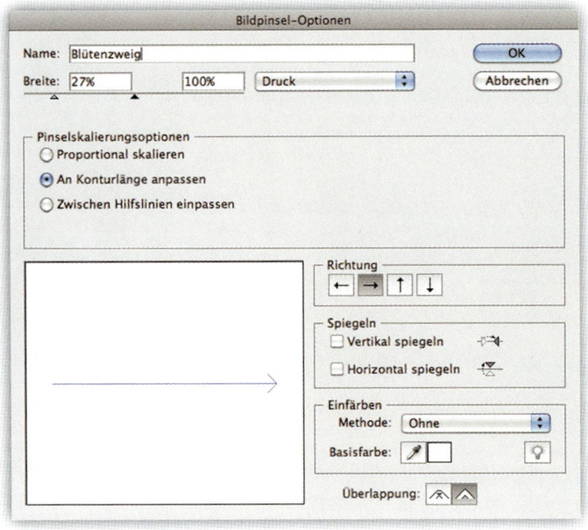

07 Bildpinsel bauen

Wandeln Sie das Muster-Objekt über das Menü *Objekt* um – nun sind auch die Ankerpunkte an den Lücken innerhalb der Grafik zu sehen. Skalieren Sie die Grafik so klein, dass sie sich als Musterpinsel eignet. Färben Sie die Fläche weiß.

Wählen Sie im Menü des Bedienfelds *Pinsel* die Option *Neuer Pinsel*. Wählen Sie hier den *Bildpinsel*. Bestätigen Sie im Dialog *Bildpinsel-Optionen* die vorgegebenen Einstellungen und nennen Sie den Pinsel *Blütenzweig*. Der neue Bildpinsel befindet sich nach dem Bestätigen des Dialogs im Bedienfeld *Pinsel*. Da er jedoch weiß ist, ist seine Vorschau nicht zu sehen. Um dessen Namen einzublenden, wählen Sie im Bedienfeld-Menü die *Listenansicht*. Zeichnen Sie auf einer neuen Ebene mit dem Bildpinsel weitere Elemente in den Scherenschnittrand.

08 Bildpinsel laden

Illustrator bietet sowohl in der Version CS5 wie auch in Version CS4 eine Pinselbibliothek, die verschiedene Blumenmuster-Elemente zeigt. Wählen Sie im Menü des Pinsel-Bedienfelds unter *Pinsel-Bibliothek öffnen > Dekorativ* den *Satz elegant geschweifte und Blumenpinsel*. Hier finden Sie im oberen Bereich verschiedene geeignete Pinsel.

Natürlich können Sie auch weitere Bildpinsel bauen, um den Rand zu verzieren. Mit den vorgestellten Techniken können Sie jedoch bereits schon Ergebnisse erzielen, die dem Original sehr nahe kommen. Im Vergleich sehen Sie auf der rechten Seite links das Ergebnis der Übung und rechts das Filmplakat.

09 Beschneiden

Die einzelnen Bestandteile der Grafik müssen nun noch auf die Größe des Hintergrundbildes beschnitten werden. Hierzu ziehen Sie Hilfslinien entlang der Bildkanten und platzieren ein Rechteck über allen Scherenschnitt-Details. Beschneiden Sie die einzelnen Flächen mit der Funktion *Pathfinder > Schnittmenge bilden.*

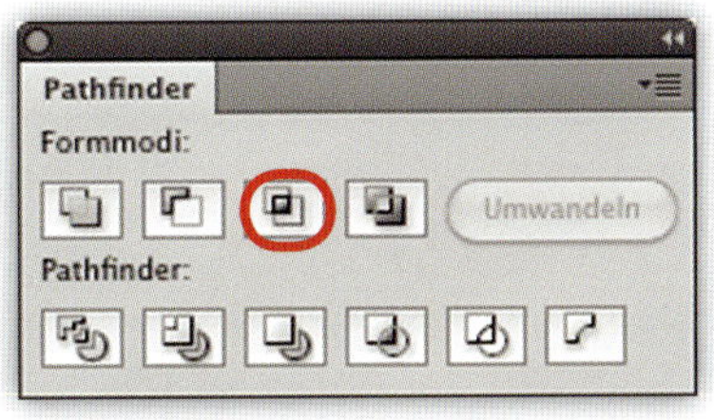

Mit freundlicher Genehmigung © Roxy Film GmbH

Übung

1.5 Vexeln

Beim Vexeln handelt es sich um eine manuelle Umsetzung von Pixelbildern in Vektorgrafiken. Berücksichtigt wird hierbei nicht zwingend die originale Formgebung der Vorlage, vielmehr handelt es sich um eine kreative Umsetzung des Motivs. So können Formen und Farben übernommen werden, müssen jedoch nicht. Meist handelt es sich um eine Mischung aus Abzeichnen per Hand und eigenem Gestalten. Folgende Techniken wenden Sie in diesen Workshops an:

Photoshop:

- Ausschnitt wählen und beschneiden
- Ebenen einsetzen
- Maskierungsmodus
- Per Filter klare Formen erzeugen

Illustrator:

- Import-Optionen bei Photoshop-Ebenen
- Mit Vorlageebenen arbeiten
- Formen zeichnen, auf Ebenen verwalten und gruppieren
- Farben aufnehmen
- Schnittmasken
- Formgruppen
- Zusammengesetzte Pfade

Aufgabenstellung

Die Kunst des Vexelns besteht darin, bestimmte Details auf die notwendigen Formen zu reduzieren. Folgender Workshop soll die Vorgehensweise anhand des Fotos eines Zebras verdeutlichen.

© Kathy Bishop

01 Ausschnitt wählen und freistellen

Für die Übung wird nur eines der beiden oben abgebildeten Tiere benötigt. Geeignet ist das linke Zebra, da hier noch etwas mehr Zeichnung im Gesicht zu erkennen ist. Beschneiden Sie das Bild auf den benötigten Ausschnitt.

Duplizieren Sie die Hintergrundebene und führen Sie alle weiteren Schritte darauf aus. So können Sie immer auf das Original zugreifen. Wählen Sie mit dem Schnellauswahlwerkzeug den Hintergrund. Sollten Teile des Tieres versehentlich in die Auswahl geraten, können Sie diese mit gedrückter Alt-Taste wieder daraus entfernen. Verfeinern Sie die Auswahl im Maskierungsmodus und füllen Sie diese dann mit weißer Farbe. Speichern Sie die Auswahl.

02 Kontrast erhöhen

Damit sich die Formen besser voneinander absetzen, erhöhen Sie zunächst den Kontrast. Da im nächsten Schritt ein Kunstfilter angewandt werden soll, müssen Sie hierbei über *Bild > Korrekturen* gehen, da sonst die Änderung nicht mit in die Filterwirkung einbezogen wird. Wählen Sie beim gezeigten Beispiel die Werte 40 für *Helligkeit* und 80 für *Kontrast*.

03 Klare Formen

Über *Filter > Kunstfilter > Farbpapier-Collage* erhalten Sie scharf abgegrenzte Formen, die bei der späteren Umsetzung in Vektoren sehr hilfreich sind. Im Beispiel sind sechs Stufen gewählt, ein *Abstraktionsgrad* von vier und eine *Umsetzungsgenauigkeit* von 2. Mit der Anzahl der Stufen können Sie die Umsetzung steuern; bei niedrigeren Werten erhalten Sie weniger Formen, die klarer sind, verändern bei diesem Beispiel jedoch die Rückenpartie wesentlich.

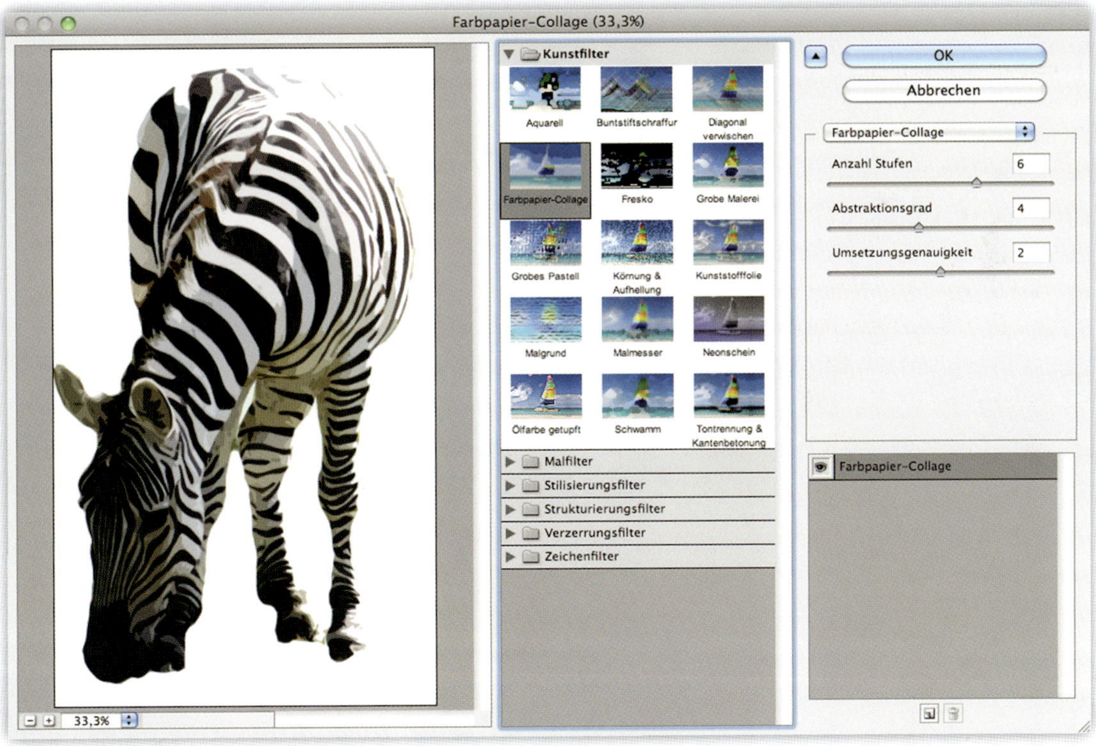

Exkurs

Techniken im Maskierungsmodus

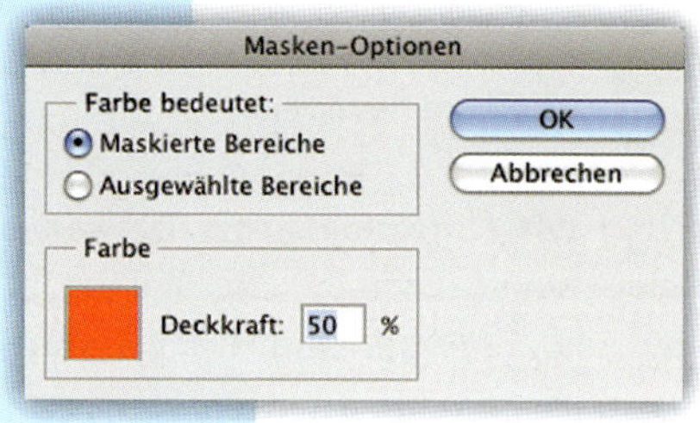

- Gibt es im Bild eine Auswahl, die noch nicht stimmt, lässt sich diese im Maskierungsmodus bearbeiten. Hierzu klickt man im Bedienfeld *Werkzeug* auf die unterste Schaltfläche, die gewählten Bereiche sind dann farblich gekennzeichnet. Per Doppelklick auf diese Schaltfläche öffnen Sie die *Masken-Optionen*. Hier bestimmen Sie, ob die gewählten oder die nicht gewählten, also die maskierten Bereiche, gefärbt sein sollen. Zudem lassen sich hier auch die Farbe und die Deckkraft ändern.
- Im Maskierungsmodus malen Sie mit einem beliebigen Werkzeug in die Maske, am besten geeignet ist der Pinsel oder der Radiergummi. Mit Schwarz erweitern Sie die Maske, Weiß entfernt Teile daraus. Zwischen Schwarz und Weiß wechseln Sie mit einem Klick auf x.
- Achten Sie beim Malen im Maskierungsmodus in den Optionen auf den Wert bei *Weiche Kante*. Dieser sollte in der Regel 0 sein, eine gleichmäßig weiche Kante wird am besten erst bei der fertigen Auswahl eingestellt.
- Ebenfalls im Maskierungsmodus lassen sich die Auswahlwerkzeuge verwenden. Dies ist etwa dann praktisch, wenn eine gerade Kante gebildet werden soll, hier kommt das Polygonlasso-Werkzeug zum Einsatz. Die in der Maske gewählten Bereiche werden dann gelöscht oder gefüllt. Danach muss die Auswahl innerhalb der Maske wieder aufgehoben werden.
- Verschiedene Transparenzwerte lassen sich durch die Abstufungen von Grau festlegen. Diese Bereiche sind dann mehr oder weniger durchsichtig.

04 Grundform bilden

Erzeugen Sie eine neue leere Ebene, die Sie *Kontur* nennen. Laden Sie die gespeicherte Auswahl und kehren Sie diese um. Nun sollte das Zebra gewählt sein. Füllen Sie die Auswahl mit Schwarz. Diese Ebene benötigen Sie in Illustrator für eine schnelle Übernahme der Form und später als Schnittmaske.

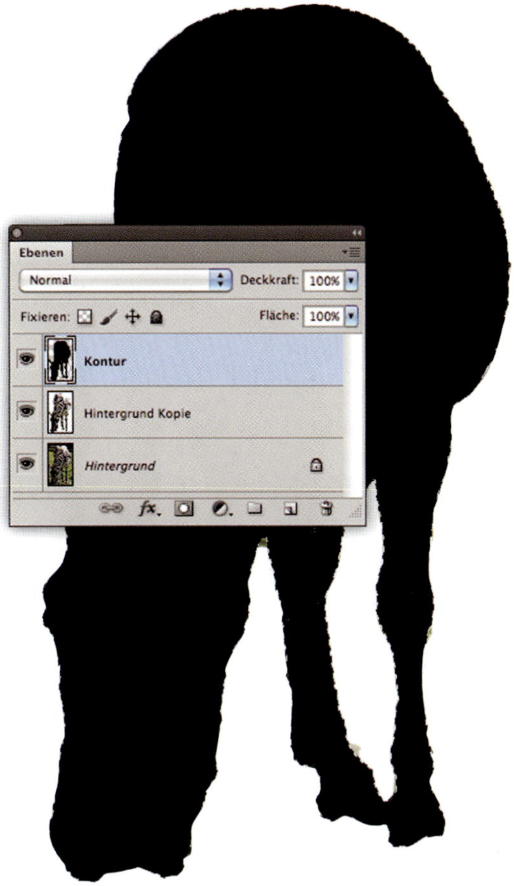

05 Übernahme in Illustrator

Speichern Sie das Bild mit allen drei Ebenen als .psd-Datei und öffnen Sie es über das Menü *Datei* in Illustrator. Wählen Sie in den *Photoshop-Importoptionen* die Option *Ebenen in Objekte umwandeln*. So steht Ihnen in Illustrator jede der drei Photoshop-Ebenen als eigene Ebene zur Verfügung: die schwarze Fläche, das bearbeitete Bild sowie das Original zur Ansicht.

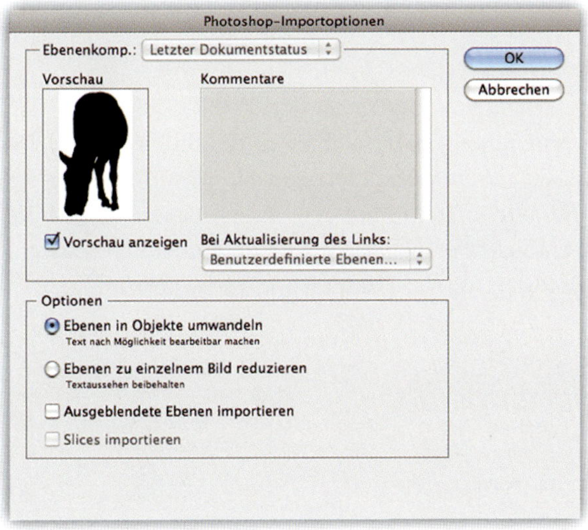

06 Vorlagenebene

Sperren Sie die untere Ebene *Hintergrund Bild*. Per Doppelklick auf deren Kopie öffnen Sie die Ebenenoptionen. Aktivieren Sie die Option *Vorlage*. Um die späteren Formen besser sehen zu können, blenden Sie das Bild auf 60 % ab. Auch diese Ebene ist nun gesperrt.

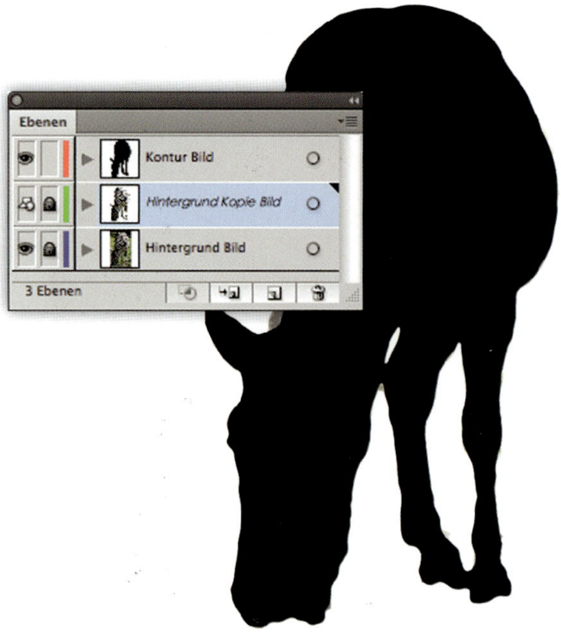

07 Vektorisieren

Aktivieren Sie die oberste Ebene *Kontur Bild* und wählen Sie in der Optionsleiste die *Nachzeichneroptionen*. Belassen Sie hier die Werte im Modus *Schwarzweiß* und aktivieren Sie bei den *Nachzeichneroptionen* die Option *Weiß ignorieren*. Illustrator generiert so eine einheitlich schwarz gefärbte Vektorform, ohne den weißen Hintergrund zu berücksichtigen.

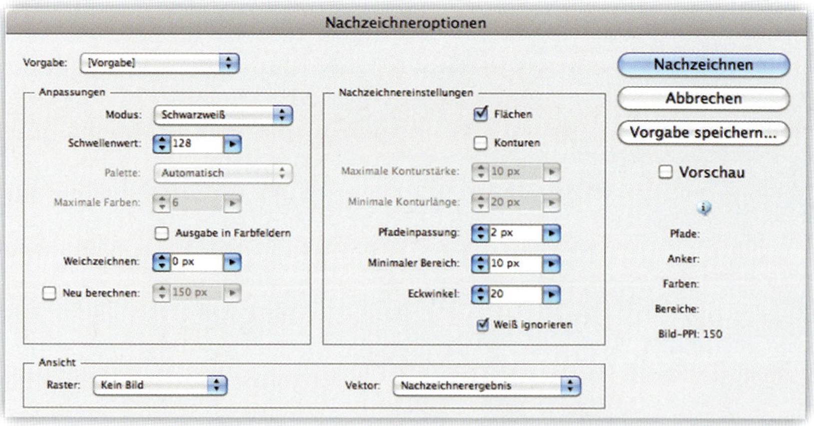

08 Umfärben

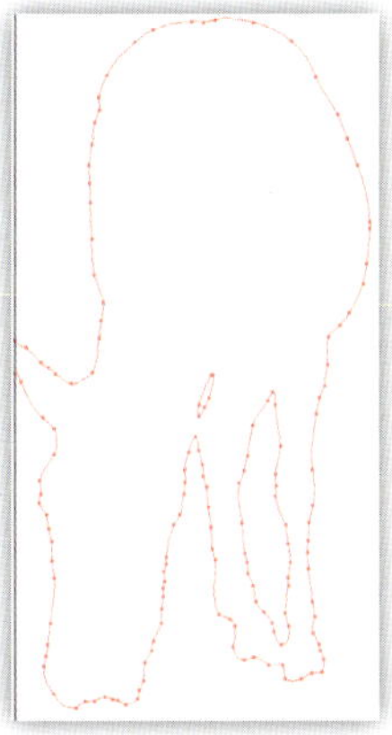

Klicken Sie in der Optionsleiste auf *Umwandeln*. Färben Sie die Form in einem sehr hellen Grau; sie dient später als Hintergrund. Legen Sie eine neue Ebene *Grundformen* für neue Formen an, die das Objekt weiter strukturieren werden, etwa dunklere Flächen für die Stellen des Körpers, die im Schatten liegen. Um solche Bereiche auf der Vorlage besser sehen zu können, schalten Sie die Sichtbarkeit der Ebene *Kontur Bild* aus und sperren die Ebene.

09 Neue Formen

Überprüfen Sie in den *Ebenenoptionen* für die nächsten Arbeitsschritte, ob die Option *Bilder abblenden auf* aktiviert ist, Sie können so die verschiedenen Farbbereiche besser erkennen.

Zeichnen Sie den hinteren Bereich der linken Seite des Zebras, er soll etwas dunkler gefärbt sein, da er im Hintergrund liegt. Zeichnen Sie ohne *Flächenfarbe,* um die Vorlage sehen zu können. Die Form soll etwas über die eigentliche Zebrakontur hinausragen, alle Formen dieser Ebene werden später beschnitten.

10 Farbe übernehmen

Im Bedienfeld *Werkzeuge* muss zuunterst die *Fläche* vor der *Kontur* abgebildet sein. Klicken Sie dann bei aktiver Form mit dem Pipette-Werkzeug in eine dunklere Stelle der gewählten Fläche, diese nimmt die gewählte Farbe an. Speichern Sie die Farben in dem Bedienfeld *Farbfelder*.

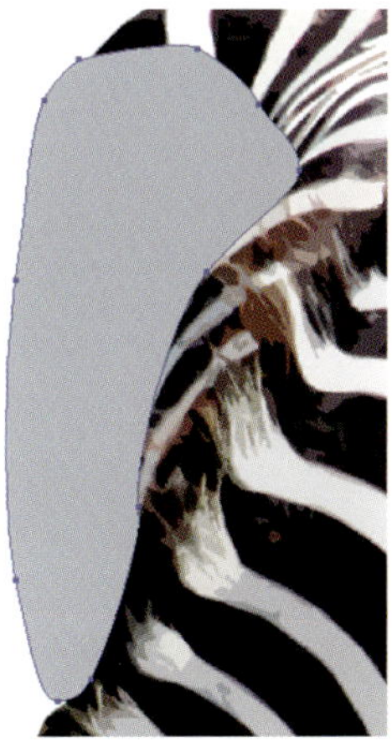

11 Abstufungen

Weitere Schattierungen gestalten die Flächen plastischer. So zeigt etwa der hintere Bereich des Tieres noch eine etwas kleinere Fläche, die durch Lichtreflexionen in einer wärmeren Farbe erscheinen sollte. Hier muss jedoch abstrahiert werden, es ist nicht notwendig, jede Form nachzuzeichnen.

Klappen Sie also die Ebene *Grundformen* auf und schalten Sie die Sichtbarkeit der eben gezeichneten Fläche aus. Zeichnen Sie die darüber liegenden weiteren Formen und färben Sie diese wie in Schritt 10 beschrieben. Ziehen Sie die beiden neuen Farben in das Bedienfeld *Farbfelder*.

12 Schultern, Beine und Bauch

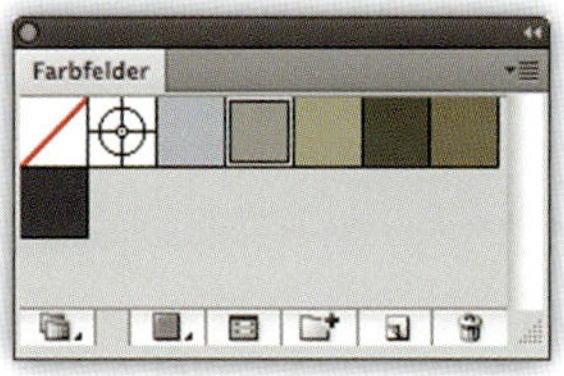

Gestalten Sie wie in den letzten Arbeitsschritten beschrieben den gesamten Bereich der Schultern, der Beine und des Bauches. Hilfreich ist es, die einzelnen Pfade in dem Bedienfeld *Ebenen* schlüssig zu benennen. So können diese gezielt während der Arbeit ein- und ausgeblendet werden. Sammeln Sie ebenfalls die wichtigsten aufgenommenen Farben in den Farbfeldern. Beschränken Sie sich auf eine bestimmte Anzahl von Farben, etwa auf sechs, für diesen Arbeitsschritt. Zu viele Farben irritieren im Endergebnis.

Rechts neben dem linken vorderen Bein wird die Kontur des Kopfes herausgearbeitet. Hier ist es wichtig, die Kante exakt nachzuzeichnen. Arbeiten Sie an solchen Stellen in einer leichten Vergrößerung. Überprüfen Sie regelmäßig die Grafik in einer Ansicht von 100 %.

Liegen Formen so übereinander, dass Linien deckungsgleich sind, etwa im Halsbereich, kopieren Sie die größere und setzen die Kopie über *Bearbeiten > Davor einfügen* exakt auf die Originalform. Sie können dann im Ebenen-Bedienfeld die untere Form sperren und die obere bearbeiten und umfärben.

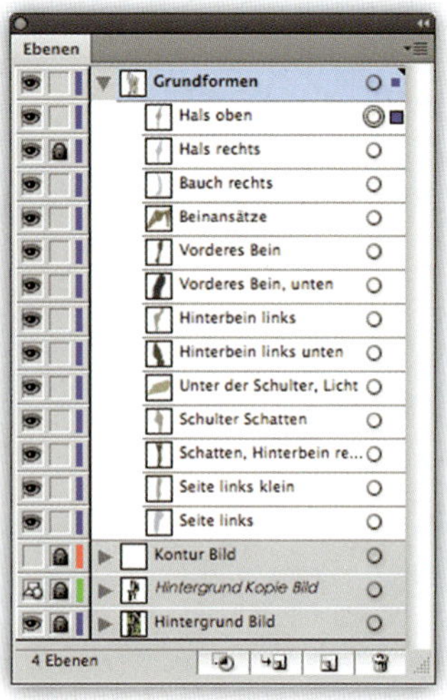

13 Beschneiden

Beschneiden Sie die im letzten beschriebenen Arbeitsschritt angelegten Flächen. Sperren Sie dazu bis auf die Ebene *Grundformen* alle anderen Ebenen. Wählen Sie nun alle Formen und gruppieren Sie diese über das Menü *Objekt*. Entsperren Sie nun die Ebene *Kontur*, auf der Sie im Schritt 04 die hellgraue

Zebraform angelegt haben. Kopieren Sie diese in die Zwischenablage und sperren Sie die Ebene erneut. Wechseln Sie wieder auf die Ebene *Grundformen* und platzieren Sie die Kopie aus der Zwischenablage über *Bearbeiten > Davor einfügen* direkt über der Formengruppe. Aktivieren Sie beide Formgruppen und wählen Sie dann *Objekt > Schnittmaske > Erstellen*. Die obere Gruppe, also die kopierte Form, wird somit zur Schnittmaske für die in der Gruppe darunter liegenden Formen.

14 Der Kopf

Weitere Flächen zur Gestaltung des Kopfes zeichnen Sie auf einer neuen Ebene. Sperren Sie zuvor die Ebene *Grundformen*. Beginnen Sie wieder mit den größeren Flächen, die zuunterst liegen sollen. Berücksichtigen Sie hier das Originalbild auf der untersten Ebene; hier finden Sie weitere Details. Auch bei dieser Arbeit können Sie die einzelnen Formen über die Außenkante ziehen, da auch die Kopfformen zum Schluss beschnitten werden. Innenkanten, wie etwa die Ohren, müssen jedoch sauber ausgeformt sein. Vereinfachen Sie auch hier wieder die einzelnen Flächen und benennen Sie die Pfade im Ebenenbedienfeld. Sammeln Sie zum Schluss alle Flächen in einer Gruppe und beschneiden Sie diese wie in Schritt 13 beschrieben.

15 Die Streifen

Blenden Sie alle Ebenen bis auf die Kopie des Hintergrundes aus. Zeichnen Sie auf einer neuen Ebene *Streifen* die schwarzen Bereiche des Zebrafells nach. Formen Sie auf dieser Ebene auch die Schnauze. Blenden Sie die Vorlagenebene etwas ab, um sehen zu können, welche Streifen Sie bereits gezeichnet haben. Dieser Schritt ist sicher derjenige mit dem größten Zeitaufwand, aber auch mit der wichtigste.

Exkurs

Ai Zeichnen

- Arbeiten Sie Details, die das Aussehen der Grafik wesentlich bestimmen, möglichst exakt aus. Hiermit steht oder fällt die Wirkung der Grafik; Fehler der Flächen im Hintergrund stören wesentlich weniger als solche, die bei der Detailarbeit entstanden sind.
- Exakte Formen zeichnen Sie in der Vergrößerung. Mit gehaltener Leertaste verschieben Sie während der Arbeit den Ausschnitt.
- Arbeiten Sie an den Außenkonturen bei allen Ebenengruppen immer mit einer Kopie der gleichen Schnittmaske. So erhalten Sie exakte Kanten.
- Beim Zeichnen können Sie der Fläche *Keine* zuweisen. Damit ist die Kontur unsichtbar, sodass sich die Linienführung besser überprüfen lässt.
- Per Tastenkürzel *Steuerung + 0* sehen Sie die ganze Arbeitsfläche. Überprüfen Sie bei Detailarbeiten so öfters die Gesamtwirkung. Blenden Sie hierzu auch alle anderen Ebenen ein, auf denen bereits gezeichnete Formen liegen.
- Eine Kontur schließen Sie, indem Sie den letzten Ankerpunkt direkt auf den ersten setzen. Dass dieser direkt darauf liegt, zeigt kleine Kreis links unter dem Cursor-Symbol.
- Um eine neue Kontur zu beginnen, wenn ein Pfad nicht geschlossen ist, drücken Sie die Taste *esc*.
- Möchten Sie an einem begonnenen Pfad weiterzeichnen, klicken Sie auf den letzten Ankerpunkt, der Cursor zeigt an dieser Stelle einen kleinen Pfad.

16 Gruppen

Haben Sie einen Teil der Streifen gezeichnet, etwa die des Kopfes, verschmelzen Sie diese zu einer Form. Diese Vorgehensweise ist in zweierlei Hinsicht sinnvoll; nicht benötigte und doppelte Ankerpunkte löscht Illustrator dabei, zudem wird das Bedienfeld *Ebenen* übersichtlicher.

Sperren Sie zuvor alle Ebenen bis auf die oberste Ebene *Streifen*. Selektieren Sie die Streifen, die Sie zusammenfassen möchten. Wählen Sie dann im Bedienfeld *Pathfinder* die Option *Vereinen*, danach *Objekt > Zusammengesetzter Pfad > Erstellen*. Bevor Sie die nächsten Streifen zusammenfassen, sperren Sie die bereits zusammengesetzten Pfade.

17 Details

Zeichnen und gruppieren Sie so alle Streifen im Fell des Zebras. Sind durch die Bearbeitung in Photoshop an manchen Bildstellen Details verlorengegangen, blenden Sie die Kopie des Hintergrundes aus und nehmen das originale Foto als Vorlage. Im Beispiel etwa sind die Streifen im hinteren Rückenbereich rechts verlorengegangen. Damit auch diese Streifen zum Rest der Grafik passen, blenden Sie alle bereits gezeichneten Streifengruppen ein.

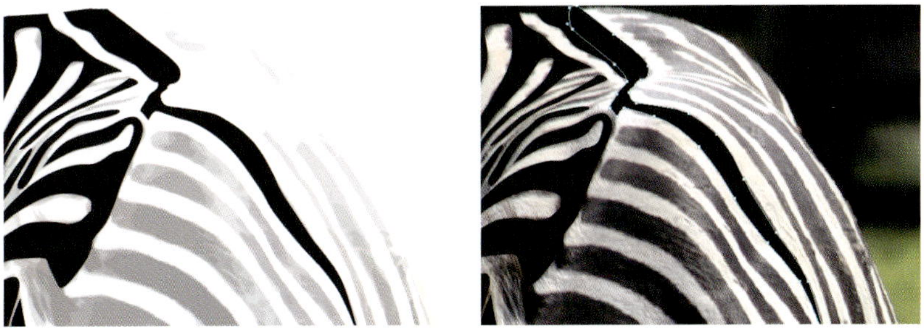

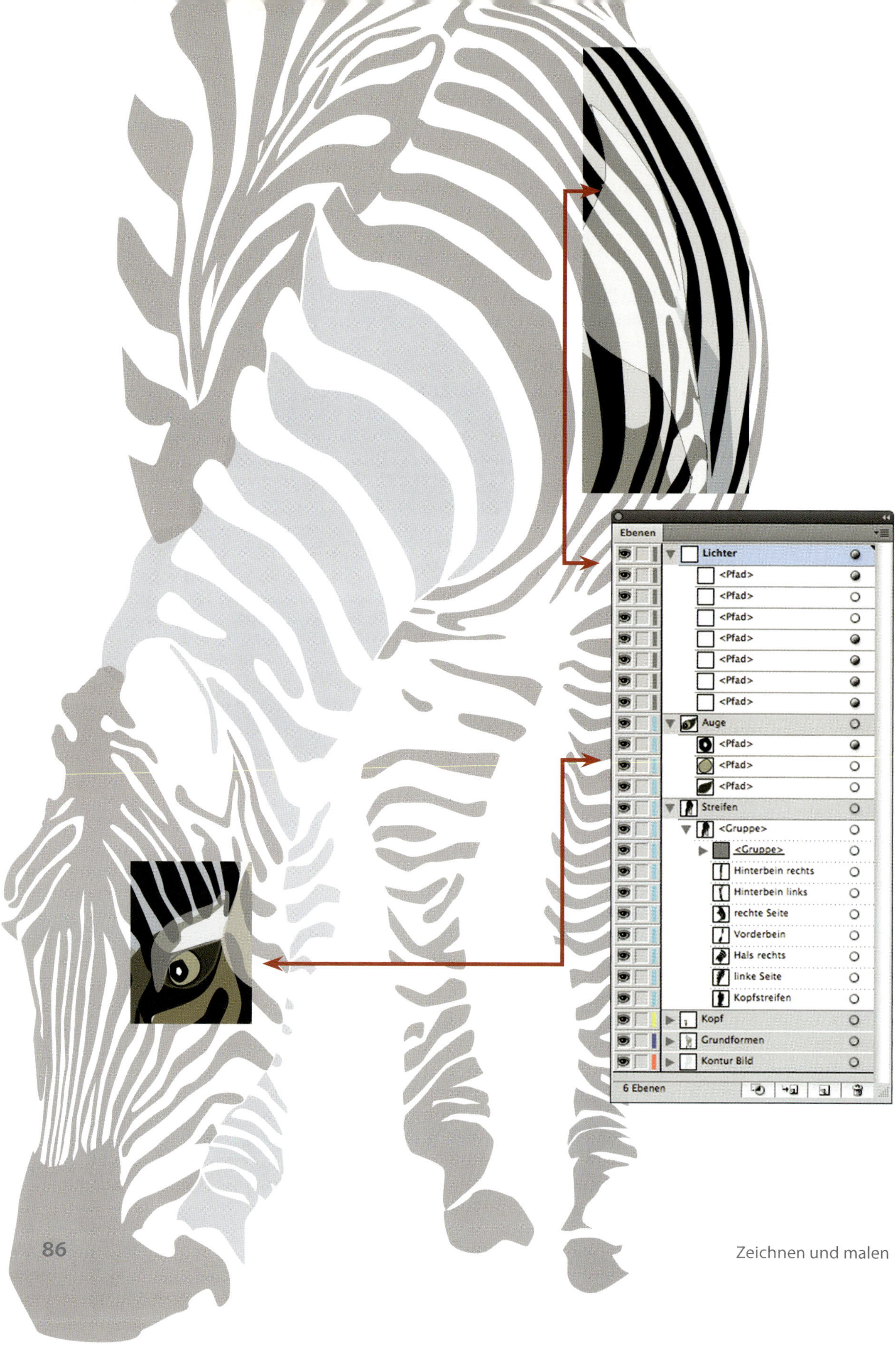
Ebenen
Lichter
<Pfad>
<Pfad>
<Pfad>
<Pfad>
<Pfad>
<Pfad>
<Pfad>
Auge
<Pfad>
<Pfad>
<Pfad>
Streifen
<Gruppe>
<Gruppe>
Hinterbein rechts
Hinterbein links
rechte Seite
Vorderbein
Hals rechts
linke Seite
Kopfstreifen
Kopf
Grundformen
Kontur Bild
6 Ebenen

18 Beschnitt

Beschneiden Sie mit einer Kopie der Zebrakontur die komplette Streifenebene. Die genaue Vorgehensweise hierzu ist im Arbeitsschritt 13 beschrieben. Korrigieren Sie eventuell die Kontur, indem Sie mit dem Direktauswahl-Werkzeug Ankerpunkte verschieben oder mit Hilfe der Steuerlinien den Kurvenverlauf ändern.

19 Augen und Lichter

Formen Sie auf einer weiteren Ebene die Augen. Auch bei diesem Arbeitsschritt können Sie das originale Foto als Referenz verwenden. Stellen Sie schmale Konturen ein, um eine Umrandung der Iris anzudeuten. Ebenso kann ein kleiner weißer Kreis als Lichtreflex auf die Pupille gesetzt werden.

Lichter, etwa die auf dem Rücken des Zebras, legen Sie auf eine weitere Ebene. Füllen Sie diese Formen weiß und stellen Sie unterschiedliche Transparenzen ein: Selektieren Sie zunächst über das Bedienfeld *Ebenen* alle Formen. Stellen Sie im Bedienfeld *Transparenz* den Wert ein, den die Form mit der höchsten Deckkraft einnehmen soll. Selektieren Sie dann einzelne Flächen – sie zeigen im Bedienfeld *Transparenz* den Wert 100 %. Verringern Sie hier individuell den Wert. Beschneiden Sie auch diese Formen.

20 Die Grafik in Photoshop platzieren

Schatten und Hintergrund des Zebras kann man zwar auch mit einer Verzerrungshülle und weiteren Formen in Illustrator bauen, hier bietet jedoch Photoshop die flexibleren Möglichkeiten.

Sperren Sie die Ebene *Hintergrund Bild* sowie deren Kopie. Aktivieren Sie nun alle Formen des Zebras, die auf den restlichen Ebenen liegen, und kopieren Sie diese. Legen Sie in Photoshop eine neue Datei an und fügen Sie aus der Zwischenablage die Grafik ein. Im folgenden Dialog *Einfügen* wählen Sie die Option *Smart-Objekt*. Mit gedrückter Hochstelltaste skalieren Sie die Grafik proportional auf die gewünschte Größe und bestätigen die Platzierung per Doppelklick in die Bildfläche. Da Sie die Grafik als Smart-Objekt platziert haben, behält diese vorerst ihre Vektorinformationen und kann somit beliebig oft ohne Qualitätsverlust erneut skaliert werden. Legen Sie nun die Größe der Arbeitsfläche nach Belieben fest.

21 Schatten und Hintergrund

Den Schatten des Zebras bilden Sie mit der Grundform, die Sie in Schritt 04 angelegt haben. Kopieren Sie diese in das Dokument und wählen Sie *Bearbeiten > Transformieren > Verzerren*. Ziehen Sie den Schatten in Form und schieben Sie die Ebene unter die Ebene *Vektor-Smart-Objekt*. Gestalten Sie den Hintergrund frei. Im Beispiel liegt ein Foto auf der untersten Ebene, auf einer weiteren Ebene die Streifen des Zebras ebenfalls als *Vektor-Smart-Objekt* im Ebenenmodus *Ineinanderkopieren*. Für den Schatten, hier auf Ebene 5, wurde der Modus *Multiplizieren* gewählt.

22 Variationen

Solche Vektorzeichnungen funktionieren auch sehr gut mit einem Verlauf als Hintergrund. Auf dieser Seite liegt statt des Fotos im Hintergrund eine einfarbige Fläche, darüber eine weitere Ebene mit einem kreisrunden Verlauf im Modus *Ineinanderkopieren*.

GRAFFITI

2 Muster

Auf Muster treffen wir an den unterschiedlichsten Stellen: In der Mathematik gibt es sie als Fraktale, in der Natur findet man sie bei Pflanzen oder Sanddünen. Betrachtet man die Umwelt durch ein Kaleidoskop, setzen sich viele Wiederholungen eines Ausschnitts zu einem Muster zusammen. Muster gibt es auf Tapeten, auf Stoffen oder Geschirr, sie dienen also als Verzierung. In der Architektur trifft man auf verschiedene Ornamente, die einerseits räumlich, andererseits – als Bemalung oder Mosaik – flächig sind.

Exkurs in diesem Kapitel:

Grund

2.1 Pixel- und Vektormuster

Sowohl in Illustrator wie auch in Photoshop lassen sich sehr einfach Muster erstellen, indem ein freigestelltes Objekt oder eine Grafik als Musterkachel definiert wird. Komplexe Endlosmuster hingegen erfordern in den beiden Programmen unterschiedliche Arbeitsschritte. Folgende Werkzeuge und Techniken zeigt dieser Abschnitt:

Photoshop:

- Freistellen mit *Kante verbessern*
- Muster festlegen
- Fläche mit Muster füllen
- Musterpinsel
- Mit verschiedenen Filtern ein Muster anlegen
- Endlosmuster über den Verschiebungseffekt

Illustrator:

- Nachzeichnen
- Musterelement als Farbfeld speichern
- Fläche mit Muster füllen
- Musterelement mit einfachen Formen bilden
- Elemente für eine Musterkachel anordnen und per *Pathfinder* beschneiden

2.1.1 Musterkacheln

Einem regelmäßigen Muster liegt in der Regel eine Form zugrunde, deren Kopien horizontal und vertikal aneinandergesetzt werden und die sich so endlos wiederholen. Dabei können Zeilen oder Reihen im Wechsel gespiegelt werden, um ein lebhafteres Bild zu erzeugen und allzu viel Gleichmäßigkeit zu vermeiden. Eine Fläche, die als eine sich wiederholende Form verwendet wird, bildet eine Musterkachel.

Sowohl in Photoshop wie auch in Illustrator lassen sich solche Musterkacheln erstellen, mit denen sich dann ganze Flächen füllen lassen, oder die als Musterpinsel gespeichert zum Malen dienen.

© Andrea Church

2.1.2 Einfache Muster in Photoshop

Die einfachste Methode, um ein Muster in Photoshop zu erzeugen, funktioniert mit einem Muster-Objekt, das bereits freigestellt ist. Im Beispiel ist dies ein Kürbis.

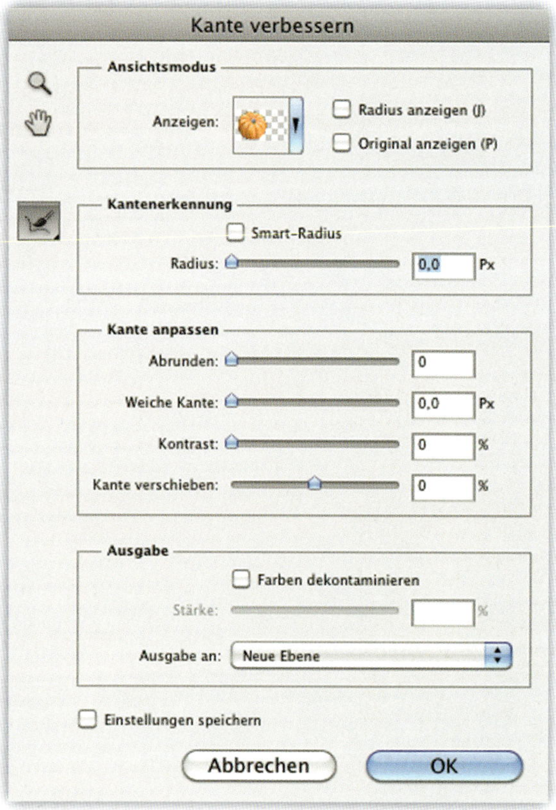

Ps 01 Freistellen

Wählen Sie den Muster-Gegenstand mit einer passenden Auswahl-Methode. Über den Dialog *Kante verbessern* überprüfen Sie den Freisteller. Arbeiten Sie mit der Version CS5, können Sie hier bei *Ausgabe an* die Option *Neue Ebene* wählen. In CS4 kopieren Sie nach Verlassen des Dialogs das Objekt auf eine neue Ebene. Wählen Sie *Bearbeiten > Frei transformieren* und skalieren Sie den Kürbis mit gedrückter Umschalt-Taste etwas kleiner.

02 Muster festlegen

Der freigestellte und skalierte Kürbis liegt auf einer eigenen Ebene, die selektiert ist. Ziehen Sie ein Auswahl-Rechteck über dem Kürbis auf. Über *Bearbeiten > Muster festlegen* bildet Photoshop eine Musterkachel des gewählten Bildbereiches, also des Kürbisses. Benennen Sie das Muster.

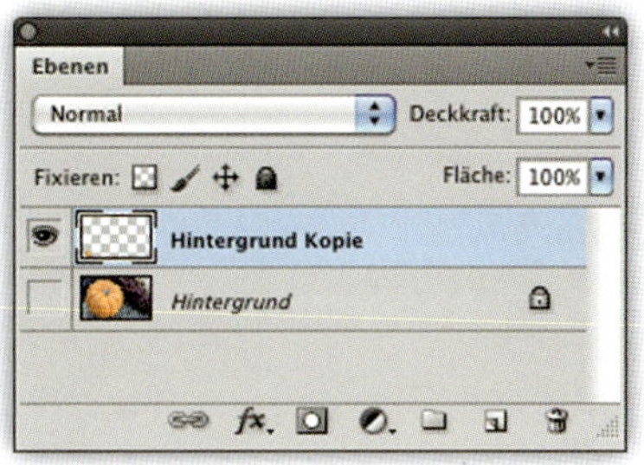

03 Eine Musterfläche

Treffen Sie für die Musterfüllung eine beliebige Auswahl und füllen Sie diese mit *Bearbeiten > Fläche füllen*. Wählen Sie hier bei Verwenden das Muster und suchen Sie im Klappmenü bei *Eigenes Muster* den Kürbis.

Da der Kürbis bei der Musterbildung auf einer transparenten Ebene lag, ist hinter dem Kürbismuster die darunter liegende Ebene zu sehen, im Beispiel liegt eine schwarze Fläche dahinter.

04 Mit Mustern malen

Wählen Sie im Werkzeugbedienfeld den Musterpinsel und stellen Sie über die Optionsleiste in den Pinselvorgaben die Pinselspitze ein.

Um das Muster bei jedem Pinselstrich neu zu starten und somit auch beim Malen eine nahtlose Musterfläche zu erzeugen, aktivieren Sie in der Optionsleiste die Option *Ausgerichtet*. Im Beispiel links wurde ein Borstenpinsel mit großer Pinselspitze verwendet.

Solche Muster lassen sich gut mit anderen Bildern kombinieren. Das untere Bild zeigt das gleiche Muster. Es liegt auf einer eigenen Ebene, die den Modus *Ineinanderkopieren* hat. Auf der Hintergrundebene befindet sich ein Foto, welches einen Ausschnitt der Wasseroberfläche in einem Schwimmbad zeigt.

Die wellenförmige Verformung ist durch den Verzerrungsfilter *Versetzen* entstanden.

2.1.3 Einfache Muster in Illustrator

Fast noch schneller als in Photoshop lassen sich in Illustrator einfache Musterkacheln erstellen. Hierzu eignet sich fast jede Vektorgrafik. Auch Verläufe oder Verlaufsgitter werden in Illustrator als Muster übernommen. Sind Konturen in Illustrator CS5 mit dem Breitenwerkzeug bearbeitet worden, können diese zwar problemlos als Muster gespeichert werden, das Programm wandelt dabei jedoch die Konturen zu Flächen um.

Für das folgende Vektormuster dient die Grafik des aus dem voran stehenden Beispiel nachgezeichneten Kürbisses. Dieser sollte bereits vor dem ersten Arbeitsschritt freigestellt worden sein.

Ai 01 Nachzeichnen

Platzieren Sie den Kürbis in einem Illustrator-Dokument. Öffnen Sie über die Optionsleiste die Nachzeichneroptionen und stellen Sie bei aktiver Vorschau die Werte so ein, dass der Kürbis noch zu erkennen ist, jedoch nicht so viele Ankerpunkte zeigt. Soll die Grafik auf transparentem Hintergrund stehen, muss die Option *Weiß ignorieren* aktiviert sein. Das Bild zeigt eine mögliche Einstellung. Klicken Sie auf *Umwandeln*.

Skalieren Sie die Grafik per *Objekt > Transformieren > Skalieren* noch etwas kleiner.

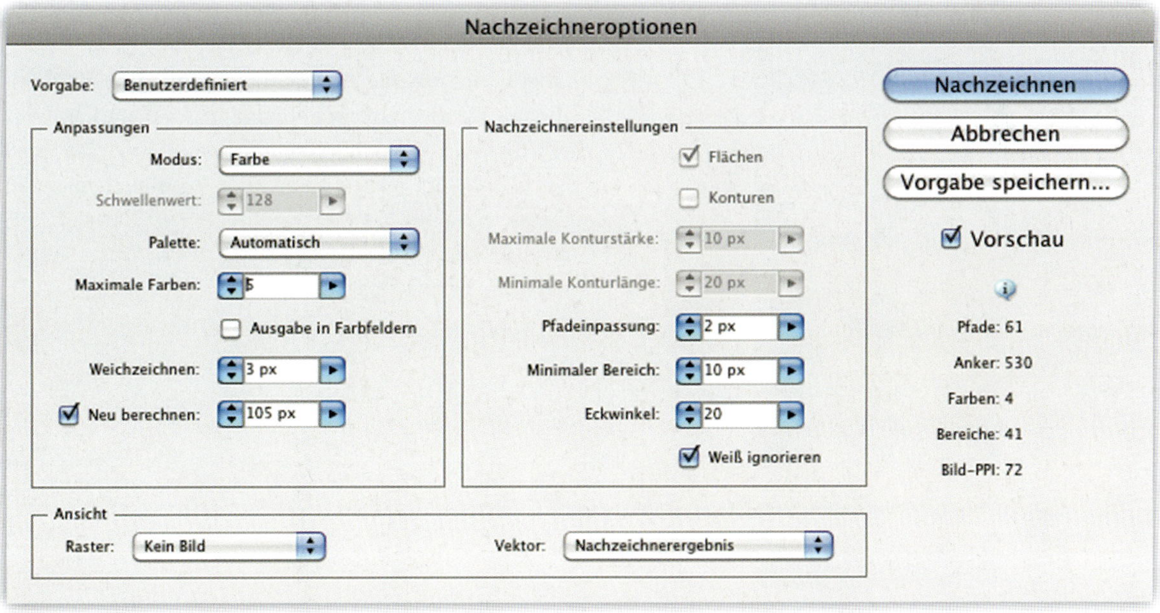

02 Muster bilden

Ziehen Sie die Grafik in das Bedienfeld *Farbfelder*; sie ist nun in Form eines Musterelements gespeichert, das Original auf der Arbeitsfläche kann daher gelöscht werden.

Um nur die Musterfelder zu sehen, klicken Sie in der Bedienfeldleiste unten auf die zweite Schaltfläche von links und wählen Sie *Musterfelder einblenden*.

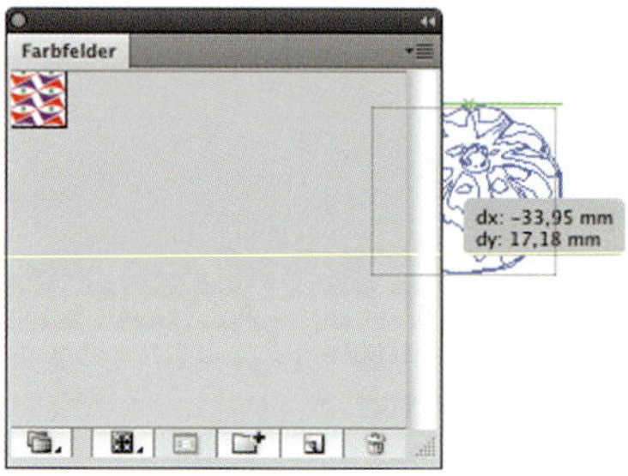

03 Muster anwenden

Jede beliebige Form können Sie mit einer Farbe, einem Verlauf oder auch mit einem Muster füllen. Ziehen Sie also eine beliebige Form auf und aktivieren Sie im Werkzeugbedienfeld bei *Fläche* das neue Kürbismuster. Wie in Photoshop sind auch hier die Formen, die im Hintergrund liegen, wieder sichtbar, da auch eine Musterkachel in Illustrator transparente Bereiche berücksichtigt.

2.1.4 Endlosmuster in Photoshop

Passt ein Musterelement nicht exakt auf die Musterkachel, ist das Erstellen einer Musterkachel etwas komplizierter. Hier sollte eine exakte Kachelgröße gewählt werden, die durch zwei teilbar ist.

01 Grundfläche

Als Muster kann in Photoshop beispielsweise eine Struktur gebildet werden, die dann als Hintergrund oder als Textur dient. Wählen Sie eine Größe von etwa 10 cm Breite mal Höhe und, soll es gedruckt werden, eine Auflösung von 300 ppi. Da Sie jedoch später eine gerade, durch zwei teilbare Zahl an Pixeln benötigen, stellen Sie die Einheit auf Pixel um und wählen für die Kantenlängen den nächst kleineren Wert von 1180 Pixeln. Füllen Sie die Fläche mit einem warmen Orange.

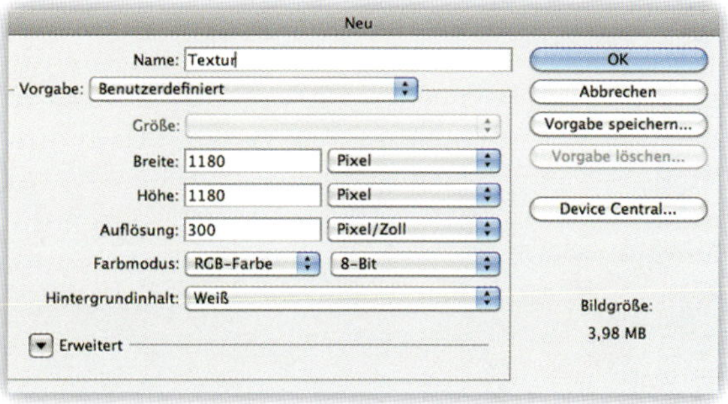

02 Struktur bilden

Über *Filter > Rauschfilter > Rauschen hinzufügen* geben Sie der Farbfläche eine erste Struktur. Wählen Sie bei Verteilung *Gleichmäßig* und eine Stärke von etwa 30 %. Glätten Sie nun die Störpunkte mit dem Gaußschen Weichzeichner und einem Radius von etwa 1,5 Pixeln.

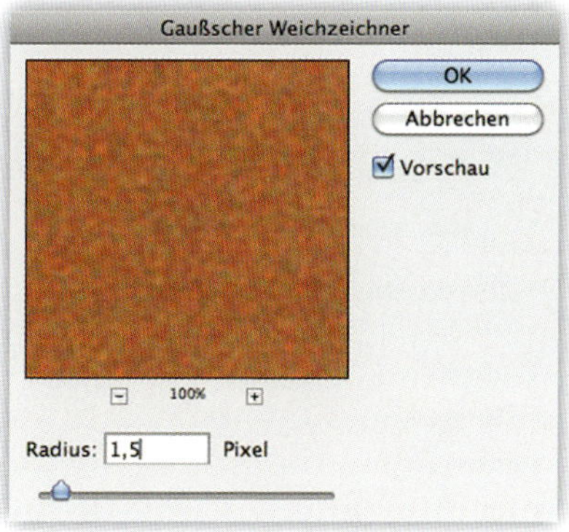

Mit dem Strukturierungsfilter *Risse* erhält die Fläche noch die typische Mauerstruktur. Stellen Sie hier Werte ein, bei denen sich das Muster nicht zu offensichtlich wiederholt; bei der im ersten Schritt vorgeschlagenen Dateigröße eignet sich der Wert 35 bei Abstand. Die Risse glätten Sie erneut mit dem Gaußschen Weichzeichner.

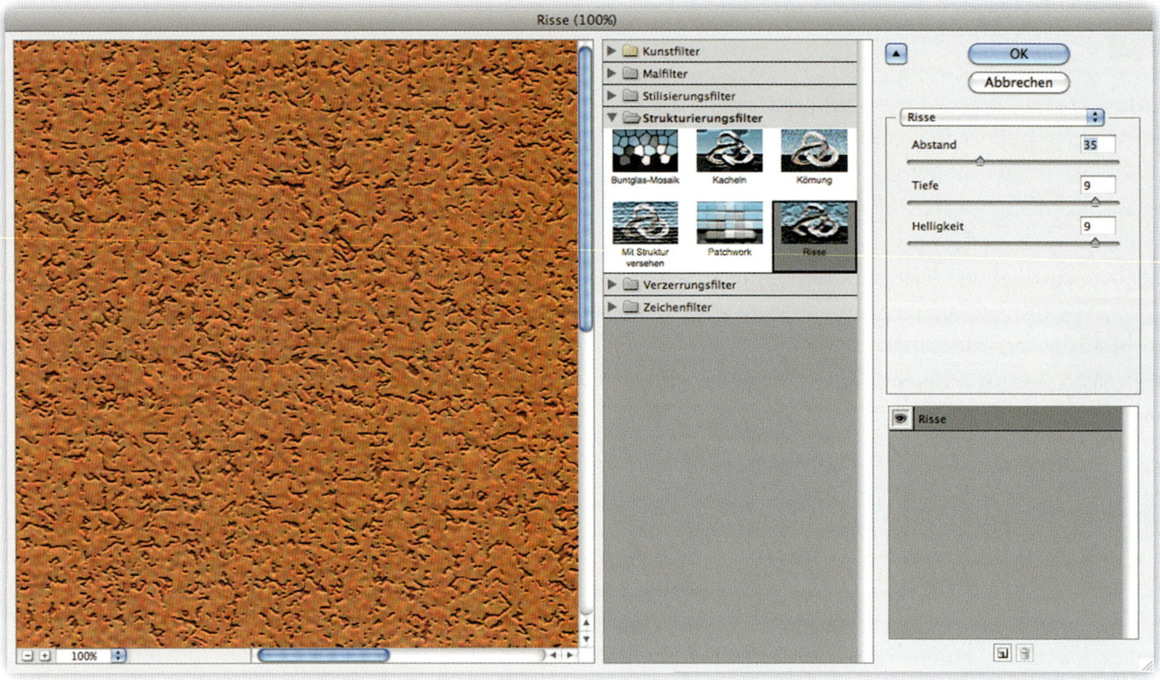

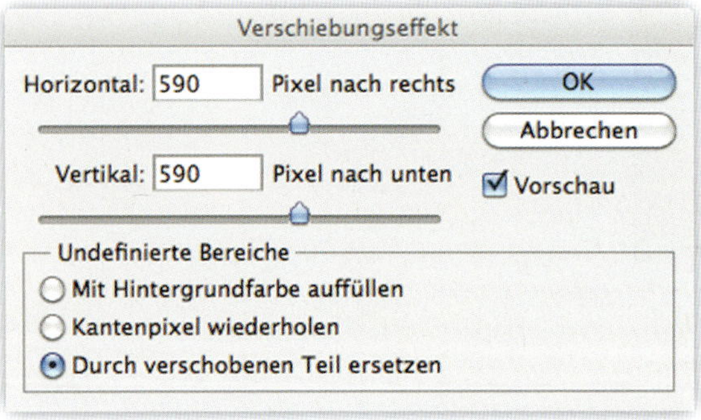

03 Endlosmuster

Wenn Sie nun die Textur kachelweise aneinandersetzen, passt das Muster an den Kanten nicht zusammen. Hier hilft ein weiterer Filter: Wählen Sie *Filter > Sonstige Filter > Verschiebungseffekt*. Geben Sie hier bei *Horizontal* wie auch bei *Vertikal* die halbe Pixelzahl der gewählten Kantenlägen des Dokuments ein, also 590 Pixel nach rechts und 590 Pixel nach unten. Das Muster wird somit nach rechts unten geschoben, wobei sich die Kante links oben auf dem Mittelpunkt des Dokumentes befindet.

Dies können Sie mit der Einstellung *Mit Hintergrundfarbe auffüllen* bei *Undefinierte Bereiche* kontrollieren. Um aber ein nahtloses Muster zu erhalten, wählen Sie dort die Einstellung *Durch verschobenen Teil ersetzen*.

04 Retusche

Nun treffen sich die ehemaligen Eckpunkte in der Mitte der Bildfläche. Es entstehen zwei harte Linien, an denen die ehemaligen Bildkanten zusammentreffen. Entfernen Sie diese Linien mit dem Kopierstempel-Werkzeug, bei dem Sie eine relativ große Pinselspitze und 0 % Härte einstellen. Nehmen Sie öfters neue Bereiche auf, um offensichtliche Wiederholungen zu vermeiden.

Für einen in Illustrator gestalteten Schriftzug wurde die Mauertextur in Illustrator mit Photoshop-Filtern abgewandelt und bearbeitet. Eine solche Textur bildet in abgewandelter Form die Grundlage für einen in Illustrator gestalteten Schriftzug. Hierzu finden Sie eine Übung im Kapitel *2.2.1 Virtuelles Graffiti*.

2.1.5 Endlosmuster in Illustrator

Die Vorgehensweise zum Erstellen von Endlosmustern ist in Illustrator zwar etwas anders als in Photoshop, basiert jedoch auf einem ähnlichen Prinzip. Auch hier müssen sich die Randbereiche an den gegenüber liegenden Seiten ergänzen, damit das Muster am Ende auch nahtlos wird.

Muster in Illustrator können aus geometrischen Formen bestehen oder realistische Elemente wie Blumen oder Textelemente zeigen. Für die nachfolgende Übung könnten Sie ebenfalls den nachgezeichneten Kürbis als Musterelement verwenden. Sehr gut wirken auch grafische Muster, die sich in ihrer Formgebung an einem Element aus der Natur orientieren und dieses abstrahieren. Als Beispiel dazu dient in dieser Übung das Auge einer Pfauenfeder.

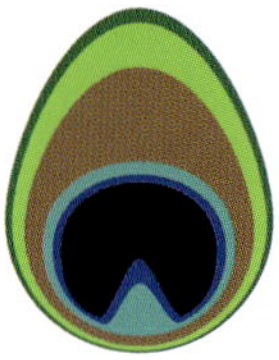

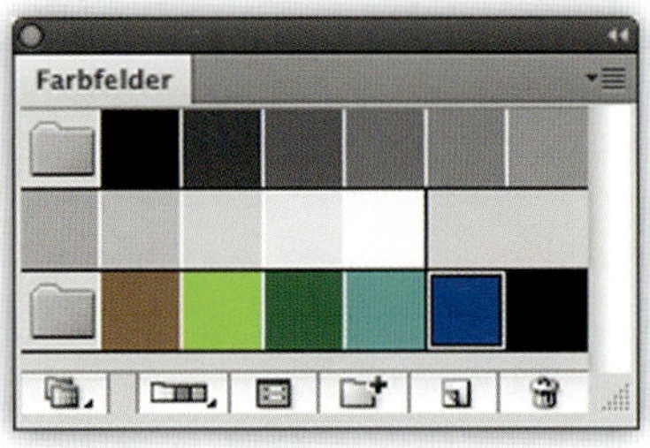

01 Farben festlegen

Das Pfauenauge besteht aus sechs Formen, von denen jeweils drei überblendet werden, um den Verlauf zu bilden. Legen Sie sich zunächst eine Farbgruppe an, die alle Farben des Pfauenauges enthält.

02 Formen

Ziehen Sie eine Ellipse auf, die Sie mit dem Direktauswahl-Werkzeug zu einem Ei formen. Färben Sie die Form mit der äußersten Farbe des Pfauenauges, dem dunklen Grün.

Kopieren Sie die Form in die Zwischenablage und setzen Sie diese per *Bearbeiten > Davor einfügen* auf das Original. Weisen Sie der Fläche das hellere Grün zu. Transformieren Sie die Kopie auf etwa 90 % und verschieben Sie die Form leicht nach unten. Erzeugen Sie eine weitere, noch etwas kleinere Kopie, die Sie braun färben.

Ziehen Sie eine weitere, eher runde Form in der unteren Hälfte auf. Färben Sie diese türkis und flachen Sie den Kreis unten und oben etwas ab. Kopieren Sie die Form und fügen Sie diese davor ein. Färben Sie sie mittelblau und skalieren Sie die Kopie. Eine dritte, schwarze, ebenfalls leicht skalierte und abgerundete Form bildet die Mitte des Pfauenauges.

03 Musterkachel vorbereiten

Die Federspitzen sollen im Muster wie Schuppen angeordnet sein; sie bilden also Reihen, die gegeneinander verschoben sind. Speichert man nur ein Element als Muster, kann eine solche Verschiebung nicht entstehen. Hierzu müssen ein ganzes Element und an den Rändern sechs angeschnittene Elemente der Grafik, die sich ergänzen, treffen, als Muster festgelegt werden.

Sorgen Sie dafür, dass die Option *Intelligente Hilfslinien* im Menü *Ansicht* aktiviert ist, und gruppieren Sie alle Elemente des Pfauenauges.

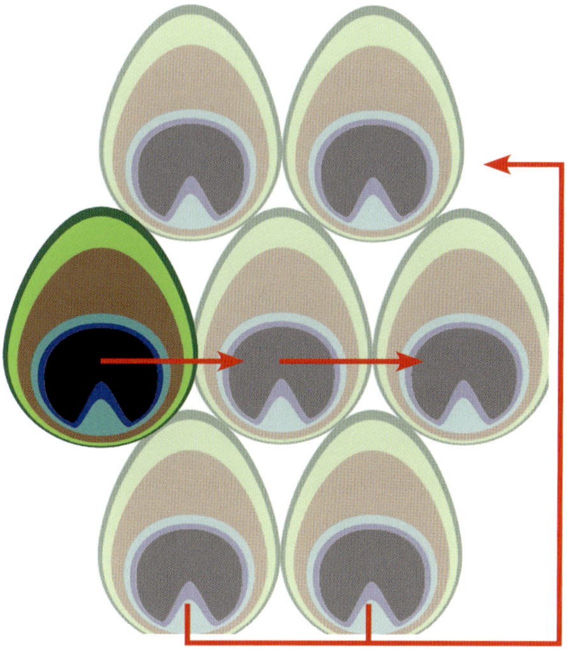

04 Kopien anordnen

Schieben Sie mit gedrückter Alt- und Hochstell-Taste eine Kopie (Alt-Taste!) des Musterelements direkt neben das Original. Platzieren Sie daneben eine zweite Kopie. Setzen Sie nun eine neue Kopie unter die ersten beiden Elemente der soeben gebildeten Musterreihe. Die Senkrechte sollte dabei exakt zwischen den beiden Enden der oberen Grafiken liegen; hierbei helfen die intelligenten Hilfslinien. Verschieben Sie in der Vergrößerung das Element in seiner Vertikalen (mit gedrückter Hochstell-Taste) so, dass es die beiden oberen Musterelemente berührt. Platzieren Sie nun das zweite Pfauenauge der unteren Reihe. Gruppieren Sie die beiden Elemente und schieben Sie deren Kopie in der bereits in diesem Schritt beschriebenen Vorgehensweise nach oben.

Ai 05 Bereich festlegen

Bei der Musterkachel muss sich die abgeschnittene Form links mit der abgeschnittenen Hälfte rechts zu einem Musterobjekt ergänzen. Ebenso sollen die beiden oberen Hälften der Grafik mit den beiden Spitzen unten zwei vollständige Objekte ergeben.

Zum Beschneiden ziehen Sie Hilfslinien. Orientieren Sie sich bei den vertikalen Hilfslinien an den äußeren Scheitelpunkten der Grafiken in der oberen und der unteren Musterreihe. Korrigieren Sie die Platzierung in einer starken Vergrößerung; ist der Ausschnitt nicht exakt gewählt, kommt es innerhalb des späteren Musters zu unsauberen Kanten an den aufeinandertreffenden Rändern. Orientieren Sie sich bei den horizontalen Hilfslinien an einem der oberen Ankerpunkte einer Form, im Beispiel wurden diese oberhalb der türkisen Form platziert.

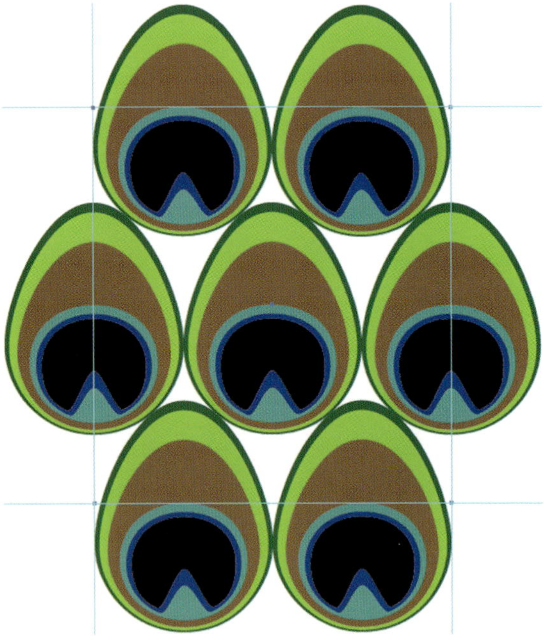

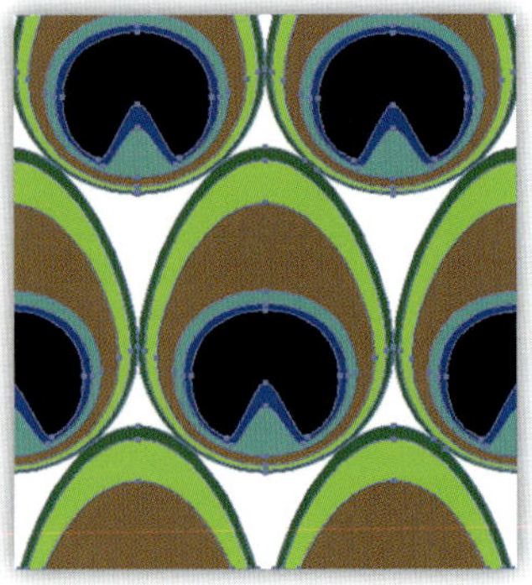

Die Begrenzung in der Mitte, wie sie im oberen Bild zu sehen ist, ergibt nach dem Beschneiden die fertige Musterkachel, die die rechte Abbildung zeigt.

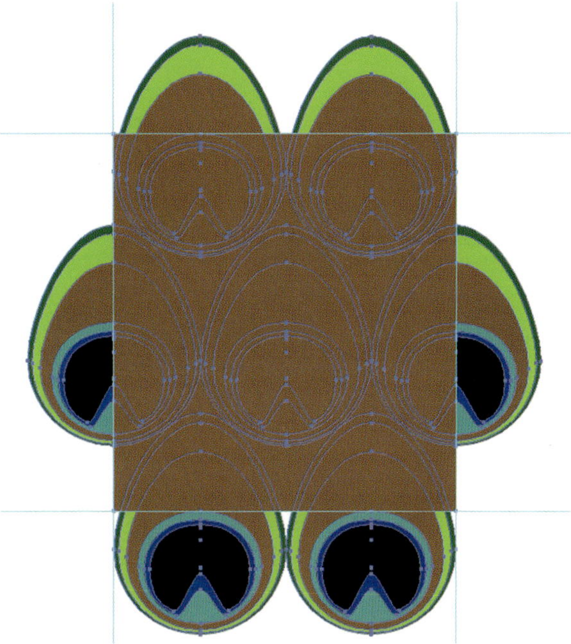

06 Beschneiden

Ziehen Sie innerhalb der Hilfslinien ein Rechteck ohne Kontur auf. Selektieren Sie die Musterelemente zusammen mit dem Rechteck und klicken Sie im Bedienfeld *Pathfinder* auf die vierte Schaltfläche von links unten: *Schnittmenge* – es bleiben nur die Bestandteile übrig, die Sie für die Musterkachel benötigen.

07 Muster festlegen

Skalieren Sie die Kachel auf die Größe, in der die Elemente später die Musterflächen füllen sollen, und ziehen Sie die Elemente in das Bedienfeld *Farbfelder*. Das neue Muster kann nun wie ein anderes Farb-, Verlaufs- oder Musterfeld auf eine Fläche angewandt werden.

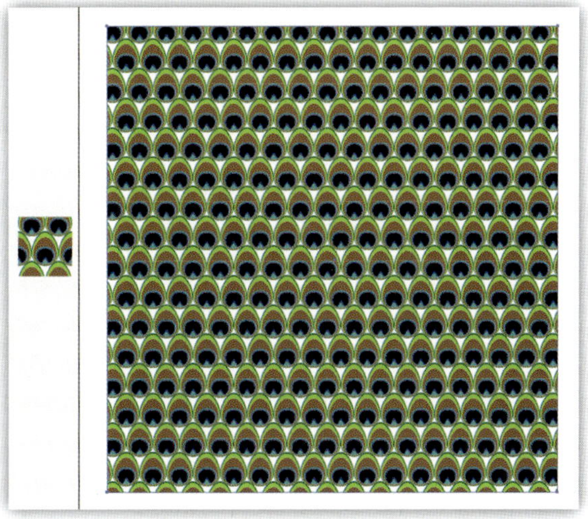

Links liegt die Musterkachel, die nun in den Farbfeldern gespeichert ist. Daneben befindet sich eine rechteckige Form, der als Füllung das Muster zugewiesen wurde.

GRAFFITI

Übung

2.2 Muster kombinieren

Eine reine Musterfläche wirkt in der Regel langweilig. Erst in der Kombination mit anderem Bildmaterial oder einer weiteren Grafik kommt ein Muster zur Geltung. In diesem Kapitel verwenden Sie die in Photoshop erstellte Mauertextur als Hintergrund für ein Graffiti. Das Kürbismuster hingegen soll dem Foto einer Wasseroberfläche angepasst werden. Sie sehen: Eigentlich handelt es sich hierbei um zwei unabhängige Übungen. Folgende Techniken wenden Sie in diesen Workshops an:

Photoshop:

- Muster aus Illustrator als Smart-Objekt
- Ebenenstil *Schein nach innen*
- Verzerrungen durch den *Versetzen-Filter*

Illustrator:

- Mit Text arbeiten
- Einsatz von Füllmethoden
- Textverformungen mit dem Hüllengitter
- Kristallisieren-Werkzeug
- Blendenflecke-Werkzeug
- Methoden zum Skalieren von Mustern

2.2.1 Virtuelles Graffiti

Laden Sie das in Photoshop erstellte Endlosmuster *Textur* (Arbeitsschritte unter 2.1.4), es soll als Untergrund für ein digital erstelltes Graffiti dienen. Dieses wird auf der Basis eines Schriftzuges in Illustrator erstellt. Anschließend wird der Muster-Hintergrund in Illustrator erneut bearbeitet. Sie erfahren hier, wie ein Phtoshop-Effekt in Illustrator funktioniert und wirkt. Danach fügen Sie dem Graffiti weitere zeichnerische Elemente hinzu.

01 Text anlegen

Laden Sie die in Photoshop erstellte fertige Musterfläche über *Datei > Öffnen* in Illustrator. Legen Sie dort eine neue Ebene zuoberst an und sperren Sie die untere Ebene.

Platzieren Sie für das Graffiti einen beliebigen Text. Im Beispiel ist es das Wort Graffiti. Wählen Sie eine geeignete Schriftgröße und eine passende Schriftart, hier handelt es sich um die *Cooper Black*.

02 Text umwandeln

Wählen Sie nun *Schrift > In Pfade umwandeln*. Die einzelnen Buchstaben des Wortes bestehen nun aus Flächen, die sich wie jede Form in Illustrator weiter formen und bearbeiten lassen. Der eigentliche Text kann danach jedoch nicht mehr geändert werden.

Noch zeigen die Buchstaben zu viele Ankerpunkte, um sie schnell verformen zu können. Über *Objekt > Pfad > Vereinfachen* bestimmen Sie, welche Menge an Punkten die Formen zeigen: Aktivieren Sie die Vorschau und justieren Sie die beiden Werte *Kurvengenauigkeit* und *Winkel-Schwellenwert* so, dass die einzelnen Ankerpunkte für ein späteres eventuelles Verzerren mit dem Direktauswahl-Werkzeug günstig angeordnet sind. Die Anzahl der Ankerpunkte sollte dabei deutlich reduziert werden, im Beispiel sind es statt 335 Punkten nur noch 74 Ankerpunkte.

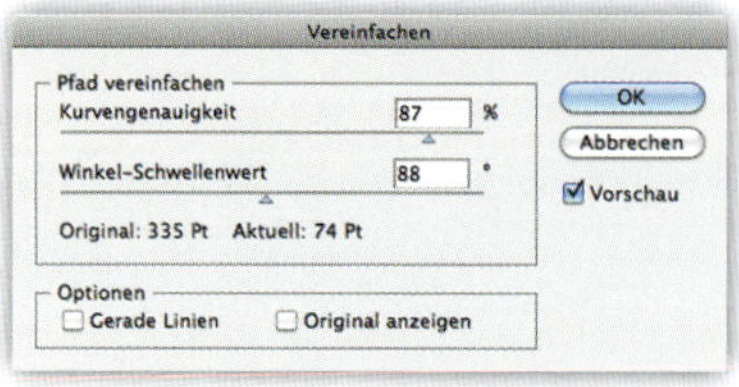

03 Füllmethode ändern

Um die Buchstaben weiter einzeln bearbeiten zu können, wählen Sie *Objekt > Gruppierung aufheben*. Lassen Sie jedoch alle Buchstaben selektiert, um den Text noch an die Mauerstruktur anzupassen. Dies erreichen Sie mit einer Füllmethode: Öffnen Sie hierzu das Bedienfeld *Aussehen* und klicken Sie bei selektierter Grafik auf *Deckkraft*. Wählen Sie im Klappmenü als Füllmethode *Farbton*.

Selektieren Sie nun die Buchstaben einzeln und weisen Sie ihnen unterschiedliche Farben zu.

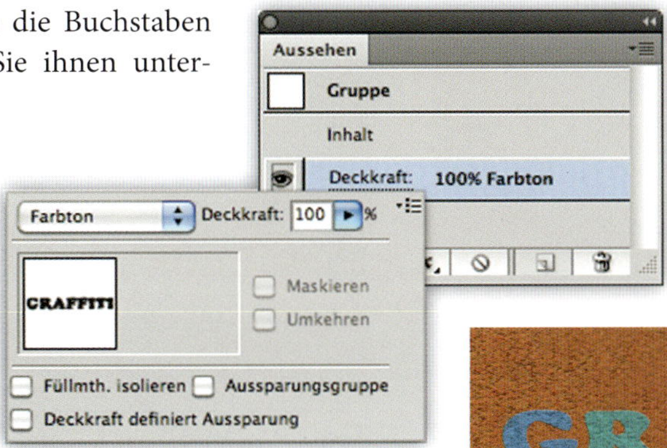

04 Hüllengitter

Die einzelnen Buchstaben können Sie nun Punkt für Punkt gezielt mit dem Direktauswahl-Werkzeug verzerren.

Ein wesentlich einfacherer Weg führt über ein Gitter, mit dem Sie das gesamte Wort zurechtziehen können: Selektieren Sie die gesamte Grafik; da die untere Ebene gesperrt ist, können Sie hierzu einfach über die gesamte Arbeitsfläche einen Auswahlrahmen ziehen.

Wählen Sie dann *Objekt > Verzerrungshülle > Mit Gitter erstellen*. Geben Sie im Dialog *Hüllengitter* drei Zeilen ein und wählen Sie bei Spalten die Zahl, die der Anzahl der Buchstaben entspricht, hier sind es acht Spalten.

Über das Wort legt sich nun ein Gitter, an dessen Schnittpunkten sich Ankerpunkte befinden.

05 Verzerren

Ziehen Sie nun an den einzelnen Punkten und deren Steuerlinien, um die Buchstaben zu verformen. Die drei Bilder zeigen, wie sich die Grafik dem Hüllengitter anpasst. Indem Sie auch an den Ankerpunkten der mittleren Linien ziehen, verschieben Sie die Buchstaben in der Mitte horizontal.

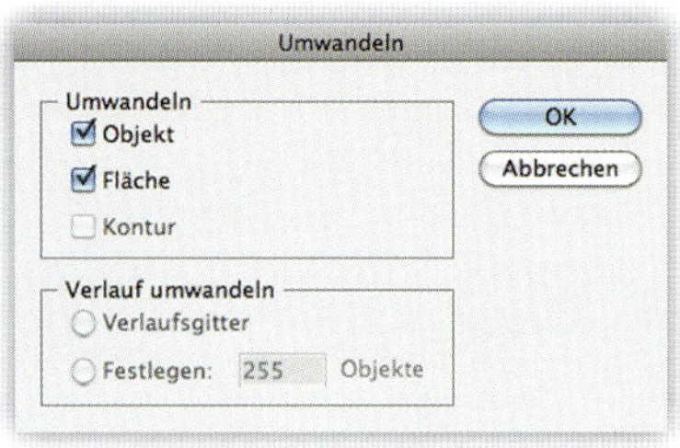

Haben Sie die Grafik fertig geformt, wandeln Sie diese über das Objekt-Menü um. Jeder Buchstabe zeigt danach wieder seinen Pfad mit den neu platzierten Ankerpunkten, über die Sie Feinheiten an einzelnen Buchstaben vornehmen können.

Info: Einen ausführlichen Workshop zu der Formtechnik mit einem Gitter finden Sie im Kapitel *3 Fotorealismus*, unter *3.3 Hüllen und Gitter*.

Manchmal ist es notwendig, ein in Illustrator platziertes Pixelbild an die dazugehörige Vektorgrafik anzupassen. So soll beispielsweise das mauerartige Muster unter dem Graffiti etwas dezenter in Graustufen umgewandelt werden und dazu eine prägnantere Struktur zeigen. Dafür sorgt ein Photoshop-Effekt, den auch Illustrator bietet.

Sperren Sie die obere Ebene, auf der das Graffiti liegt, und selektieren Sie das auf der unteren Ebene liegende Pixelbild mit dem Muster. Wählen Sie im Menü *Effekte* unter *Photoshop-Effekte* den Zeichenfilter *Prägepapier*. Wie in Photoshop öffnet sich auch in Illustrator die *Effekte-Galerie*, über die Sie Zugriff auf alle Kunst-, Mal-, Stilisierungs-, Verzerrungs- und Zeichenfilter haben. Zudem können Sie in dieser Galerie auch verschiedene Effekte miteinander kombinieren und einzelne ein- und ausblenden. Da Sie zuvor über das Effekte-Menü das *Prägepapier* gewählt haben, wird dieser Zeichenfilter in der Vorschau rechts bereits angewendet.

Während Photoshop bei diesem Effekt die eingestellte Vordergrundfarbe miteinbezieht, setzt Illustrator die grundlegende Färbung auf Weiß, die Struktur wird in Graustufen gewandelt. Mit dem Farbverhältnis regeln Sie die Helligkeit des Bilduntergrunds. Stellen Sie die Parameter *Körnung* und *Reliefhöhe* so ein, dass eine interessante Struktur entsteht.

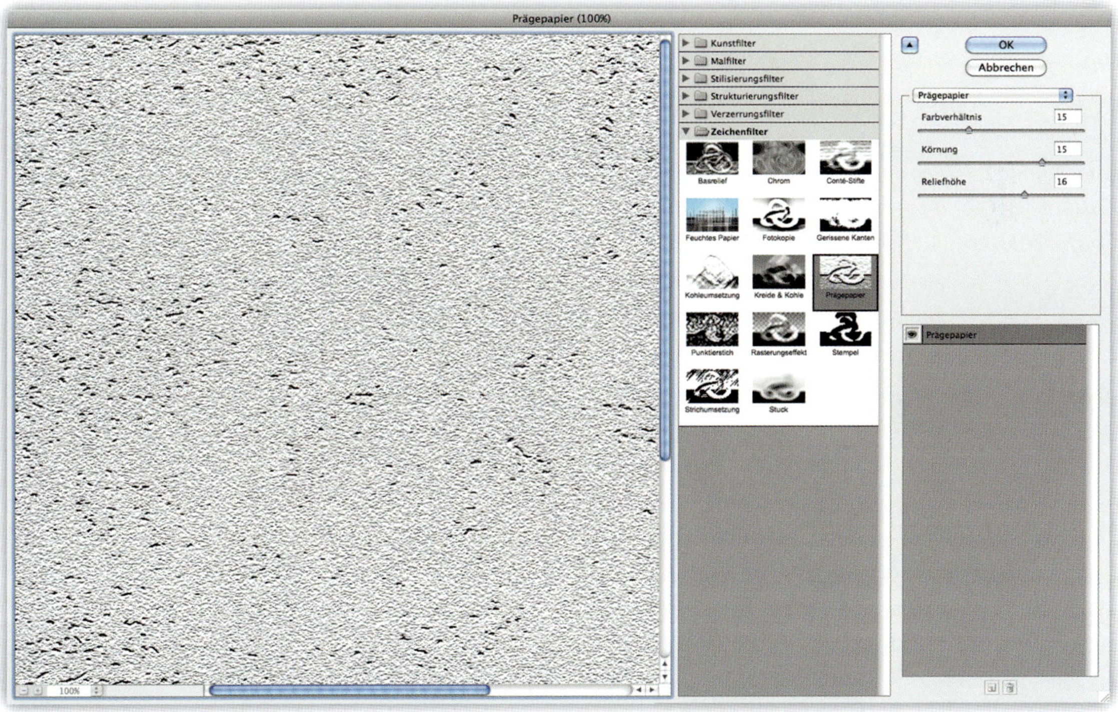

07 Füllmethode ändern

Haben Sie den Filter angewandt, ist auf einmal die Grafik nicht mehr zu sehen. Dies liegt an der zuvor gewählten Füllmethode *Farbton*. Selektieren Sie jedoch das Graffiti, sehen Sie die vorhandenen Pfade. Die komplette Grafik sehen Sie, wenn Sie die Textur-Ebene ausblenden. Beim Lösen einer Gruppierung setzt Illustrator die Füllmethode auf *Normal*, die einzelnen Buchstaben behalten jedoch die zuvor eingestellte Füllmethode *Farbton*.

Dunkeln Sie die gesamte Gruppe ab. Sie wählen alle Gruppenelemente, indem Sie im Ebenen-Bedienfeld auf den kleinen Kreis rechts neben der Ebene klicken; ist dieser gefüllt, sind alle Elemente der Ebene gewählt. Stellen Sie im Bedienfeld *Aussehen* als Füllmethode *Ausschluss* ein, damit die Wandstruktur innerhalb der Buchtaben zu sehen ist.

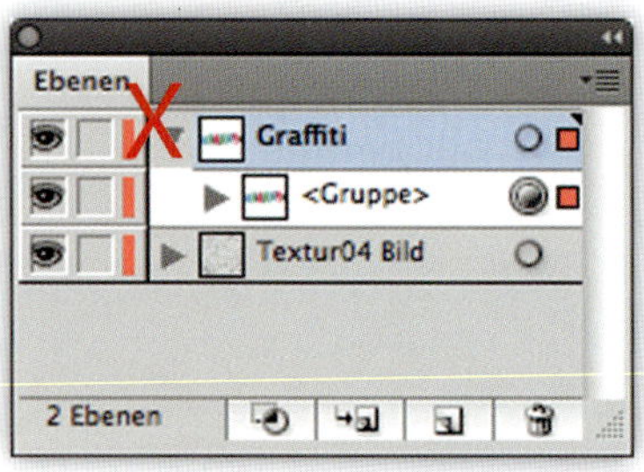

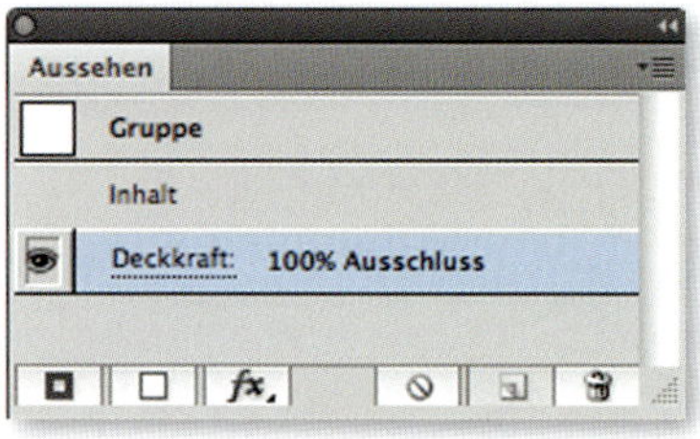

08 Einzelne Buchstaben färben

Möchten Sie jedoch die Buchstaben einzeln färben, müssen Sie die Füllmethode der ganzen Gruppe zunächst wieder auf *Normal* setzen. Klappen Sie dann im Bedienfeld *Ebenen* die Gruppe auf, hier befindet sich jeder Buchstabe auf einer eigenen Unterebene. Wählen Sie jeden einzelnen Buchstaben aus. Klicken Sie im Bedienfeld *Aussehen* auf *Deckkraft* und weisen Sie die Füllmethode *Multiplizieren* zu.

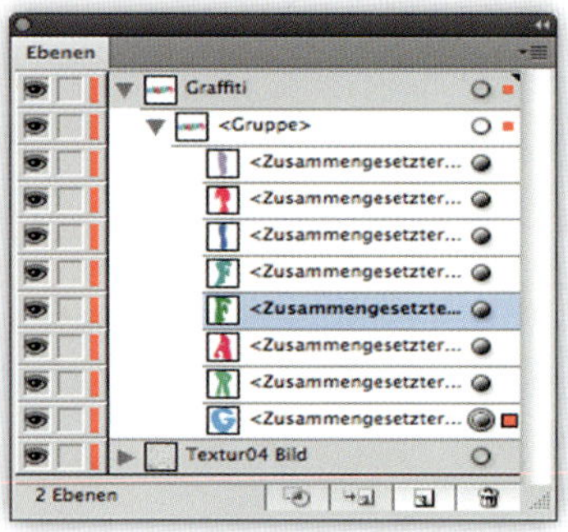

Noch wirkt die Grafik nicht wie ein echtes Graffiti. Hierzu sollten die Ränder noch etwas bearbeitet werden. Zudem zeigen die Buchstaben noch nicht die typischen Graffiti-Formen, hier machen sich ein paar Spitzen gut. Zupfen Sie dazu einige Ankerpunkte an den Ecken etwas nach oben oder unten. Klicken Sie dann in der Optionsleiste auf *Ausgewählte Ankerpunkte in Ecke konvertieren*. Passen Sie die Form an, indem Sie weitere einzelne Ankerpunkte verschieben und in ihrer Krümmung ändern.

Weitere Ecken und Kanten fügen Sie mit dem Kristallisieren-Werkzeug hinzu. Die Pinselgröße justieren Sie in dessen Optionen, öffnen Sie diese per Doppelklick auf das Werkzeug. Stellen Sie hier den gleichen Wert bei Breite und Höhe ein, der dadurch festgelegte Durchmesser sollte etwa eine

Buchstabenbreite betragen (Sie können diesen ermitteln, indem Sie über einen Buchstaben ein Rechteck aufziehen und dann in der Optionsleiste die Breite ablesen). Streichen Sie kurz über einige Ränder, vermeiden Sie hierbei allzu große Änderungen, da diese bei den späteren Rändern störend wirken könnten.

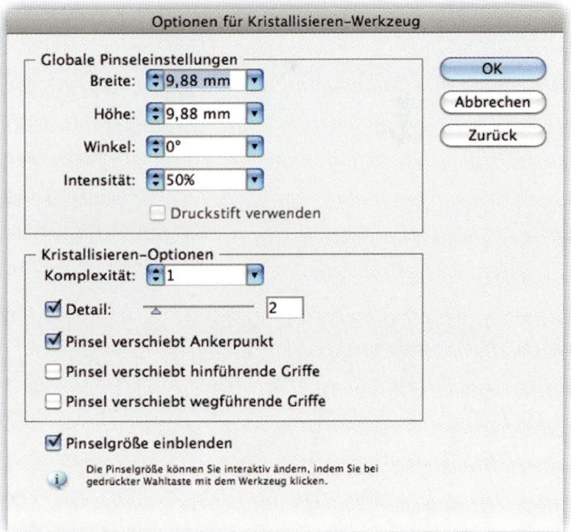

10 Randgestaltung

Mit einem Pinselstrich um den Rand gestalten Sie den Schriftzug weiter. Wählen Sie hierzu im Menü des Pinsel-Bedienfelds *Pinsel-Bibliothek öffnen > Künstlerisch > Künstlerisch_Tinte.* Selektieren Sie den Schriftzug und wählen Sie im Werkzeugbedienfeld den Pinsel. Stellen Sie die Kontur auf Weiß. Klicken Sie dann im Bedienfeld *Künstlerisch_Tinte* auf die Pinselspitze *Kalligraphie 1* und justieren Sie in der Optionsleiste bei *Kontur* den Wert. In der Regel wirkt ein Wert unter 1 Pt, im Beispiel ist es der Wert 0,25 Pt.

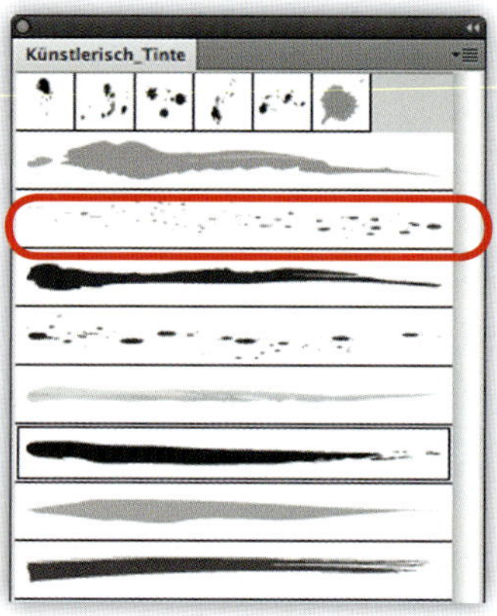

11 Das große Finale

Eine Kopie des Schriftzuges, die gleichmäßig gefärbt ist und dabei mit einem anderen Füllmodus versehen wird, bringt mehr Farbe in die Zeichnung und unterstützt zugleich in der Randgestaltung den Graffiti-Effekt.

Kopieren Sie dafür die Buchstabengruppe. Bearbeiten Sie nun diese Kopie: Setzen Sie alle Unterebenen dieser Kopie im Aussehen-Bedienfeld auf *Normal*. Wählen Sie bei der Kontur *Ohne* und färben Sie die einzelnen Buchstaben-Flächen weiß. Verschieben Sie die Kopie der Gruppe etwas nach rechts oben, damit die zuunterst liegende Buchstabengruppe an den Rändern links und unten noch zu sehen ist.

Wählen Sie nun im Bedienfeld *Aussehen* den Modus *Differenz*. Die Überschneidungsflächen werden da-mit in der Komplementärfarbe gefärbt, die überstehenden Ränder erscheinen in Schwarz, da die Flächen weiß gefärbt wurden.

Sie können die Grafik weiter mit dem Blendenflecke-Werkzeug bearbeiten. Ein Doppelklick auf das Werkzeug öffnet dessen Optionen. Treffen Sie hier die geeigneten Einstellungen und testen Sie diese auf der Zeichnung.

2.2.2 Kürbisse im Wasser

Für diese Übung laden Sie das im Grundlagenteil erstellte *Kürbismuster* (Arbeitsschritte unter 2.1.3). Da diese innerhalb der Übung in ihrer Größe an die Wasseroberfläche angepasst werden sollen, eignet sich das in Illustrator erstellte Vektormuster deutlich besser als die Photoshop-Variante, da hier klarere Formen und deren Kanten erhalten bleiben.

01 Musterfläche anlegen

Soll eine Fläche mit einem Muster gefüllt werden, orientiert sich Illustrator an dem Nullpunkt. Dieser bestimmt dann die linke obere Ecke der ersten Musterkachel.

Gibt es im Illustrator-Dokument nur eine Arbeitsfläche, befindet sich der Nullpunkt ebenfalls an der linken oberen Ecke. Um dies zu überprüfen, blenden Sie über das Menü *Ansicht* die Lineale ein.

Ziehen Sie eine Rechteck-Fläche auf, die in der Ecke links oben in der Arbeitsfläche beginnt. Wählen Sie als Füllung das Muster. Stellen Sie die Größe der Fläche so ein, dass keine angeschnittenen Kürbisse mehr zu sehen sind. Selektieren Sie dazu mit dem Direktauswahl-Werkzeug die zwei entsprechenden Eckpunkte der Vierecksfläche und ziehen Sie diese nach außen oder nach innen. Halten Sie dabei die Umschalt-Taste gedrückt, um die 90° Winkel innerhalb der Ecken zu erhalten.

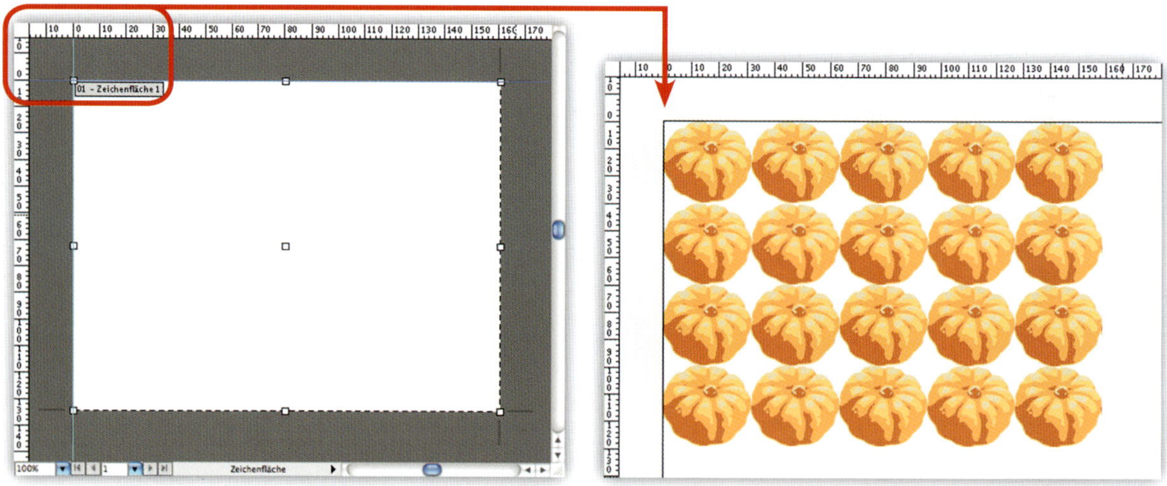

Ai Muster skalieren

Nicht immer passt die Größe eines Musters zu der Fläche. Eine Musterkachel lässt sich jedoch nachträglich skalieren oder innerhalb der gemusterten Fläche anpassen.

Musterkachel skalieren

Ziehen Sie das Muster aus dem Bedienfeld *Farbfelder* auf die Arbeitsfläche. Skalieren Sie es dort mit dem Frei-transformieren-Werkzeug und gedrückter Umschalt-Taste. Ziehen Sie das geänderte Muster mit gedrückter Alt-Taste auf das originale Musterfeld, um es zu ersetzen. Alle Flächen, die bereits mit dem Muster gefüllt wurden, übernehmen nun die neue Mustergröße.

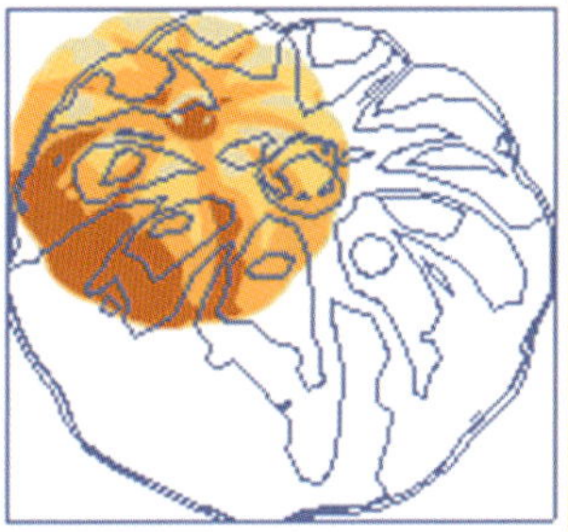

Musterfüllung skalieren

Haben Sie bereits eine Fläche mit einem Muster gefüllt, können Sie die Musterfüllung getrennt von der Form skalieren. Wählen Sie hierzu *Objekt* > *Transformieren* > *Skalieren* und aktivieren Sie unter *Optionen* das *Muster*. Soll die Form nicht transformiert werden, deaktivieren Sie zugleich die *Objekte*. Auf diese Art können Sie ebenfalls das Muster innerhalb der Form verschieben.

Möchten Sie mit dem Frei-transformieren-Werkzeug die zugleich die Form und das Muster transformieren, aktivieren Sie in den *Voreinstellungen* unter *Allgemein* die Option *Muster transformieren*.

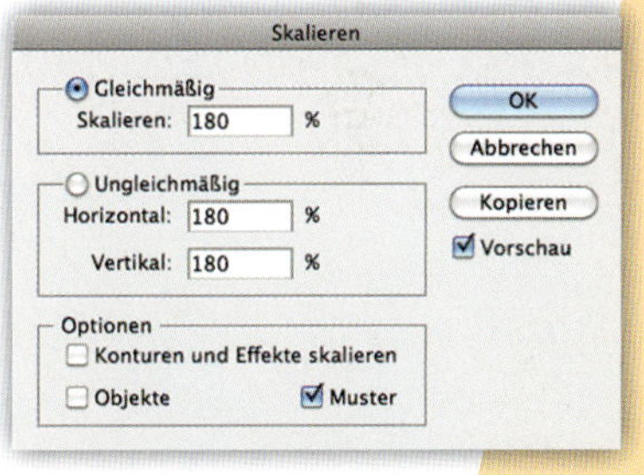

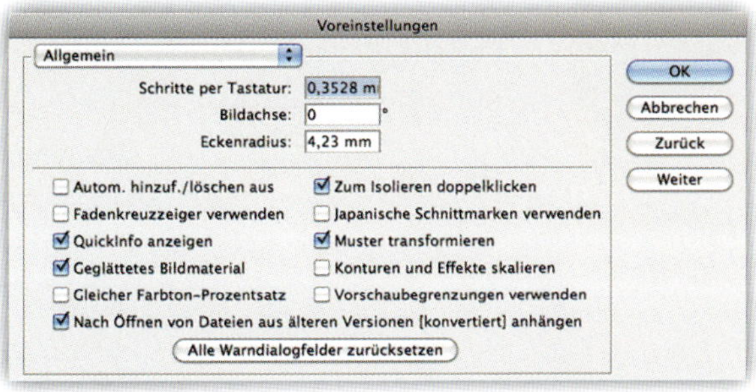

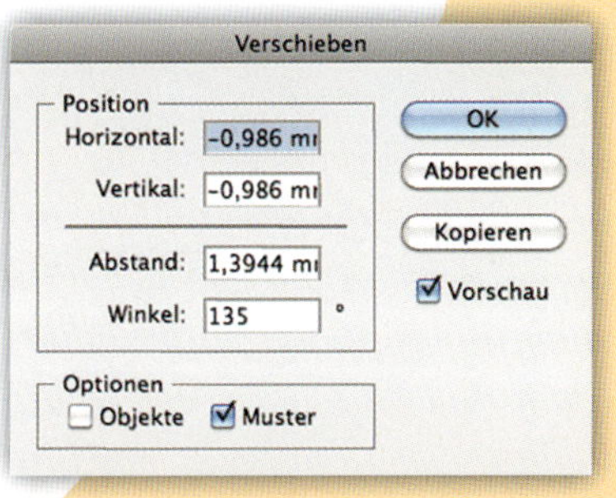

02 Muster platzieren

Kopieren Sie die, mit dem Kürbismuster gefüllte Fläche in die Zwischenablage und öffnen Sie in Photoshop das Bild *Pool*. Fügen Sie dort das Muster ein; Wählen Sie dabei im Dialog *Einfügen* die Option *Smart-Objekt*, um die Musterfläche in der Größe an das Wasser anzupassen. Halten Sie beim Skalieren die Umschalt-Taste gedrückt, um die Proportionen des Musters zu erhalten.

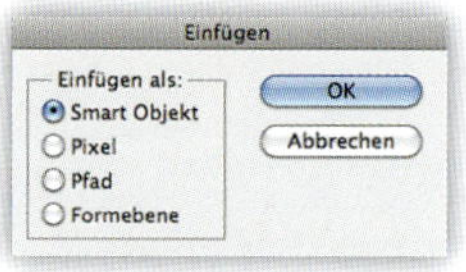

Pool: ©Álvaro Daniel González Lamarque on Morguefile

Die Ränder der einzelnen Kürbisse innerhalb des Musters sind durch das Nachzeichnen zu hell geworden. Dies korrigieren Sie jetzt nachträglich in Photoshop.

Aktivieren Sie die Ebene, auf der sich das Vektor-Smart-Objekt befindet. Klicken Sie dann mit dem Zauberstab-Werkzeug auf eine Lücke zwischen den Kürbissen. Stellen Sie zuvor im Optionsleiste eine geringe Toleranz ein und deaktivieren Sie die Option *Benachbart*. Kehren Sie die Auswahl um; nun sind alle Kürbisse des Musters gewählt.

03 Muster anpassen

Über den Dialog *Kante verbessern* stellen Sie die Auswahl ein. Schieben Sie hier den Wert bei *Kante verschieben* etwas in den Minusbereich, die hellen Kanten verschwinden dadurch bereits zum Teil. Geben Sie zudem einen geringen Wert bei *Weiche Kante* ein, damit sich das Muster später besser in das Bild einfügt. Wählen Sie bei Ausgabe *Neue Ebene*, wenn Sie mit der Version CS5 arbeiten. In der CS4 legen Sie die neue Ebene per Hand an.

Es entstehen zwar dadurch an den Stellen, an denen sich die Musterkürbisse berühren, etwas unsaubere Übergänge, diese werden jedoch nach den weiteren Arbeitsschritten nicht mehr sichtbar sein.

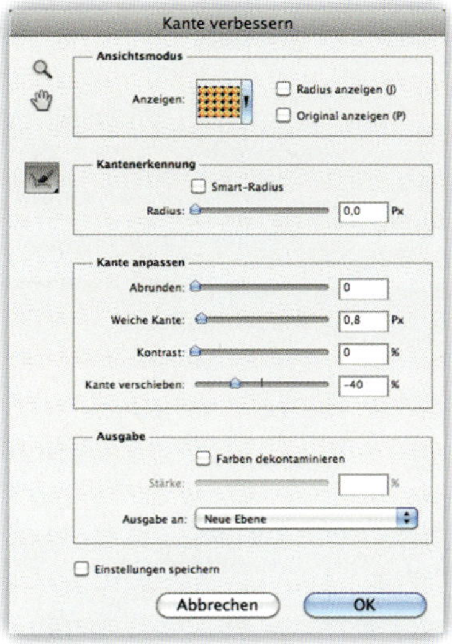

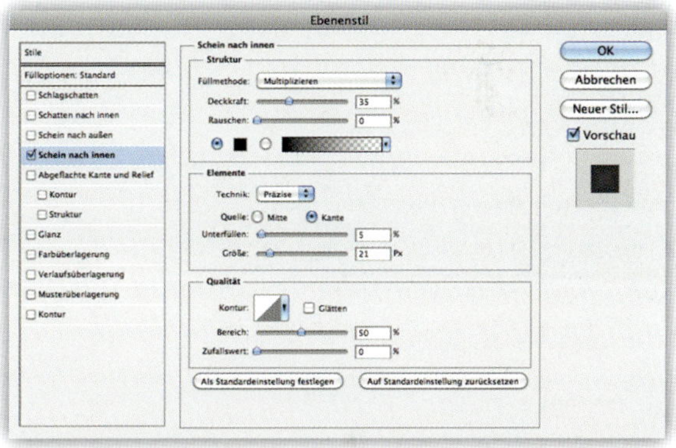

Im Ebenen-Bedienfeld liegt nun zuoberst eine Kopie der Ebene *Vektor-Smart-Objekt*. Arbeiten Sie mit dieser weiter und schalten Sie das Original-Muster unsichtbar. Diese Ebene benötigen Sie für alle weiteren Schritte nicht mehr. Behalten Sie das Vektor-Smart-Objekt dennoch zur Sicherheit; da es sich beim Original um ein Smart-Objekt handelt, könnten Sie eventuelle Größenanpassungen der Kürbisse später noch durchführen und müssten so nur noch die nachfolgenden Arbeitsschritte nachvollziehen.

Über einen Ebenenstil (Menü *Ebene*) färben Sie die Kürbis-Kanten noch etwas dunkler. Wählen Sie hier *Schein nach innen* und färben Sie ihn schwarz. Setzen Sie die Füllmethode auf *Multiplizieren*.

04 Versetzen und färben

Noch scheinen die Kürbisse über dem Wasser zu schweben, sie sollen jedoch unter dem Wasser liegen. Eine wellenförmige Verformung der Früchte erreichen Sie zunächst durch den Verzerrungsfilter *Versetzen*. Hierzu benötigen Sie eine Matrix, die durch Graustufen bestimmt, inwieweit die Bildbereiche verschoben werden. Da sich die Verschiebung an der Struktur des Wassers orientieren sollte, fertigen Sie diese Matrix mit einer Kopie des Originalbildes *Pool* an.

Speichern Sie zuerst die Kopie des Wasserbildes unter dem Namen *Matrix*. Wählen Sie dann *Bild* > *Korrekturen* > *Schwarzweiß*. Setzen Sie hier den Wert bei den Blautönen etwas herab, um dadurch einen größeren Kontrast zu erzielen.

Glätten Sie das Bild zum Schluss noch etwas mit dem Gaußschen Weichzeichner und speichern Sie das Ergebnis als Photoshop-Datei.

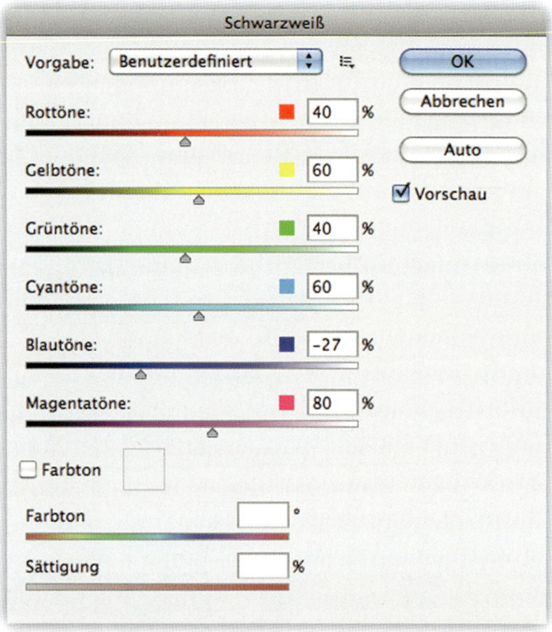

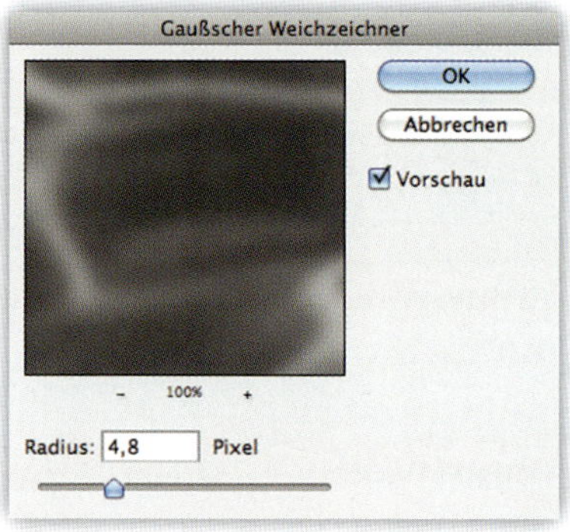

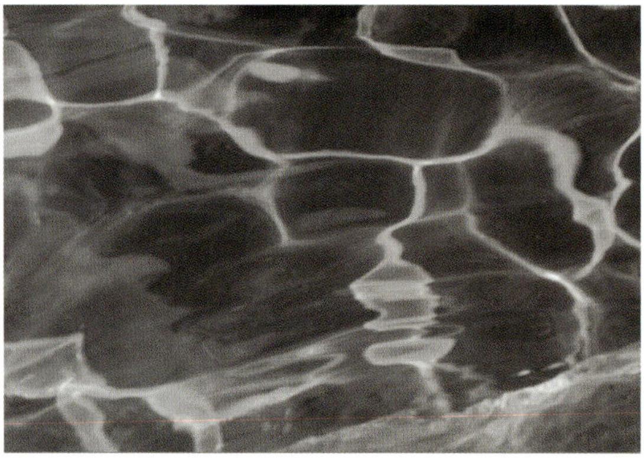

Info:

Eine non-destruktive Änderung des Bildes in Schwarzweiß könnten Sie auch über eine Korrekturebene erzielen. Dies ist jedoch nicht notwendig, da es sich hier nur um eine Verschiebungsmatrix handelt.

Aktivieren Sie nun wieder die Arbeitsdatei und dort die oberste Ebene mit den bearbeiteten Kürbissen. Wählen Sie *Filter > Verzerrungsfilter > Versetzen*. Geben Sie bei *Horizontal skalieren* und bei *Vertikal skalieren* Werte zwischen 20 und 490 ein; je höher der Wert, desto stärker ist die Verzerrung. Nach einem Klick auf OK navigieren Sie zu der zuvor an-gelegten schwarzweißen Matrix.

Die passende Färbung für den Unterwasser-Effekt erzielen Sie über den Ebenenmodus *Ineinanderkopieren*.

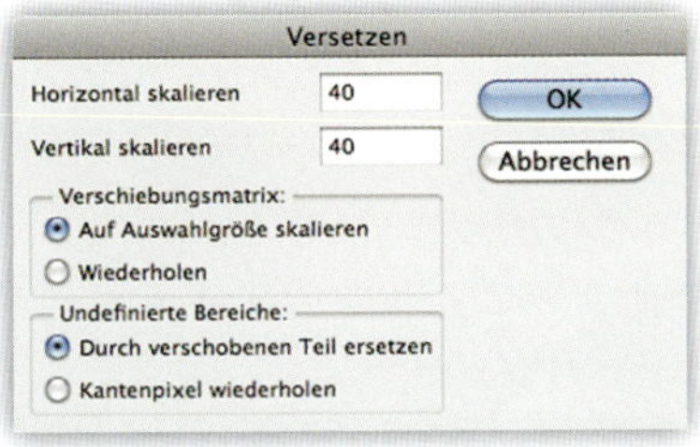

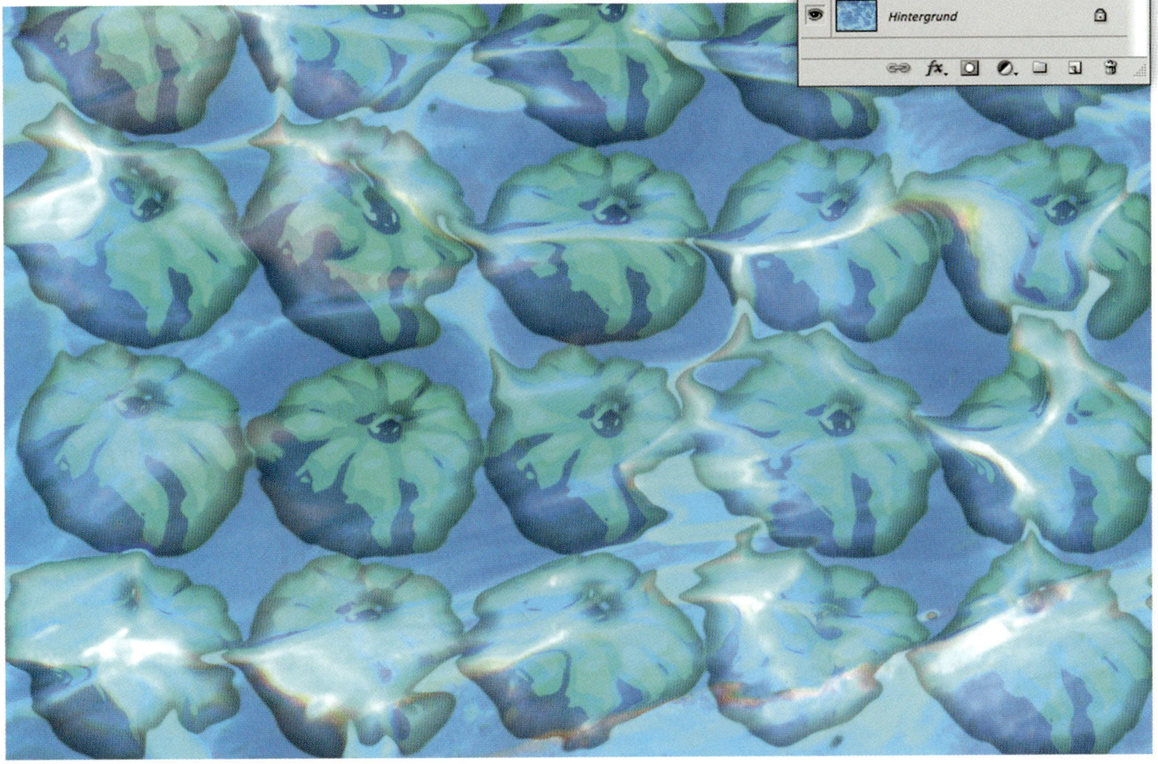

3 Fotorealismus

Der Begriff Fotorealismus stammt ursprünglich aus der Malerei.
Das Kapitel setzt diese Kunstrichtung mit Pixeln und Vektoren um.

Exkurse in diesem Kapitel:

Grund

agen

3.1 Fotorealismus mit Pixeln und Vektoren

Fotorealismus ist ein naturalistischer Malstil, der Ende der 60er Jahre des 20. Jahrhunderts in Amerika entstand. Geprägt von der Pop-Art werden bei dieser Kunstrichtung Motive und ganze Szenen extrem realistisch dargestellt. Als Stilmittel dienen oft betonte Perspektiven, Weitwinkelansichten, ein hoher Kontrast sowie eine überspitzte Darstellung von Licht und Schatten. Mit folgenden Hilfsmitteln lassen sich fotorealistische Grafiken in Illustrator und Photoshop erzeugen:

Photoshop:

- Korrekturebenen
- Modus
- Smartfilter

Illustrator:

- Verlauf
- Weiche Kante
- Verlaufsgitter
- Angleichen-Werkzeug

Techniken in Photoshop

Um bei einem Foto die Lichtstimmung deutlicher herauszuarbeiten und zugleich die Flächen des Motivs im Vordergrund zu glätten, eignet sich in der Regel eine Kombination aus Korrekturebenen. Neben *Helligkeit/ Kontrast* und der *Tonwertkorrektur* leistet auch der *Fotofilter* gute Dienste; ein Anwendungsbeispiel finden Sie am Ende der folgenden Übung.

Für die Farbigkeit sorgt die Korrekturebene *Dynamik*; im rechten Bildteil wurde die Lichtstimmung durch ein zweites, teilweise ausradiertes Foto verstärkt (*Ebene 2*). Über den Modus *Multiplizieren* fügt sich das Bild gut in die Szene ein. Um die Figur im Vordergrund getrennt vom Hintergrund bearbeiten zu können, wird zunächst eine Auswahl getroffen, die vor der Anwendung der Korrekturebenen bereits geladen ist. Die Ebene wird dann für Smartfilter konvertiert und mit verschiedenen Scharf- und Weichzeichnungsfiltern bearbeitet. Dies ist an den Masken-Miniaturen im Ebenen-Bedienfeld zu erkennen.

Zum Abschluss werden Retuschearbeiten per Hand auf einer leeren Ebene zuoberst angelegt – am besten geht das mit einem Grafiktablett. Hier wurden die Augen und der Mund nachgezeichnet. Eine weitere Methode dazu finden Sie in der Übung *3.4 Schminken mit Vektoren* im Abschnitt *3.4.3 Lippen*.

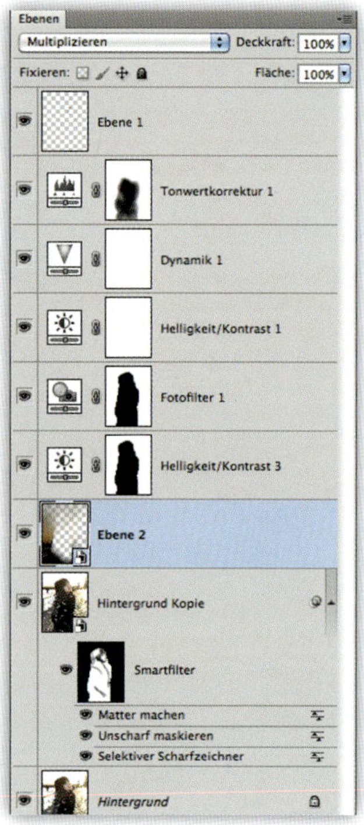

Techniken in Illustrator

Fotorealistische Grafiken in Illustrator entstehen durch eine Kombination von verschiedenen Verlaufsflächen. Um einen Verlauf zu bilden, gibt es vier grundlegende Techniken:

1. Bedienfeld *Verlauf*: Zur Verfügung stehen die Optionen linearer oder kreisförmiger Verlauf. Es sind beliebig viele Verlaufsfarben möglich, die man einfach auf den Verlaufsbalken ziehen kann. Solche Verläufe lassen sich dann mit dem Verlaufswerkzeug ziehen und bearbeiten, kreisförmige Verläufe können so zu einem Oval geformt werden.

2. *Effekt > Stilisierungsfilter > Weiche Kante*: Wird eine Form mit einer weichen Kante versehen und auf eine andere Form gelegt, entsteht der Eindruck eines Verlaufes. Mit dieser Technik und verschiedenen Verlaufsflächen ist der hier abgebildete Propeller entstanden. Ein Anwendungsbeispiel finden Sie in der Übung *3.4 Schminken mit Vektoren* im Abschnitt *3.4.4 Augen;* dort arbeiten Sie jedoch zusätzlich mit einem Verlaufsgitter.

3. *Objekt > Verlaufsgitter erstellen*: Diese Technik erlaubt unregelmäßige Verläufe, die punktgenau gesteuert werden können; so wurde der Käfer rechts erstellt. Zwar erfordert die Arbeit an einem Verlaufsgitter viel Geduld und Fingerspitzengefühl, sie ermöglicht jedoch die fotorealistischsten Ergebnisse. Zwei Beispiele dazu finden Sie in den Übungen *3.3 Hüllen und Gitter* sowie *3.4 Schminken mit Vektoren*.

4. *Angleichen-Werkzeug*: Mit diesem Werkzeug lassen sich zwei oder auch mehrere Formen in ihrer Form und der Farbe ineinander überblenden. Im Beispiel rechts wurde die kleinere, in einem helleren Farbton gefärbte Kopie mit dem Original überblendet. Wichtig ist hier die richtige Methode; per Doppelklick auf das Werkzeug öffnen sich dessen Optionen. Hier muss bei *Abstand* die Option *Farbe glätten* gewählt sein.

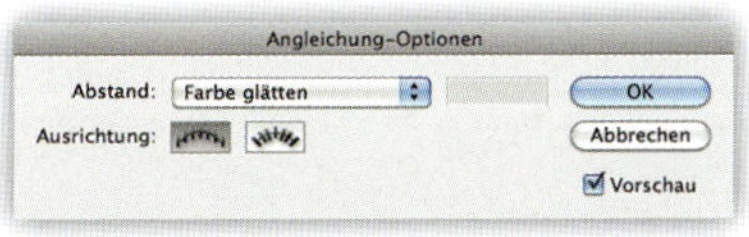

Man hätte gern, dass einem die Wahrheit durch ganz neue Zeichen enthüllt würde

Übung

3.2 Lichtobjekt

Jedes Motiv gewinnt durch die richtige Beleuchtung, eine solche lässt sich in Photoshop per Fotofilter schnell erzeugen. Lichtobjekte wie dieser Nachbau einer Neon-Installation sind in Illustrator realisierbar und lassen sich dann wiederum in Photoshop mit den passenden Beleuchtungseffekten versehen. Folgende Techniken wenden Sie in diesem Workshop an:

Photoshop:

- Ebenenmodus *Strahlendes Licht*
- Smart-Objekt aus Illustrator anpassen
- Ebenenstile
- *Kante verbessern*
- Korrekturebene *Fotofilter*

Illustrator:

- Spirale-Werkzeug
- Text auf Pfad
- 3D-Effekt *Extrudieren und abgeflachte Kante*
- Smart-Objekt anpassen

Aufgabenstellung

In folgender Übung soll eine Art virtuelle Neon-Installation gebaut werden, die sich an einem Werk des Konzeptkünstlers Bruce Nauman orientiert. Diese wird in Illustrator konstruiert und dann in Photoshop auf einen neuen Hintergrund gelegt. Zum Schluss werden die Lichtverhältnisse der Montage an die zuvor geschaffenen Beleuchtungseffekte angepasst.

Die Installation von Bruce Nauman, die für diese Übung als Vorbild dient, trägt den Namen *The True Artist Helps the World by Revealing Mystic Truths (Window or Wall Sign)* und befindet sich in der privaten Sammlung der Galerie Sperone Westwater in New York. Einen Blick auf das Kunstwerk können Sie auf der Webseite *www.speronewestwater.com* werfen.

Für diese Übung kann ein beliebiger Text verwendet werden, der in der Länge auf den Pfad passt. In der Übung handelt es sich um einen Aphorismus aus dem Werk »Auf der Suche nach der verlorenen Zeit« des französischen Schriftstellers und Kritikers Marcel Proust (* 10. Juli 1871; † 18. November 1922):

»Man hätte gern, dass einem die Wahrheit durch ganz neue Zeichen enthüllt würde, nicht durch einen Satz, der noch dazu ganz und gar denen gleicht, die schon so oft gefallen sind.«

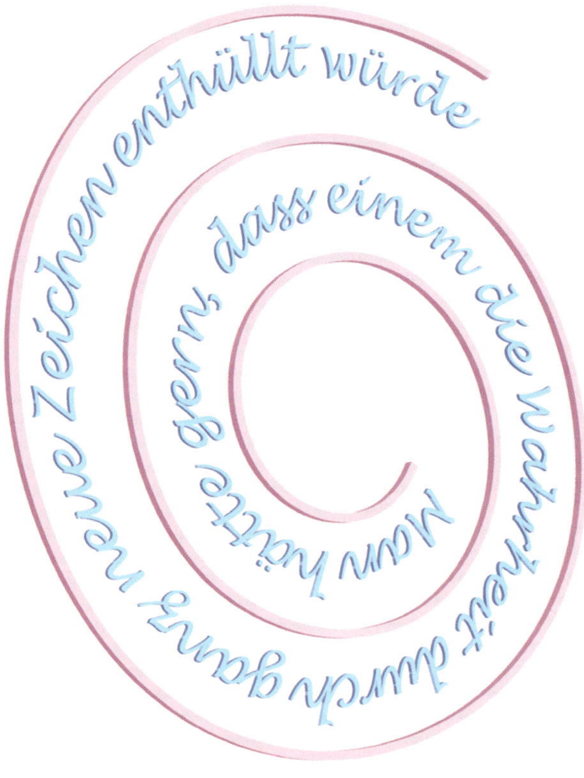

01 Spirale

Wählen Sie das Textwerkzeug und schreiben Sie zuerst den Text *Man hätte gern, dass einem die Wahrheit durch ganz neue Zeichen enthüllt würde* (oder einen beliebigen anderen Text) an den Rand der Arbeitsfläche.

Als Pfad für den Text verwenden Sie eine etwas abgeänderte Spirale: Klicken Sie bei aktivem Spirale-Werkzeug (hinter dem Linien-Segment-Werkzeug) einmal auf die Arbeitsfläche, um die Optionen der Spirale zu öffnen. Hier legen Sie die Einstellungen fest. Wählen Sie für den *Radius 80 mm*, die *Verjüngung* hat 85 % und die Anzahl der *Segmente* liegt bei 7. Die *Verjüngung* bestimmt hierbei, wie weit das innere Ende des Pfades an den Mittelpunkt reicht, ein *Segment* ist eine Teilstrecke des Pfades, die durch zwei Ankerpunkte begrenzt wird. Verschieben Sie mit dem Direktauswahl-Werkzeug einzelne Ankerpunkte so, dass die Abstände der Pfadabschnitte zueinander ungefähr gleich sind.

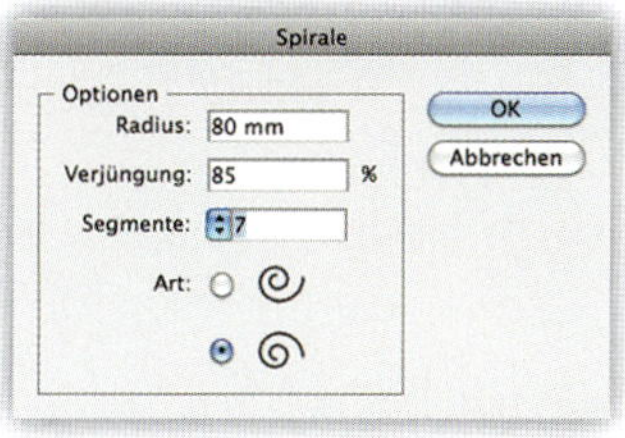

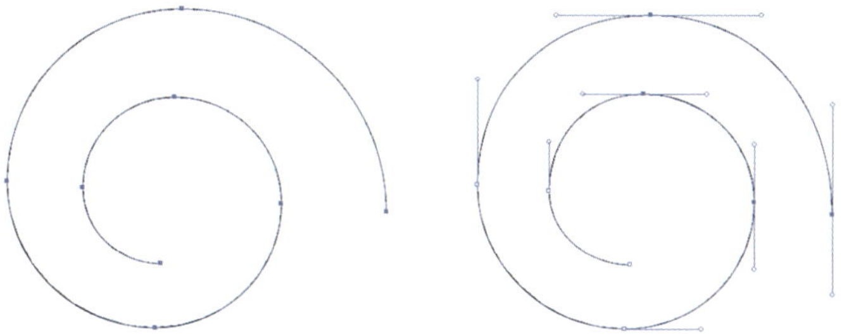

Über *Objekt > Transformieren > Drehen* oder mit dem Rotieren-Werkzeug rotieren Sie den Pfad. Das äußere Ende soll dabei leicht nach oben rechts zeigen.

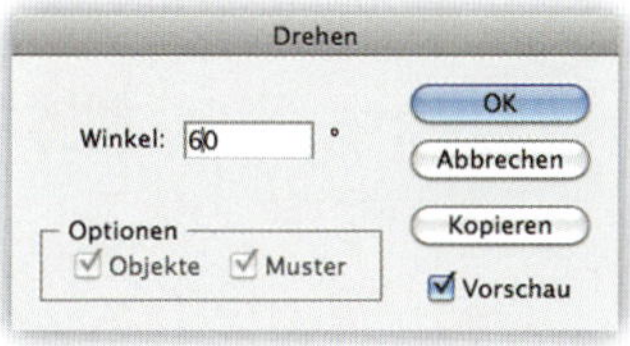

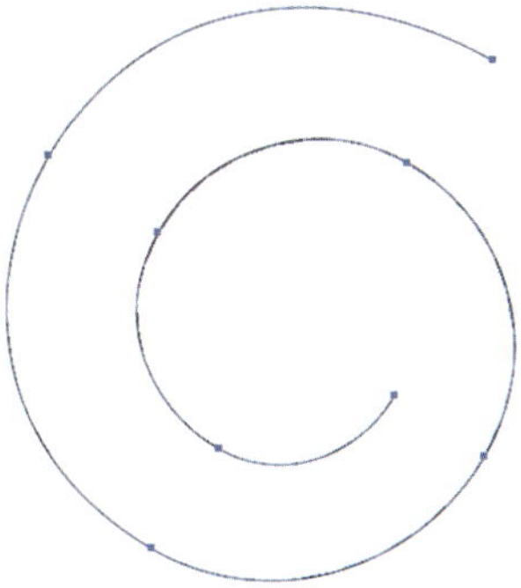

02 Spiralförmiger Text

Selektieren Sie den zu Beginn geschriebenen Text und kopieren Sie ihn in die Zwischenablage. Wählen Sie die Spirale und platzieren Sie den Text aus der Zwischenablage mit dem Pfadtext-Werkzeug direkt auf dem Pfad. Sie können damit direkt auf den Pfad schreiben, sobald der Cursor einen kleinen Pfad links unten anzeigt.

Haben Sie den Text-Cursor am äußeren Ende des Pfades gesetzt, läuft der Text an der Unterkante des Pfades von außen nach innen.

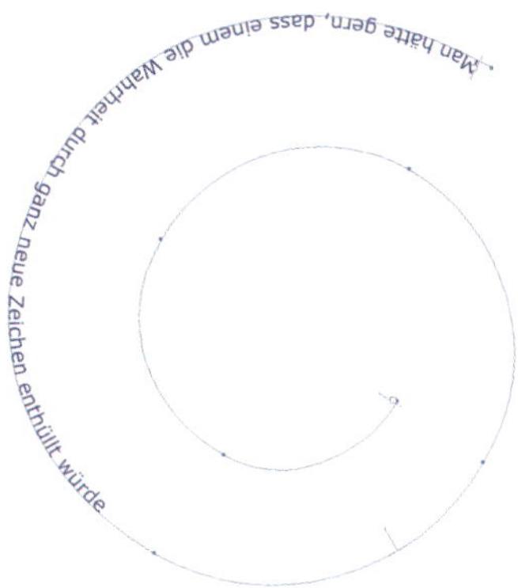

Man hätte gern, dass einem die Wahrheit durch ganz neue Zeichen enthüllt würde

Korrigieren Sie die Textrichtung mit aktiviertem Auswahlwerkzeug. Führen Sie dazu den Cursor auf die Mitte des Pfadtextes, bis ein umgekehrtes T unterhalb des Cursors erscheint. Ziehen Sie den Text über den Pfad. Halten Sie zugleich die Maustaste gedrückt, können Sie zudem den Text entlang des Pfades bewegen.

Formatieren Sie den Text. Im Beispiel passt die Schriftart *Lucida Handwriting Italic* mit einer Größe von 31 pt. Korrigieren Sie nach Bedarf einzelne Ankerpunkte.

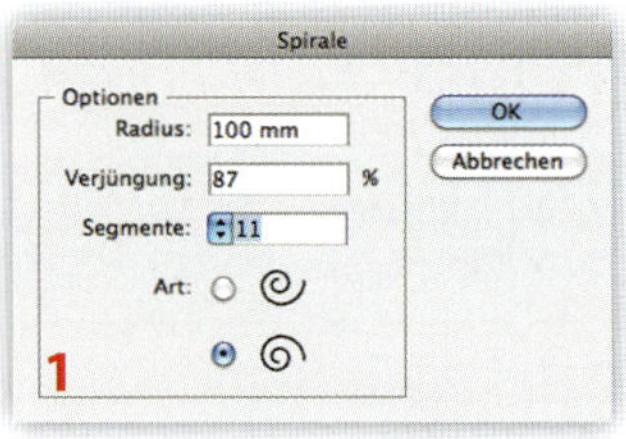

1

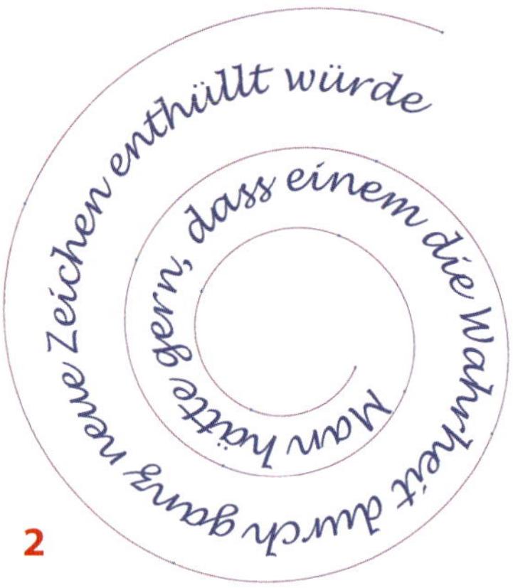

2

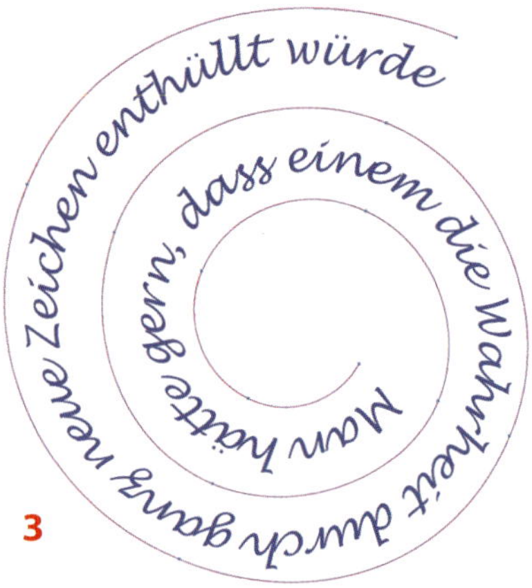

3

03 Die Spiralen-Linie

Stellen Sie für die Spiralen-Linie in den Optionen des Spirale-Werkzeuges einen *Radius* von 100 mm, eine *Verjüngung* von 87 % und 11 *Segmente* ein (Bild 1). Drehen Sie die Spirale so, dass der Anfang und das Ende mit dem spiralförmigen Text übereinstimmt (Bild 2). Verschieben Sie nun mit dem Direktauswahl-Werkzeug die einzelnen Ankerpunkte, um die Linie in den Abständen an die Text-Spirale anzupassen (Bild 3).

Färben Sie die Linie in einem leuchtendem Magenta und stellen Sie die Kontur auf 5 Pt. Wählen Sie für die Schrift ein helleres Blau.

04 Grafik anpassen

Bevor Sie erst dem Text und dann der Spirale Tiefe verleihen, platzieren Sie zuerst das Bild *Mauer*, um beim Formen des Textes in Illustrator in etwa ähnliche Einstellungen der Position und Perspektive treffen zu können. Legen Sie eine neue Ebene an, die Sie im Bedienfeld *Ebenen* an die unterste Stelle ziehen. Platzieren Sie darauf die Mauer und sperren Sie die Ebene. Passen Sie mit dem Zeichenflächenwerkzeug die Zeichenfläche an das Foto an. Selektieren Sie nun den Text und die Spirale und skalieren Sie beide zusammen auf 160 %.

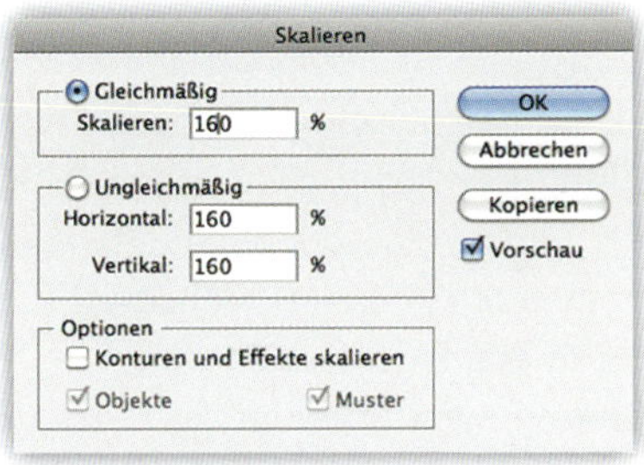

Mauer: © Daniel Sckommodau

05 3D-Text

Mit einem 3D-Effekt passen Sie die Grafik an die Mauer im Hintergrund an. Leider können Sie nicht den Schriftzug und die Spirale zusammen extrudieren, da Sie für jedes der beiden Objekte eine eigene Schattierungsfarbe definieren müssen.

Aktivieren Sie die Pfadschrift und wählen Sie *Effekt > 3D > Extrudieren und abgeflachte Kante*. Legen Sie die Postion fest. Hierzu bewegen Sie mit gedrückter Maustaste den Quader links oben, der stellvertretend die Position des zu extrudierenden Objektes zeigt. Eine exakte Position bestimmen Sie über die Werte rechts daneben. Im Beispiel passen folgende Einstellungen: Y-Achse (rot) 10°, X-Achse (grün) -35° und Z-Achse (blau) -4°. Geben Sie bei *Tiefe der Extrusion* 6 pt ein. Notieren Sie sich die Werte für die Spirale; leider ermöglicht es Photoshop noch nicht, diese für weitere Objekte zu speichern.

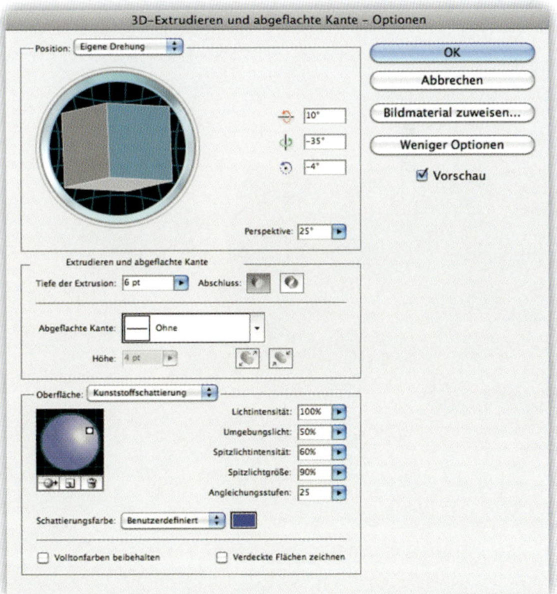

Regeln Sie ebenfalls die *Perspektive*, da so das Ergebnis realistisch wirkt. Der Wert orientiert sich an dem Fluchtpunkt. Exakte Werte können Sie also nur dann eingeben, wenn Sie den genauen Fluchtpunkt des Hintergrunds festlegen können. In dieser Übung reicht es jedoch, die Perspektive optisch dem Hintergrund anzupassen. Im Beispiel zeigt die Perspektive 25°. Merken Sie sich auch diesen Wert.

Achtung: Der Vorschau-Quader zeigt keine Perspektiveinstellungen! Um diese zu kontrollieren, müssen Sie die Vorschau aktivieren. Allerdings benötigt Illustrator einige Rechenzeit, um das 3D-Objekt auch als Vorschau zu rendern. Es ist somit ratsam, so viele Einstellungen wie möglich bei inaktiver Vorschau zu tätigen, da sonst nach jeder Änderung neu gerendert wird und somit – je nach Rechnerleistung – entsprechende Wartezeiten entstehen.

Per Klick auf die Schaltfläche *Mehr Optionen* öffnen Sie die Einstellungen für die Oberfläche und die Beleuchtung. Um den 3D-Effekt zu erhalten, belassen Sie die Einstellung *Kunststoffschattierung*. Möchten Sie weichere Übergänge innerhalb der Verläufe, setzen Sie die *Angleichungsstufen* etwas höher, was allerdings zu deutlich längerer Rechenzeit führt. Wählen Sie als *Schattierungsfarbe* ein kräftiges, leuchtendes Blau.

Bestätigen Sie die Einstellungen und aktivieren Sie die Spirale. Wählen Sie erneut *Effekt > 3D > Extrudieren und abgeflachte Kante* und tragen Sie die gleichen Werte ein, die Sie bei der Text-Extrusion gewählt haben. Wählen Sie jedoch eine andere, passende *Schattierungsfarbe*. Passen Sie die Grafik insgesamt noch an den Hintergrund an; hier wurde etwa die Kontur der Spirale auf 11 Pt erhöht und etwas heller gefärbt. Zudem wurde das Objekt verschoben und noch etwas größer skaliert.

06 Platzierung in Photoshop

Alle weiteren Arbeitsschritte führen Sie mit Photoshop aus. Hierzu platzieren Sie den Text und die Spirale einzeln als Smart-Objekt, um diesen dann wiederum getrennt voneinander einen Lichthof hinzuzufügen.

Wählen Sie in Illustrator zuerst das 3D-Schriftobjekt und speichern Sie es in der Zwischenablage. Öffnen Sie nun das Hintergrundbild in Photoshop.

Fügen Sie die Grafik aus der Zwischenablage ein – es öffnet sich der Dialog *Einfügen*. Wählen Sie hier *Einfügen als > Smart Objekt*, um die Grafik weiter verlustfrei bearbeiten zu können. Die Grafik können Sie nun auch noch in Photoshop in der Größe anpassen oder verschieben. Per Doppelklick platzieren Sie das Smart-Objekt; nennen Sie es *Text*. Kopieren Sie danach ebenfalls die Spirale aus Illustrator als Smart-Objekt in Photoshop. Passen Sie es an den Text und an den Hintergrund an. Nennen Sie diese Ebene *Spirale*.

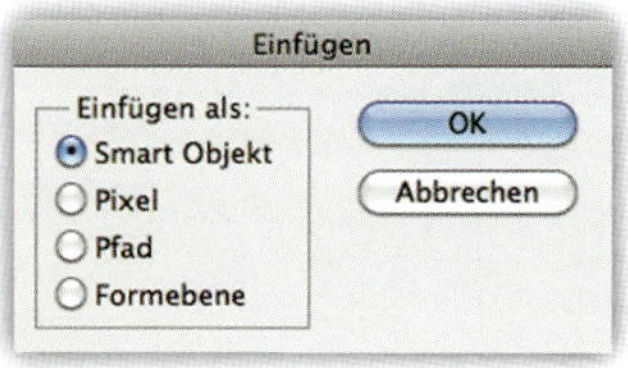

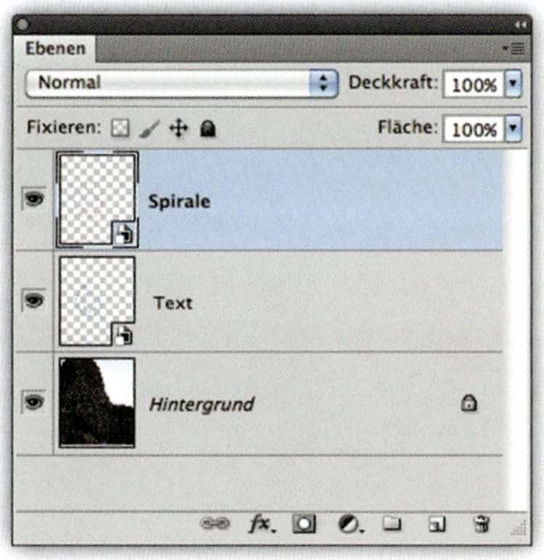

07 Ebenenmodus

Die Grafik wirkt noch nicht wie ein Lichtkörper, dazu sind die Farben zu matt. Zudem kommt die 3D-Struktur auf dem Hintergrund noch zu wenig zur Geltung. Um zunächst die Leuchtkraft zu verstärken, weisen Sie im Bedienfeld *Ebenen* der Ebene *Text* den Modus *Strahlendes Licht* zu.

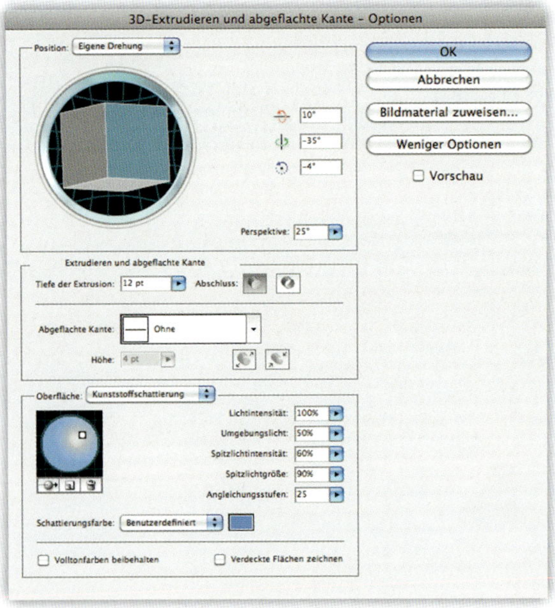

08 Smart-Objekt anpassen

Zwar wirkt durch den Moduswechsel der Text-Ebene das Material des Lichtkörpers wie ein leicht mattes Glas, die Leuchtkraft hat sich jedoch sogar noch weiter reduziert. Das liegt an den Farben, die Sie in Illustrator dem 3D-Text zugewiesen haben. Damit auf dem relativ dunklem Hintergrund der Text leuchtet, muss er wesentlich heller sein: Der Modus *Strahlendes Licht* verringert bei einer Füllfarbe, die heller als 50 %iges Grau ist, den Kontrast an diesen Bildstellen, wodurch es heller wird. Ist die Füllfarbe hingegen dunkler als 50 %iges Grau, wird das Bild durch Erhöhen des Kontrasts dunkler.

Da Sie die beiden Vektorgrafiken als Smart-Objekt platziert haben, sind deren Bearbeitungsinformationen aus Illustrator immer noch vorhanden. Ein Smart-Objekt lässt sich also aus Photoshop heraus in Illustrator bearbeiten und wird danach in Photoshop automatisch aktualisiert.

Klicken Sie (in Photoshop) doppelt auf die Ebene *Text*; Photoshop fordert Sie darauf in einer Meldung auf, die Datei zu speichern. Bestätigen Sie diesen Dialog, worauf sich das Smart-Objekt in Illustrator in einer neuen Datei öffnet. Hier können Sie wie im ursprünglichen Dokument alle Änderungen durchführen: Wählen Sie zunächst als Textfarbe ein sehr helles Blau. Öffnen Sie dann über das Bedienfeld *Aussehen* den Effekt *Extrudieren und abgeflachte Kante*. Geben Sie bei *Tiefe der Extrusion* den Wert 12 Pt an, um die dreidimensionale Wirkung des Effektes zu verstärken. Korrigieren Sie im Bereich *Oberfläche* wenn nötig noch die Schattenfarbe und die Beleuchtung.

Speichern Sie die überarbeitete Datei in Illustrator und kehren Sie zu Photoshop zurück; die Änderungen wurden übernommen und die Schrift scheint nun zu leuchten.

Bearbeiten Sie in gleicher Weise ebenfalls die Spirale. Weisen Sie auch dieser den Modus *Strahlendes Licht* zu und passen Sie die Farb- und 3D-Einstellungen in Illustrator an.

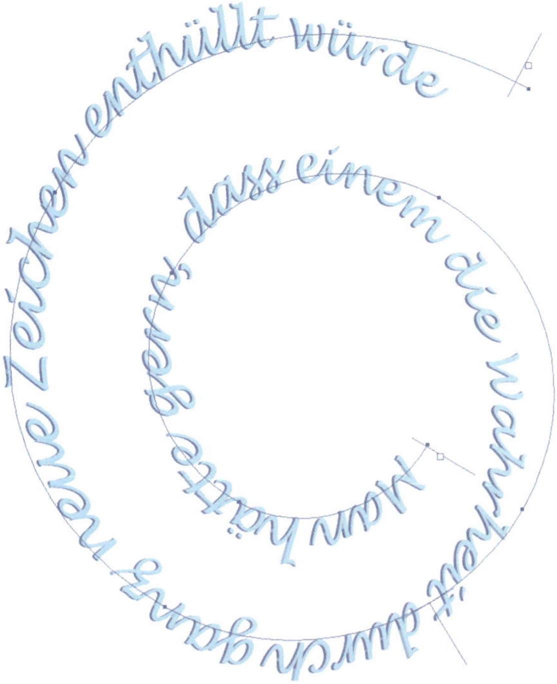
Man hätte gern, dass einem die Wahrheit durch ganz neue Zeichen enthüllt würde

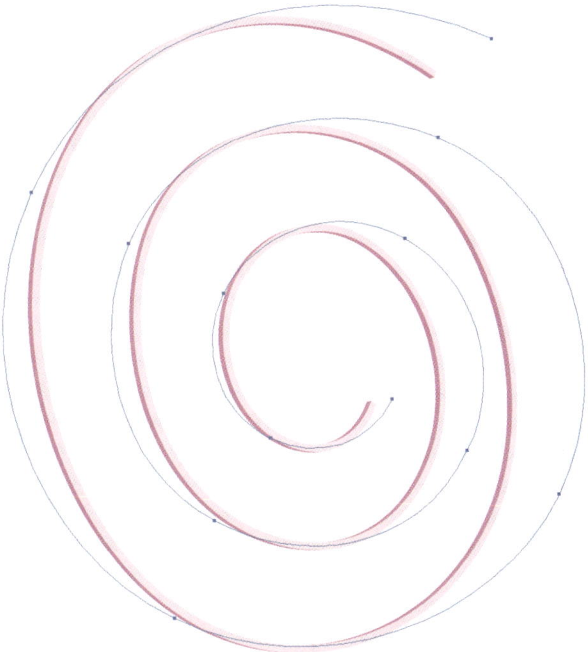

Man hätte gern, dass einem die Wahrheit durch ganz neue Zeichen enthüllt würde

Man hätte gern, dass einem die Wahrheit durch ganz neue Zeichen enthüllt würde

09 Kanten abrunden und Schatten hinzufügen

Die beiden Lichtkörper zeigen noch zu scharfe Kanten. Diese runden Sie in Photoshop durch eine weitere Ebene mit Ebenenstil ab.

Aktivieren Sie die Ebene *Text*. Um den Text zu wählen, klicken Sie mit dem Zauberstab-Werkzeug in den Hintergrund und wählen dann *Auswahl > Auswahl umkehren*. Speichern Sie die Auswahl (*Auswahl > Auswahl speichern*) und geben Sie ihr den Namen *Text*. Aktivieren Sie die Ebene *Spirale* und wählen Sie diese aus. Fügen Sie beide Auswahlen zusammen, indem Sie bei aktiver Spiralen-Auswahl auf *Auswahl > Auswahl laden* klicken. Wählen Sie als Kanal den *Text* und bei Vorgang *Der Auswahl hinzufügen*.

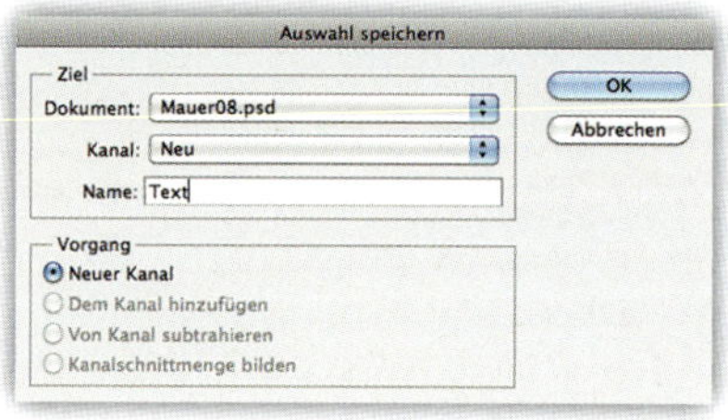

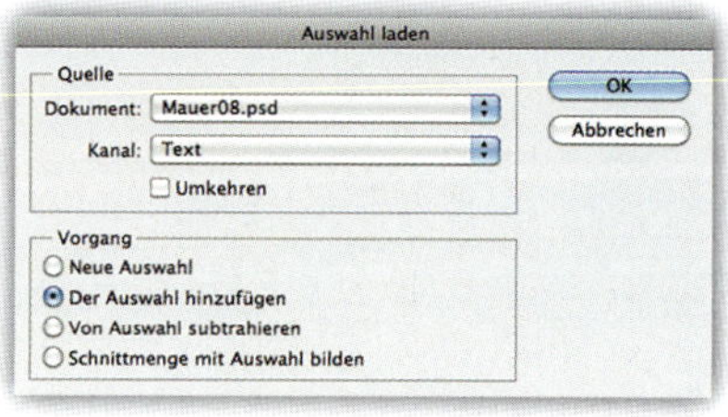

Wechseln Sie bei aktiver Auswahl zur Hintergrundebene. Wählen Sie *Bearbeiten > Kopieren* (Befehlstaste + C), danach *Bearbeiten > Einfügen* (Befehlstaste + V). Alle Bereiche des Hintergrunds, die sich in der Auswahl befinden, liegen nun als Kopie auf einer neuen Ebene. Nennen Sie diese *Rundung* und öffnen Sie deren Ebenenstil per Doppelklick. Aktivieren Sie im Fenster *Ebenenstil* links die Option *Abgeflachte Kante und Relief*. Um rechts die Einstellungen des Stils treffen zu können, muss die Option

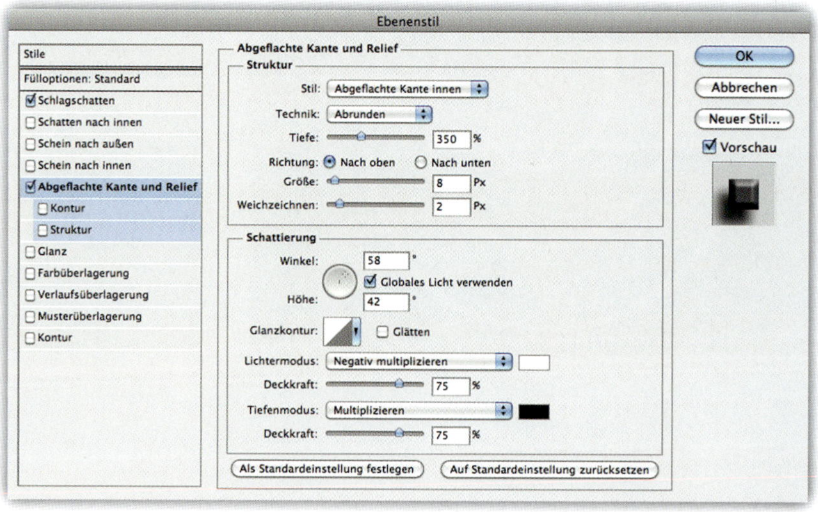

links blau unterlegt sein. Geben Sie der *Tiefe* 350 %, bei *Größe* 8 Px und bei *Weichzeichnen* 2 Px ein. Aktivieren Sie die Vorschau; die transparente Kopie der Mauer hebt sich wie ein Relief von der Mauer ab.

Aktivieren Sie ebenfalls den *Schlagschatten* und ändern Sie den Abstand und die Größe zu 18 Px. Schalten Sie die Sichtbarkeit der beiden Ebenen Text und Spirale wieder an; Die Formen sind runder geworden und die beiden Leuchtkörper haben sich durch den Schlagschatten etwas vom Hintergrund entfernt.

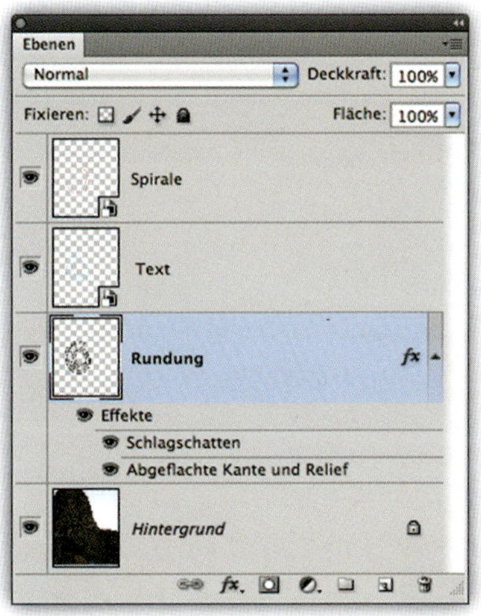

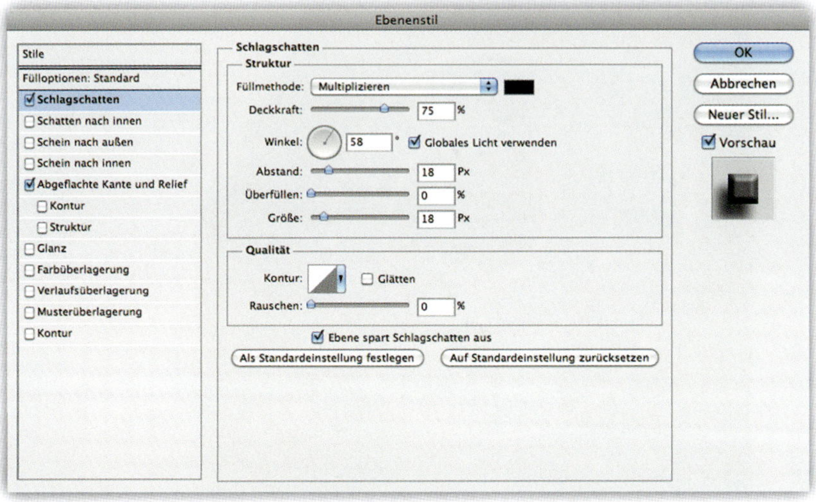

10 Beleuchtungseffekte

Die digitale Installation ist zwar fertig, das bunte Licht strahlt jedoch noch nicht auf die Mauer. Einen solchen Beleuchtungseffekt legen Sie auf zwei weiteren Ebene an; eine für das blaue Licht des Textes, die andere für das rote Licht der Spirale.

Laden Sie die Auswahl des Textes. Sollten Sie diese im letzten Arbeitsschritt durch die Auswahl der gesamten Grafik überspeichert haben, erstellen Sie eine neue Auswahl. Stellen Sie über das Menü *Auswahl* oder über den Dialog *Kante verbessern* eine *Weiche Kante* von 35 Px ein und vergrößern Sie die Auswahl um 10 Px (im Dialog *Kante verbessern*: *Kante verschieben*). Legen Sie die neue Ebene *Licht Text* unter der Ebene *Text* an und füllen Sie die Auswahl mit einem leuchtendem Blau (*Bearbeiten* > *Fläche füllen*). Stellen Sie den Ebenenmodus auf *Aufhellen*.

Legen Sie nun einen roten Lichteffekt auf eine neue Ebene *Licht Spirale* unter die Ebene *Spirale*. Wählen Sie jedoch hierfür bei der Auswahl eine *Weiche Kante* von nur etwa 15 bis 20 Px und verändern Sie auch die Größe der Auswahl nicht.

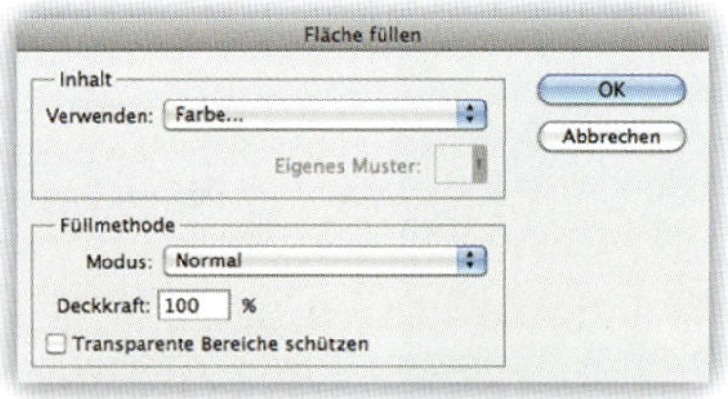

Tipp: Um die Farben der Lichtkörper zu intensivieren, können Sie auch die jeweilige Licht-Ebene über die Smart-Objekte Spirale oder Text legen.

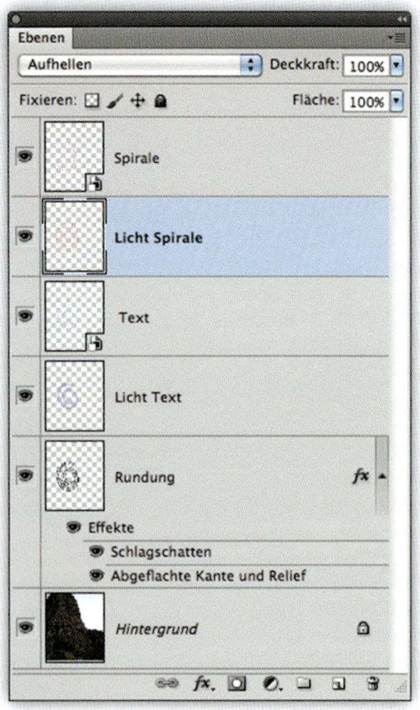

Interessanter wirkt eine solche Lichtinstallation in der Nacht. Per Fotofilter ändern Sie nun die Tageszeit. Aktivieren Sie die Hintergrundebene und klicken Sie im Bedienfeld *Korrekturen* auf die Schaltfläche *Fotofilter*. Wählen Sie im Bedienfeld *Korrekturen* bei *Farbe* ein sehr dunkles Blau und deaktivieren Sie die Option *Luminanz erhalten*. Im Bedienfeld *Ebenen* erscheint die neue Einstellungsebene mit Maske über dem Hintergrund, der sich dunkel färbt, da die Maske nichts maskiert (weiß).

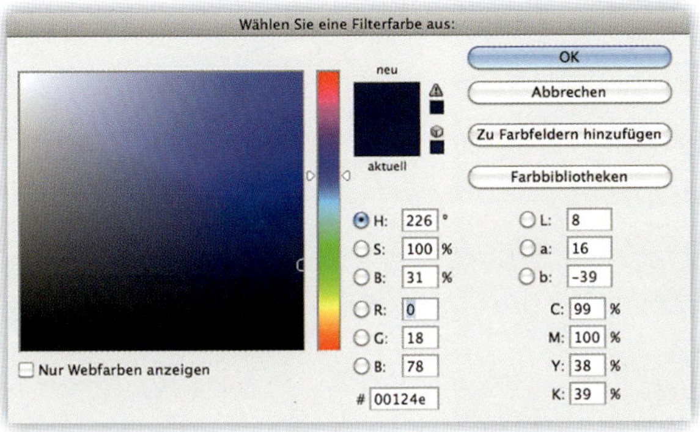

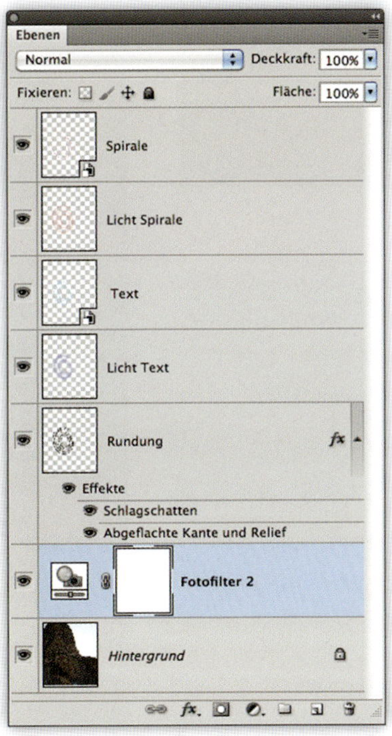

Ziehen Sie in dieser Maske einen Verlauf von Weiß (oben) zu Schwarz (unten); der Himmel wird dadurch im unteren Bereich etwas heller. Wählen Sie den Himmel und kehren Sie die Auswahl um. Zeichnen Sie mit Schwarz und einem dicken, weichen Pinsel die vordere Fläche der Mauer in die Maske, um diese Fläche zu maskieren. Die Mauer wird dadurch wieder heller.

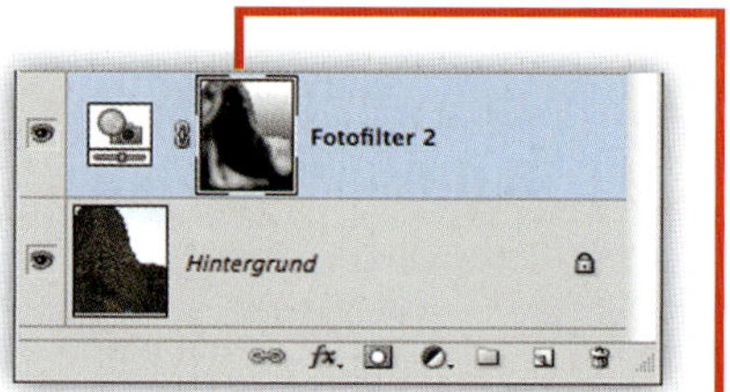

Tipp: Schalten Sie beim Malen in der Maske über Befehlstaste + H die Auswahllinie aus, um die Ränder zu kontrollieren. Stellen Sie gegebenenfalls eine weiche Auswahlkante von einem Pixel ein, damit keine harten Ränder entstehen.

Zwei weitere Fotofilter verstärken die Lichtstimmung: Laden Sie die Spirale und legen Sie auf die Auswahl einen leuchtend blauen Fotofilter (Fotofilter 4), um die Lichtwirkung der Schrift zu verstärken. Der Fotofilter 3 ist orange und vermittelt so den Eindruck eines Sonnenunterganges. Radieren Sie hier mit einer weichen Pinselspitze die Maskenbereiche über der Lichtinstallation heraus.

CS5

Sollte Sie das Verkehrsschild am unteren Bildrand stören, können Sie es mit dem Kopierstempel-Werkzeug entfernen. Arbeiten Sie mit der Version CS5, wählen Sie das Schild großzügig mit dem Lasso-Werkzeug aus und wählen dann *Bearbeiten > Fläche füllen*. Stellen Sie hier bei *Verwendungszweck* die Option *Inhaltssensitiv* ein.

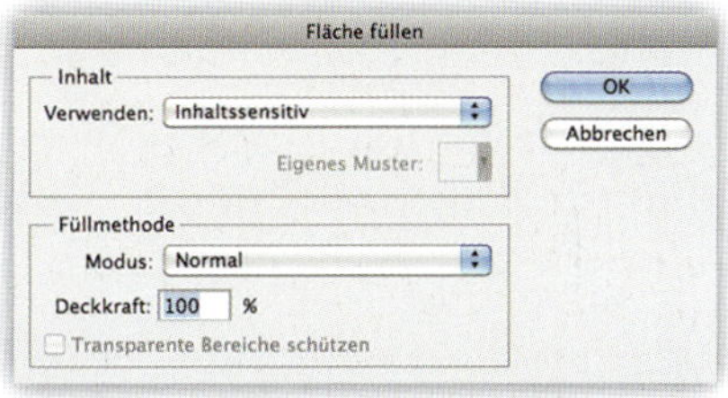

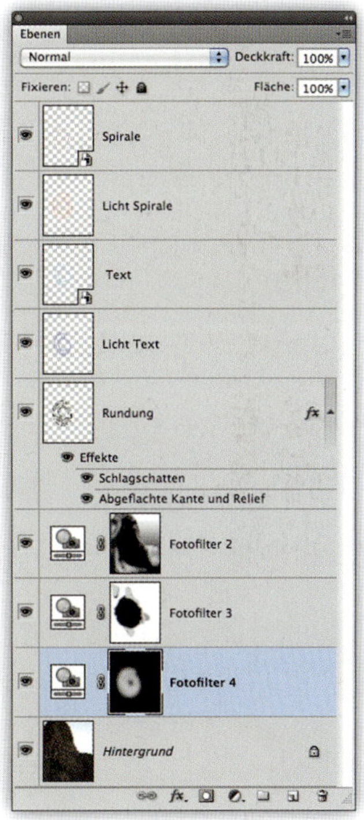

Übung

3.3 Hüllen und Gitter

Hüllen und Gitter ermöglichen es, in Illustrator Flächen in eine beliebige Anzahl an Zeilen und Spalten zu unterteilen. Dabei lassen sich dann auch die Ankerpunkte, die innerhalb der Fläche liegen, einzeln verschieben und einfärben. Kombiniert mit Fotos oder in Photoshop auf eine andere Art weiter bearbeitet, ergeben sich dadurch oft eindrucksvolle Grafiken. Folgende Techniken wenden Sie in diesem Workshop an:

Photoshop:

- Platzieren einer Vektorgrafik über das Menü *Datei*
- Platzieren einer Vektorgrafik über die Zwischenablage
- *Kante verbessern*
- Renderfilter *Wolken*
- Methoden zum Transformieren
- Korrekturebene *Dynamik*

Illustrator:

- Verlaufsgitter

Aufgabenstellung

Die Vorlage für diese Übung ist ein bekanntes Kunstwerk: Zu den vielen Projekten, die der Verpackungskünstler Christo mit seiner Frau Jeanne-Claude ab den 60er Jahren realisiert hat, gehört neben der Verhüllung des Reichstages (1995) auch das Werk *Wrapped Trees* aus dem Jahre 1998: 178 Bäume wurden im Berower Park in Riehen in der Schweiz in durchsichtiges Polyester gehüllt. Dokumentationen zu diesem und allen anderen Projekten sind unter *www.christojeanneclaude.net* zu finden.

Ein Foto dient als Vorlage für eine Grafik mit Verlaufsgitter. Die Grafik wird dann in Photoshop angepasst, ein neuer, direkt in Photoshop kreierter Himmel rundet die Übung ab.

© Clara Natoli

Ai 01 Arbeitsfläche anpassen

Öffnen Sie das Bild *Ast* zunächst in Illustrator und passen Sie mit dem Zeichenflächenwerkzeug die Größe der Arbeitsfläche an die Maße des Fotos an.

Sperren Sie die Ebene und legen Sie eine neue Ebene für die Verhüllung darüber.

02 Die Grundform

Ziehen Sie eine Ellipse über dem gesamten Bild auf. Färben Sie diese neue Form vorerst weiß oder in einer anderen hellen Farbe ein und stellen Sie im Bedienfeld *Transparenz* eine Deckkraft von 60 % ein. Sie sehen so die Vektorform und zugleich das Foto im Hintergrund, an dessen Formgebung Sie sich beim Arbeiten orientieren können.

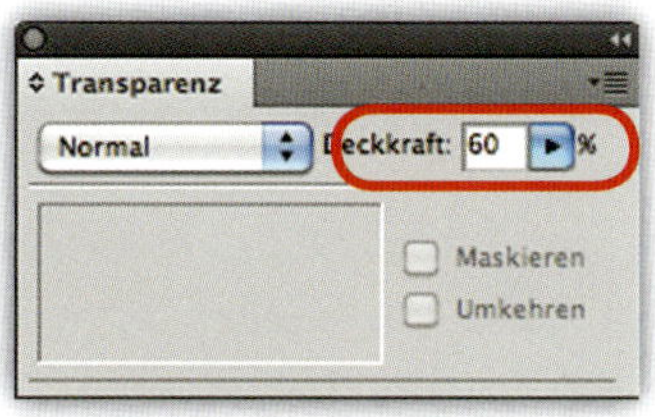

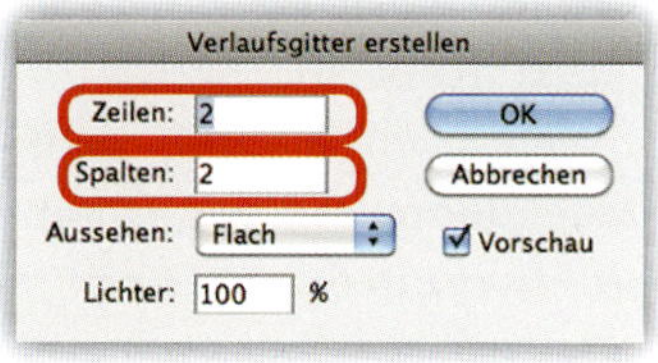

03 Verlaufsgitter

Um die Fläche in ein Gitter zu unterteilen, wählen Sie *Objekt > Verlaufsgitter erstellen*. Wählen Sie also zunächst jeweils zwei Zeilen und zwei Spalten. Das Aussehen belassen Sie bei *Flach* die *Lichter* bei 100 %. Sobald Sie die Vorschau aktivieren, erscheint in der Form eine horizontale und eine vertikale Linie, die sich kreuzen, wodurch die Ellipse in vier gleiche Teile gegliedert wird.

Info: Bei einem Gitter ist es ratsam, mit wenigen Zeilen und Spalten zu beginnen. Die einzelnen Ankerpunkte werden dann zunächst an die gewünschte Form angepasst. Würde das Gitter bereits zu Beginn aus sehr vielen Ankerpunkten bestehen, müssten alle mittleren Punkte entsprechend verschoben werden. Fügt man hingegen zu einer bereits geformten Grafik weitere Linien hinzu, passen sich diese automatisch an die Form der bereits vorhandenen an. Die Farben und die Transparenz werden erst dann festgelegt, wenn die Gitterform bereits mehr oder weniger dem angestrebten Ergebnis entspricht.

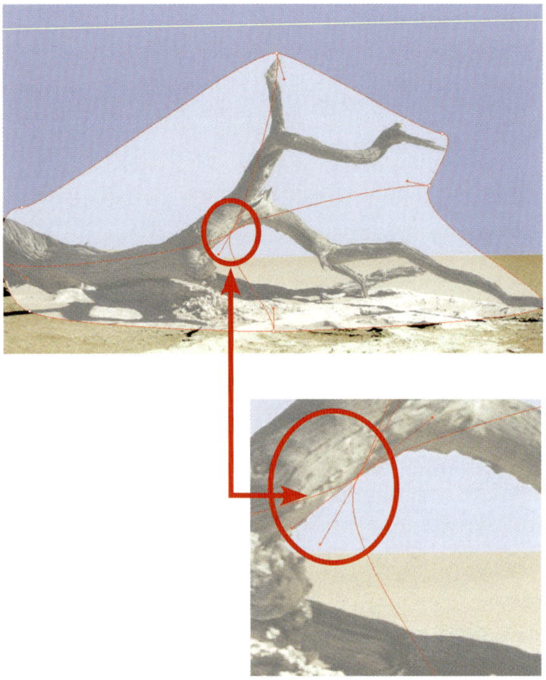

04 Das Gitter anpassen

Mit dem Direktauswahl-Werkzeug ziehen Sie jeden Ankerpunkt an eine passende Stelle. Bestimmen Sie dann mit den einzelnen Steuerlinien den Kurvenverlauf; orientieren Sie sich hierbei an der Form des Astes. Zwischen dem zu verhüllenden Objekt und der Hülle sollte jedoch noch etwas Platz sein, um die Form bei weiteren Linien anpassen zu können.

Anders als bei einer mit dem Zeichenstift-Werkzeug aufgezogenen Form stehen Ihnen innerhalb eines Verlaufsgitters mehrere Steuerlinien zur Verfügung: Ankerpunkte in der Mitte besitzen vier Steuerlinien, an den Rändern zeigen sich in der Regel drei und an den Ecken zwei Linien. Wie viele Steuerlinien vorhanden sind, richtet sich nach der Anzahl der Gitterlinien, die sich in dem Ankerpunkt treffen.

Verkürzen Sie mit dem Direktauswahl-Werkzeug die Steuerlinien, damit sich diese bei den weiteren Unterteilungen nicht mit den Steuerlinien der neuen Unterteilungen kreuzen, da sonst unsaubere Formen im Verlaufsgitter entstehen können.

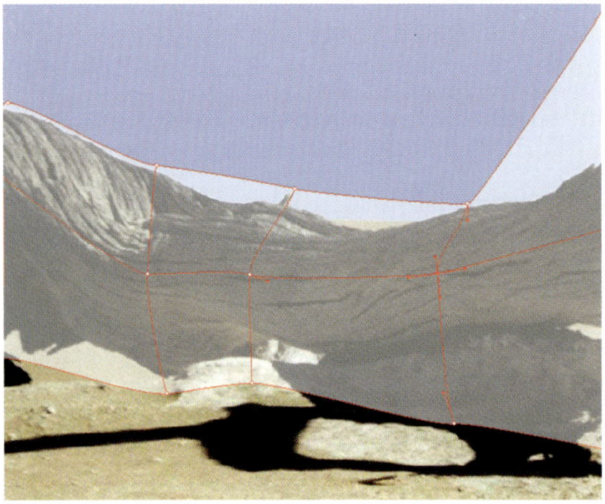

05 Unterteilen

Beginnen Sie nun mit dem Gitter-Werkzeug weitere Linien in der Verhüllung zu ziehen. Sehr wichtig ist es, bei jeder gezogenen Linie direkt die Steuerlinien in ihrem Winkel und der Länge anzupassen.

Beginnen Sie zunächst an der Stelle, an der das Gitter möglichst einfach anzupassen ist. Wie die Abbildung links zeigt, wurden etwa am linken Ende zwei weitere senkrechte Linien gezogen, da dort nur der Stamm zu sehen ist und noch keine weiteren Äste verhüllt werden müssen.

Hinzugekommen sind insgesamt drei vertikale Gitterlinien, zwischen denen jedoch noch Platz für weitere Unterteilungen geblieben ist. Horizontale Linien werden erst zum Schluss eingefügt, wenn die Form der Grafik mit dem Foto übereinstimmt.

06 Weitere Linien

Verfeinern Sie das Gitternetz mit neuen vertikalen Linien. Passen Sie damit nach und nach die Form der Vektorgrafik an das zu verhüllende Objekt auf dem Foto an. Orientieren Sie sich nicht nur an der äußeren Kante, sondern beziehen Sie auch die Struktur des Holzes in die Linienführung ein.

Ebenso können Sie nun bereits den Faltenwurf am unteren Ende der Hülle berücksichtigen. Hierzu schieben Sie zwei vertikale Linien relativ eng zusammen und legen bei einer der beiden Linien den unteren Punkt etwas tiefer.

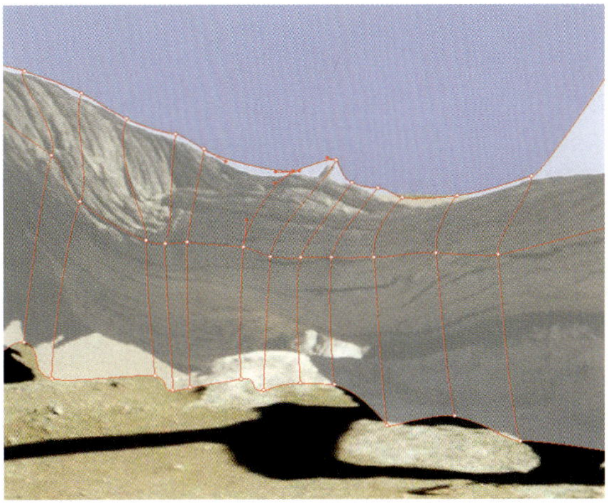

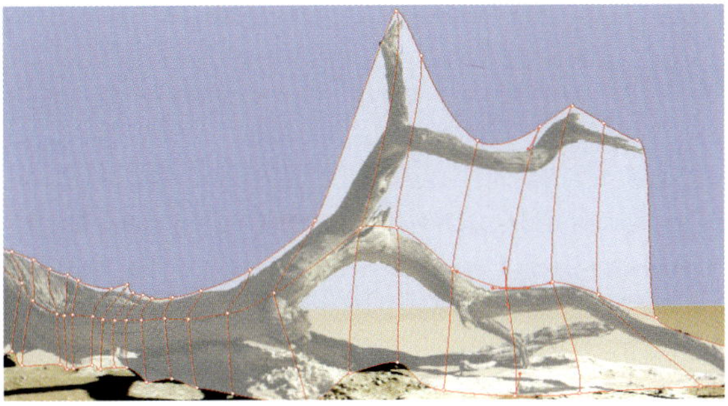

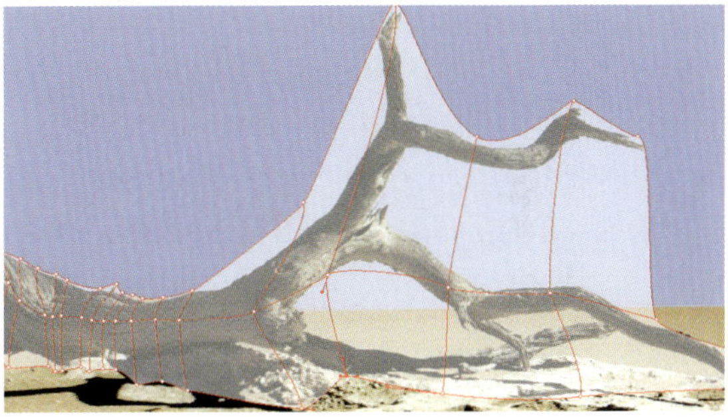

07 Den Ast einbeziehen

Mit dem Tastenkürzel Befehlstaste + 0 schalten Sie in die Gesamtansicht. Fügen Sie dem Objekt auch an der linken Seite weitere vertikale Linien hinzu. Bestimmen Sie hierbei ebenfalls die grobe Form der zukünftigen Verhüllung.

Passen Sie die horizontale Gitterlinie dem unteren, auf dem Boden liegenden Ast an. Sie sollte etwa an dessen oberen Ende verlaufen.

Exkurs

Mit Verzerrungen arbeiten

In Illustrator gibt es mehrere Möglichkeiten, ein Objekt mit Hilfe eines Gitters zu verändern. Nicht alle Optionen erlauben es jedoch, neben der Form auch die Farbe einzelner Ankerpunkte zu ändern.

Folgende Funktionen ändern nur die Form des Objektes, deren Farbe lässt sich jedoch nicht ändern:

- *Objekt > Verzerrungshülle > Mit oberstem Objekt erstellen:* Diese Methode verlangt zwei Objekte. Das zuoberst liegende Objekt dient dabei als Hülle für die Verzerrung des darunter liegenden Objektes. So kann etwa ein Text einer beliebigen Form angepasst werden. Neben geometrischen Formen, wie es das Beispiel links zeigt, lassen sich auch eigene, mit dem Zeichenstift gezogene Grafiken als Hülle verwenden.

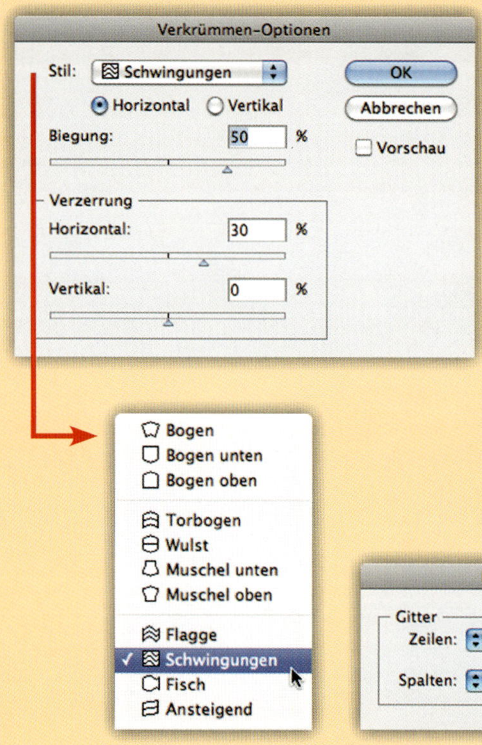

- *Objekt > Verzerrungshülle > Mit Verkrümmung erstellen:* Hier stehen verschiedene *Verkrümmen-Optionen* zur Verfügung. Diese lassen sich horizontal oder vertikal vor der Anwendung ändern, ebenso ist die Stärke der Verkrümmung im Dialog *Optionen* einstellbar. Das Objekt befindet sich nach dem Verkrümmen in einer Hülle und kann über die einzelnen Ankerpunkte mit dem Direktauswahl-Werkzeug weiter gestaltet werden (siehe Abb. links).
- *Objekt > Verzerrungshülle > Mit Gitter erstellen:* Illustrator legt dabei ein rechteckiges Gitter mit einer frei wählbaren Anzahl an Zeilen und Spalten über die Grafik. Indem deren Schnittpunkte verschoben werden, ändert sich die Form der Grafik.

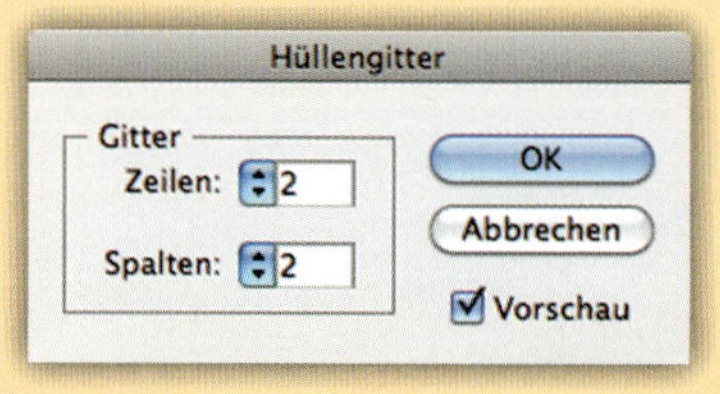

- Über *Objekt > Verzerrungshülle > Hüllen-Optionen* lassen sich weitere Einstellungen zu der Hülle festlegen. Ist etwa *Aussehen verzerren* aktiv, werden auch Effekte und Ebenenstile verzerrt. Ebenso lassen sich Musterfüllungen an die Änderung anpassen. Ist die Option *Lineare Verläufe* aktiviert, wird die Form des Verlaufes zusammen mit der Verkrümmung geändert. Ein Beispiel dazu sehen Sie links oben. Leider ist eine solche Einstellung bei kreisförmigen Verläufen weder in Version CS4 noch in CS5 möglich.
- Die Außenkontur eines solchen Grafikobjektes kann per *Objekt > Umwandeln* weiter bearbeitet werden. Nach diesem Arbeitsschritt verschwindet in beiden vorgestellten Fällen die Hülle. Jetzt ist es ebenfalls möglich, der Grafik eine andere Farbe zuzuweisen oder deren Kontur neu zu bestimmen.

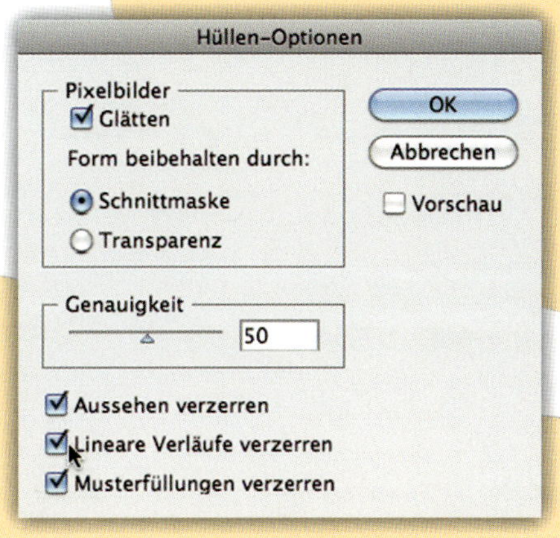

Soll nicht nur die Form, sondern auch die Farbigkeit der einzelnen Ankerpunkte geändert werden, gibt es dafür eine Funktion sowie ein Werkzeug. Wie der Workshop zeigt, kommen meist beide Optionen zum Einsatz:

- Mit der Funktion *Objekt >Verlaufsgitter erstellen* wird die Grafik in ein Gitter mit einer frei wählbaren Anzahl an Zeilen und Spalten eingeteilt. Anders als bei der Option *Objekt > Verzerrungshülle > Mit Gitter erstellen* passt sich die Gitterform der Grafik an; zeigt die Form Rundungen, entstehen in der Regel auch kurvige Gitterlinien. Jeder Ankerpunkt, also jeder Schnittpunkt der Linien, lässt sich mit dem Direktauswahl-Werkzeug aktivieren, verschieben und umfärben.

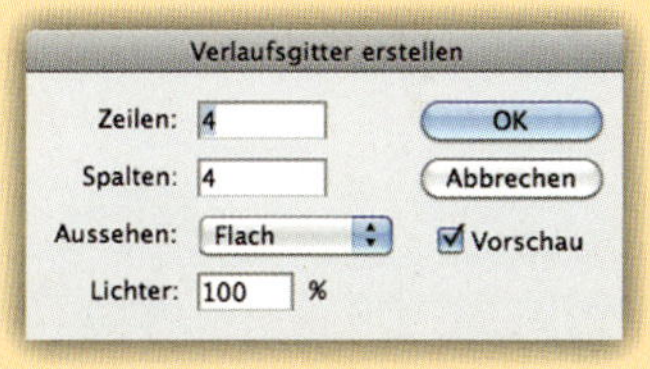

- Weitaus flexibler ist das Gitter-Werkzeug. Per Klick auf eine Grafik erscheint eine neue Gitterlinie. Klickt man auf eine bereits vorhandene horizontale Linie, entsteht eine Vertikale, die die Horizontale an dieser Stelle kreuzt. Per Klick in die Fläche erzeugt Illustrator sowohl die Horizontale wie auch die Vertikale, die sich im Klick-Punkt treffen.

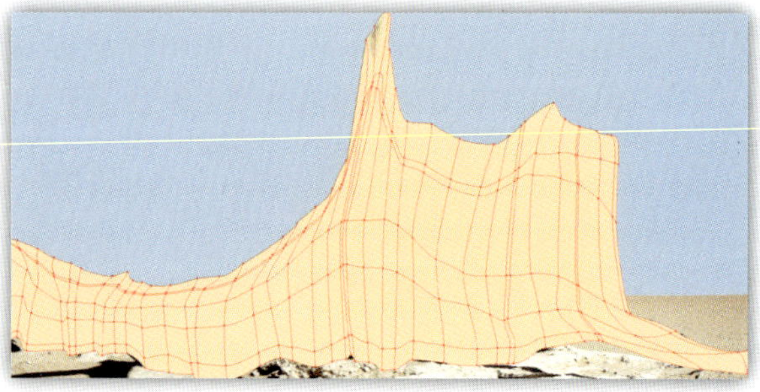

08 Horizontale Unterteilungen

Fügen Sie dem Gitter nun ebenfalls horizontale Linien hinzu. Berücksichtigen Sie auch hier die einzelnen Äste und passen Sie die Linien dementsprechend an. Verschieben Sie gegebenenfalls vorhandene senkrechte Linien oder fügen Sie neue hinzu.

Wählen Sie mit dem Auswahl-Werkzeug die komplette Grafik und stellen Sie im Bedienfeld *Transparenz* eine Deckkraft von 100 % ein. Färben Sie die Plane in einer beliebigen, jedoch möglichst hellen Farbe.

Info: Wie Sie die Hüllengrafik aus Illustrator CS4 ohne Transparenzwerte in Photoshop CS4 nachbearbeiten, lesen Sie ab Arbeitsschritt 19.

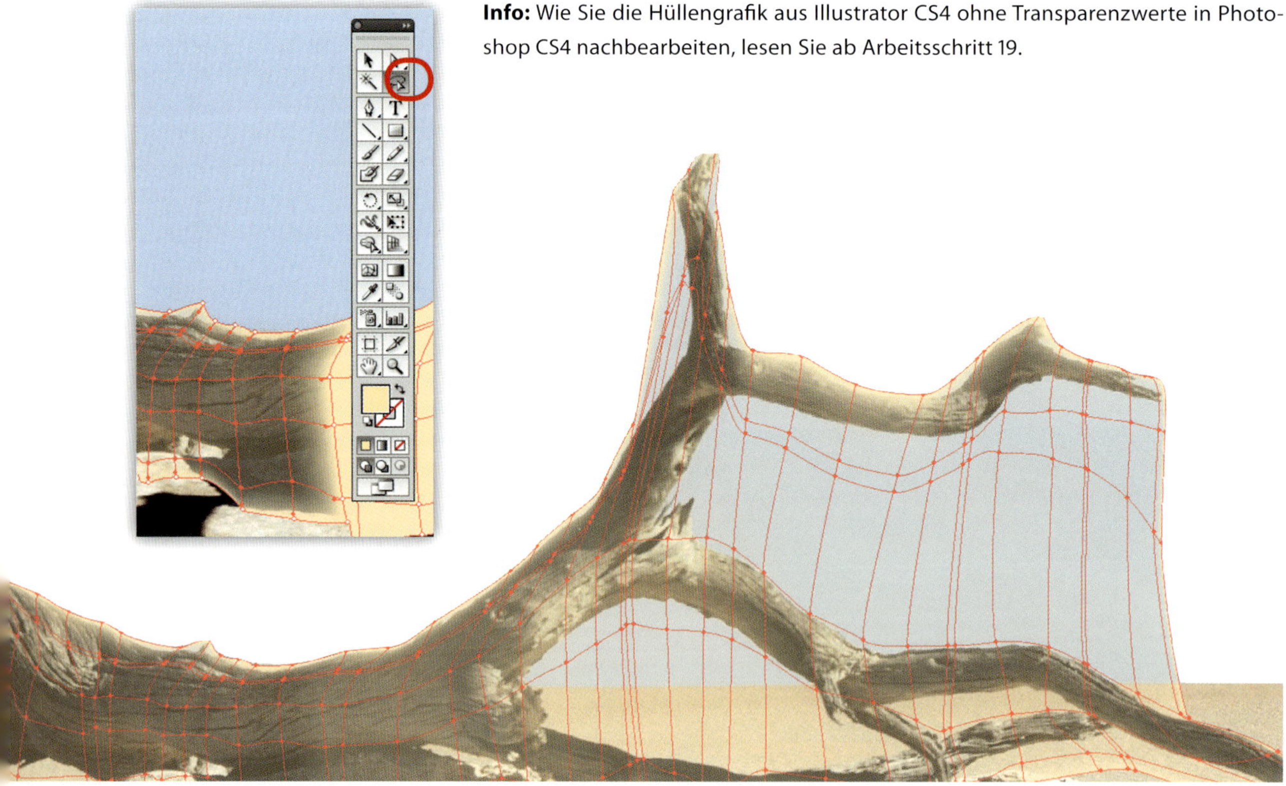

09 Transparenz

CS5

Neu in Illustrator CS5 ist die Möglichkeit, einzelnen Punkten innerhalb eines Verlaufsgitters einen beliebigen Transparenzwert zuzuweisen. Hiermit gestalten Sie nun die Plane: Wählen Sie mit dem Lasso nacheinander die mittleren Punkte innerhalb der Form und stellen Sie im Bedienfeld *Transparenz* eine Deckkraft von etwa 35 % ein. Diesen Wert können Sie später gezielt in kleineren Bereichen ändern.

10 Feinarbeit

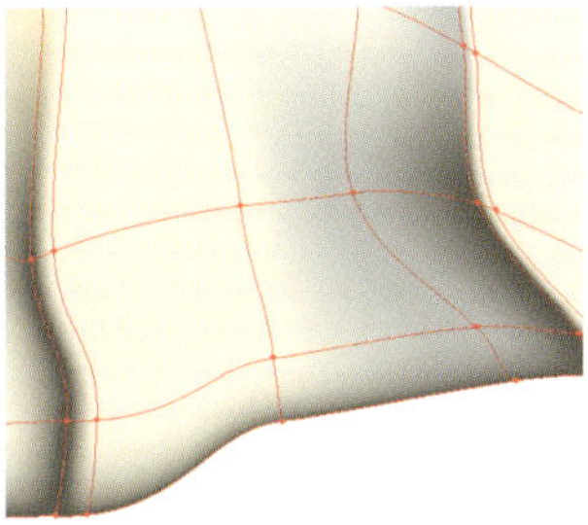

Nun beginnt die Feinarbeit. Selektieren Sie einzelne Punkte und weisen Sie diesen unterschiedliche Transparenzwerte zu. Orientieren Sie sich dabei an dem Faltenwurf der Plane. Hierzu sollten einzelne Linien möglichst dicht nebeneinander liegen und deren Endpunkte unterschiedliche Höhen aufzeigen. Einer Reihe davon kann dann eine höhere Deckkraft zugewiesen werden, um übereinanderliegende Schichten zu erzeugen.

Wählen Sie unterschiedliche Helligkeitsabstufungen der Planenfarbe. Bereiche, die hinter den Falten liegen, erscheinen so dunkler. Auch die Ränder sollten etwas dunkler sein. Je mehr Zeit Sie für diesen Arbeitsschritt verwenden, desto natürlicher erscheint die Plane. Blenden Sie ab und zu das Hintergrundbild aus, um den Faltenwurf zu überprüfen.

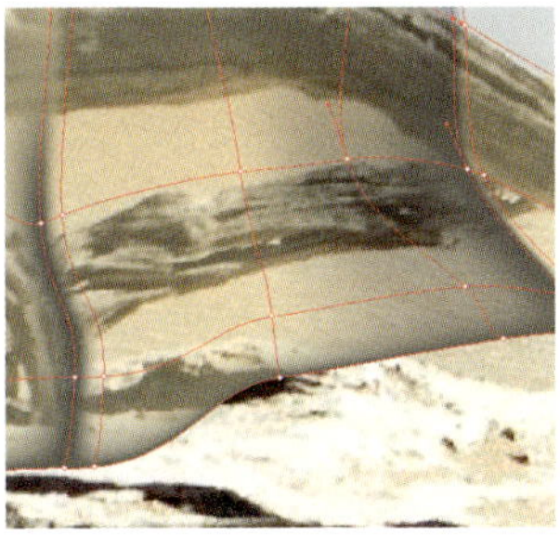

Formen Sie so auch waagerechte Falten. Fehlende Linien können Sie jederzeit mit dem Gitter-Werkzeug in der Hülle einfügen. Achtung: Die Punkte solcher Linien nehmen automatisch eine Deckkraft von 100 % an!

11 Ziehen und schieben

Weitere Verformungen lassen sich auch direkt an einzelnen Flächen zwischen den Gitterlinien vornehmen. Ziehen Sie mit dem Direktauswahl-Werkzeug die Fläche in die gewünschte Richtung. Mit dieser Methode können Sie einerseits harte Kanten etwas aufweichen, indem Sie die Abstände zwischen einzelnen Gitterlinien vergrößern. Andererseits schaffen Sie harte Kanten, indem Sie die Gitterlinien näher zusammenschieben.

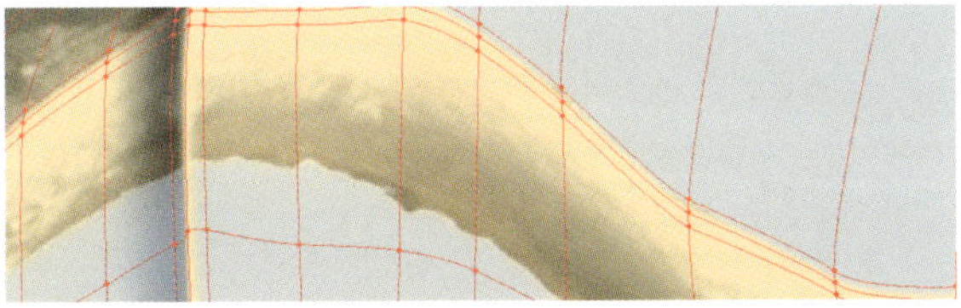

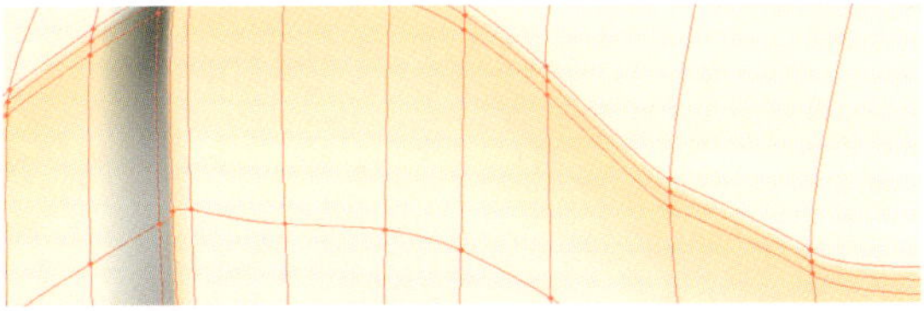

12 Platzierung in Photoshop

Öffnen Sie das Bild, in dem die Hüllen-Grafik eingebaut werden soll. Da das Foto bereits in Illustrator als Vorlage für die Vektorgrafik gedient hat, stimmt die Größe exakt und muss in Photoshop nicht mehr angepasst werden. Um die fertige Vektorgrafik aus Illustrator in Photoshop zu platzieren, gibt es zwei Möglichkeiten:

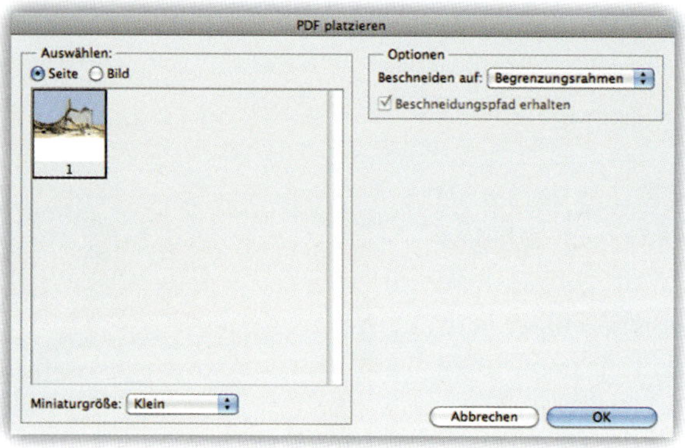

1. Über *Datei > Platzieren*: Bei dieser Methode öffnet sich automatisch der Dialog *PDF platzieren*, in dem Sie die angebotene Einstellung einfach übernehmen können. Alle Vektor-Grafiken werden über diesen Weg immer als PDF in Photoshop platziert. Die Grafik erscheint nach der Bestätigung jedoch automatisch als Smart-Objekt auf einer neuen Ebene, zu sehen in Photoshop im Bedienfeld *Ebenen*, und lässt sich dann nicht destruktiv weiter bearbeiten.

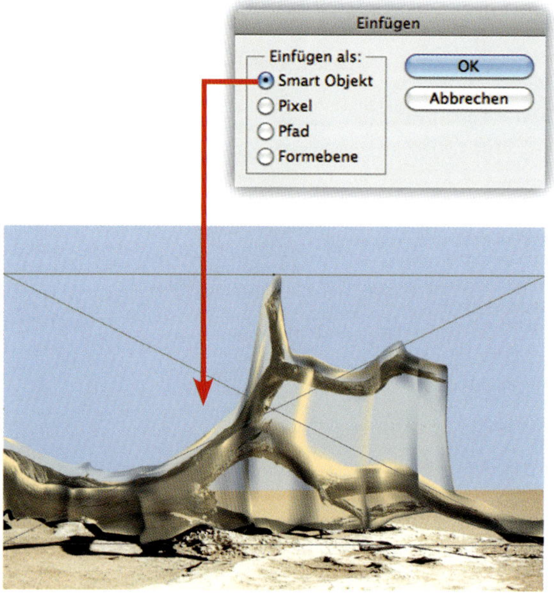

2. Über die Zwischenablage: Hierzu selektieren Sie in Illustrator mit dem Auswahlwerkzeug die Form, kopieren sie und fügen Sie per Befehlstaste + V in die Photoshop-Datei ein. Diese Methode bietet weitaus mehr Optionen: Neben dem Smart-Objekt kann die Grafik etwa als Pfad eingefügt werden. Das ist beispielsweise dann interessant, wenn für weitere Bearbeitungen eine Auswahl dieser Form benötigt wird. Der Pfad kann dann über das Bedienfeld-Menü als Auswahl geladen und mit einem beliebigen Auswahl-Werkzeug verschoben werden. Im gezeigten Beispiel könnte sogar die Option *Pixel* gewählt werden, da die Größe der Grafik bereits stimmt und nicht mehr skaliert werden muss. Verschieben Sie die platzierte Hülle so, dass sie den Ast auf dem Foto verdeckt. Per Doppelklick auf die Arbeitsfläche bestätigen Sie die Platzierung des Smart-Objekts.

13 Auswahl treffen

Um einen neuen Himmel zu gestalten, wählen Sie die Äste und den Boden, kopieren Sie die gewählten Pixel in die Zwischenablage und legen die Sie Kopie auf eine neue Ebene.

Da der Himmel im Bild sehr gleichmäßig gefärbt ist, bietet es sich an, diesen zu wählen und danach die Auswahl umzukehren (Menü *Auswahl*). Verwenden Sie hierzu das Zauberstab-Werkzeug und deaktivieren Sie in der Optionsleiste die Einstellung *Benachbart*, um mit einem Mausklick alle Bildpunkte des Himmels zu wählen. Verfeinern Sie die Auswahl im Dialog *Kante verbessern*, um etwaige Kanten zu glätten.

Tipp: Bei unruhigen Hintergründen können Sie das zu wählende Bildobjekt direkt wählen. Verwenden Sie hierzu das Schnellauswahlwerkzeug und fahren Sie damit vorsichtig die Bereiche der Bildauswahl ab.

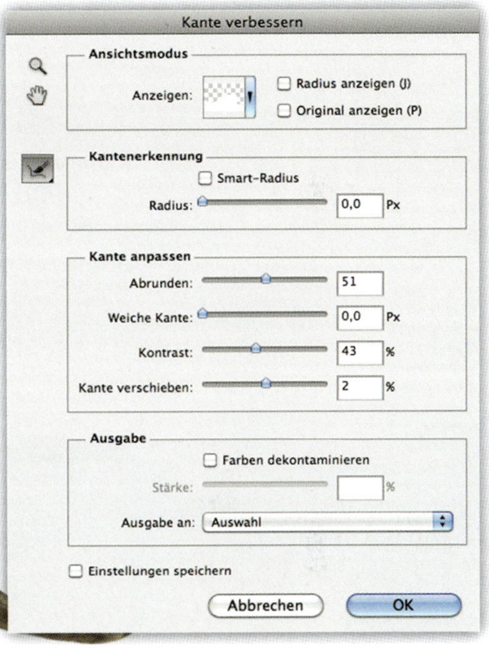

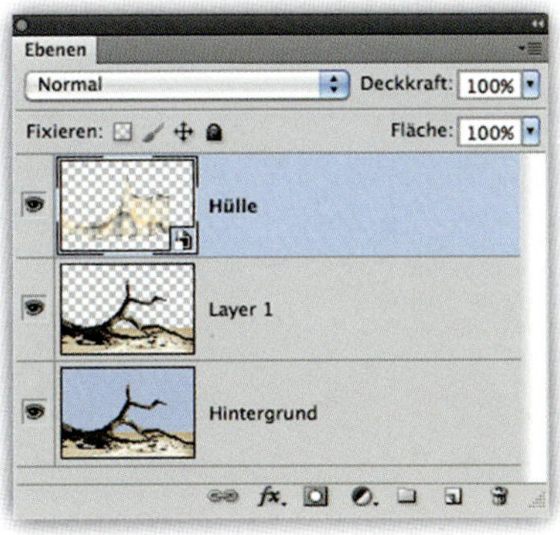

14 Eine neue Ebene

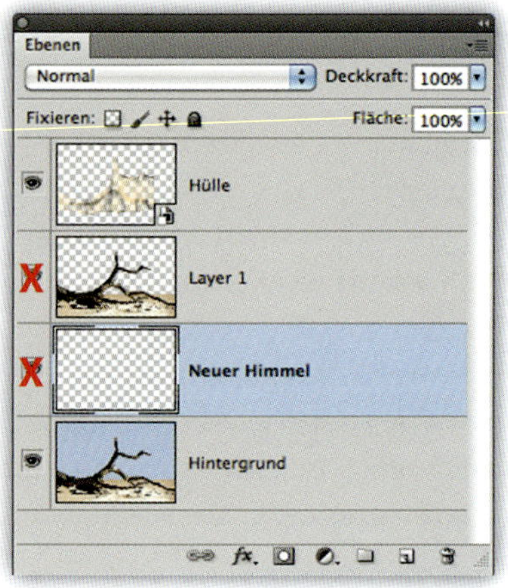

Schieben Sie die Kopie im Bedienfeld *Ebene* zwischen die Hintergrundebene und die Vektorhülle. Legen Sie eine neue leere Ebene für den Himmel an, die unter der Ebene der Ast-Kopie zu liegen kommt. Für die weiteren Arbeitsschritte schalten Sie die Ebenen darüber unsichtbar.

15 Die Struktur des Himmels

Für die nächsten Arbeitsschritte, in denen Sie einen eigenen neuen Himmel gestalten, zoomen Sie die Arbeitsfläche sehr klein, um links und rechts genug Platz für die Transformationen der Wolken zu haben, die Sie per Filter und Transformationen formen.

Selektieren Sie die leere Ebene *Neuer Himmel*. Stellen Sie in dem Werkzeug-Bedienfeld einen dunkleren Blauton für den Himmel und einen sehr hellen Farbton bei *Hintergrund* für die Wolken ein. Wählen Sie nun *Filter > Renderfilter > Wolken*. Die Ebene füllt sich mit einer Wolkenstruktur, die jedoch noch keine Perspektive zeigt.

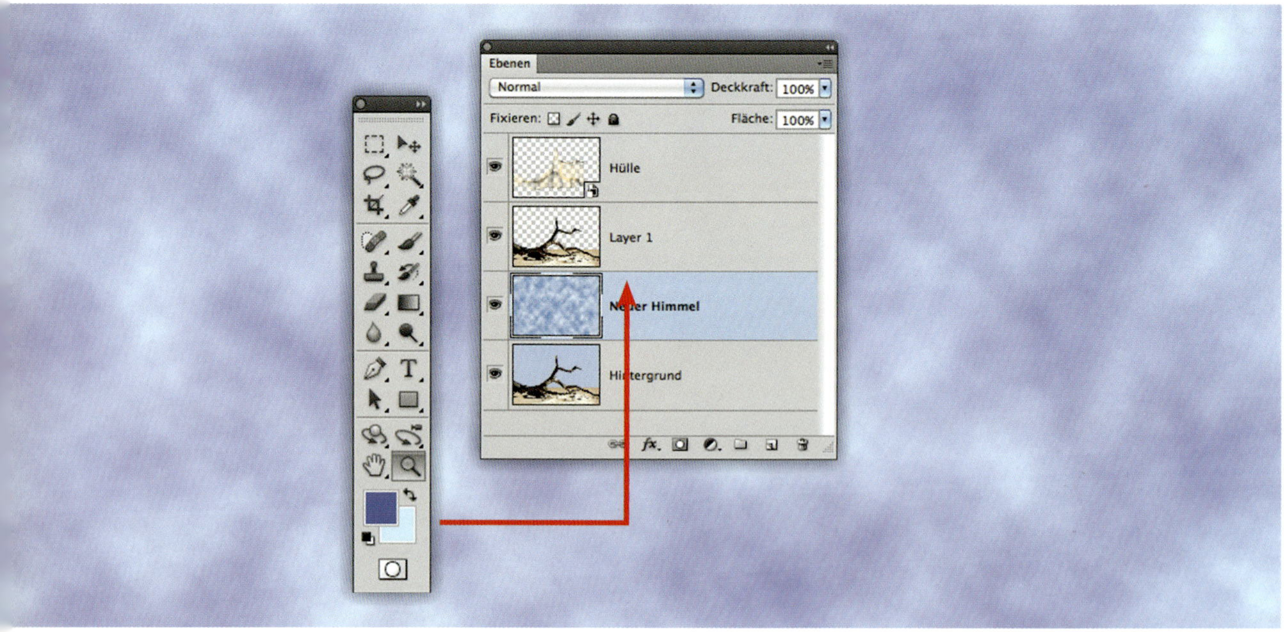

Schalten Sie die Ebene sichtbar, die sich über der Himmelstruktur befindet und den verhüllten Ast zeigt. Wählen Sie dann zunächst *Bearbeiten > Frei transformieren* und stauchen Sie den Himmel in der Höhe, sodass er am unteren Ende bis zum Rand des Bodens reicht (Bild rechts).

Wählen Sie danach *Bearbeiten > Transformieren > Perspektivisch*. Ziehen Sie an einer der beiden oberen Ecken, um die Fläche trapezförmig zu verzerren. Die Wolken werden dadurch am Horizont deutlich kleiner als die oberen, die zum Betrachter zeigen (Bild unten).

Um eine zu unnatürliche Symmetrie zu vermeiden, können Sie den Himmel noch mit *Bearbeiten > Transformieren > Verzerren* in eine Richtung ziehen.

Schalten Sie die Hüllen-Ebene wieder sichtbar. Zwar wirkt der neue Himmel bereits eindrucksvoll, er ist jedoch in seiner Färbung noch zu gleichmäßig. Zudem passen die Strukturen des Astes und des Bodens nicht sehr gut zu den glatten Farbverläufen der Hülle.

Ändern Sie zunächst die Struktur des Astes und des Bodens, indem Sie sie mit einem Filter etwas glätten. Wählen Sie die entsprechende Ebene (im Bild Layer 1), dann *Filter > Für Smartfilter konvertieren*, um die Filtereinstellungen nachträglich ändern zu können. Über *Filter > Weichzeichnungsfilter > Matter machen* glätten Sie die Struktur der Äste und des Vordergrundes.

Nun zu dem Himmel: Legen Sie eine weitere Ebene über dem neuen Himmel an. Im Beispiel ist es die Ebene *Himmel Verlauf*. Wählen Sie für einen linearen Verlauf zwei kräftige Farben, die untere sollte etwas heller sein und darf etwas ins Grüne gehen, die obere sollte ein dunkles Blau sein. Um die beiden Himmelsebenen farblich zu vermischen, bestimmen Sie bei der oberen Ebene *Himmel Verlauf* einen neuen Ebenenmodus. Hier lohnt es sich, verschiedene Varianten zu testen, sehr gut eignet sich gerade bei Himmelsverläufen der Modus *Aufhellen*.

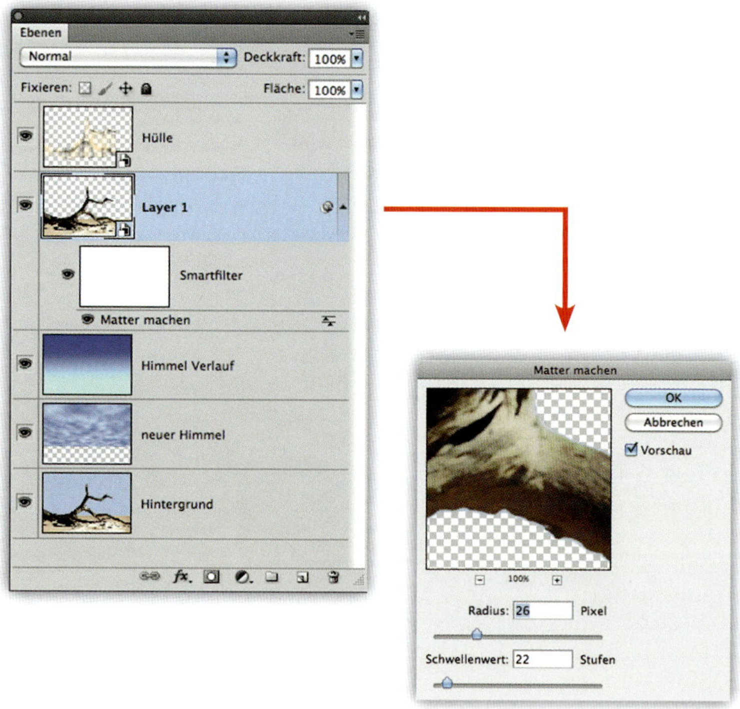

18 Dynamik

Sind Sie mit dem Himmel zufrieden, können Sie abschließend über eine oder mehrere Einstellungsebenen die Farbigkeit des Bildes anpassen. So bringt etwa die Korrekturebene *Dynamik* die Farben noch etwas zum Leuchten.

Klicken Sie hierzu im Bedienfeld *Korrekturen* auf die Schaltfläche *Neue Dynamik Einstellungsebene erstellen*. Die Einstellungsebene *Dynamik* erscheint im Ebenen-Bedienfeld und es öffnen sich im Bedienfeld *Korrekturen* die Schieberegler für die *Dynamik*.

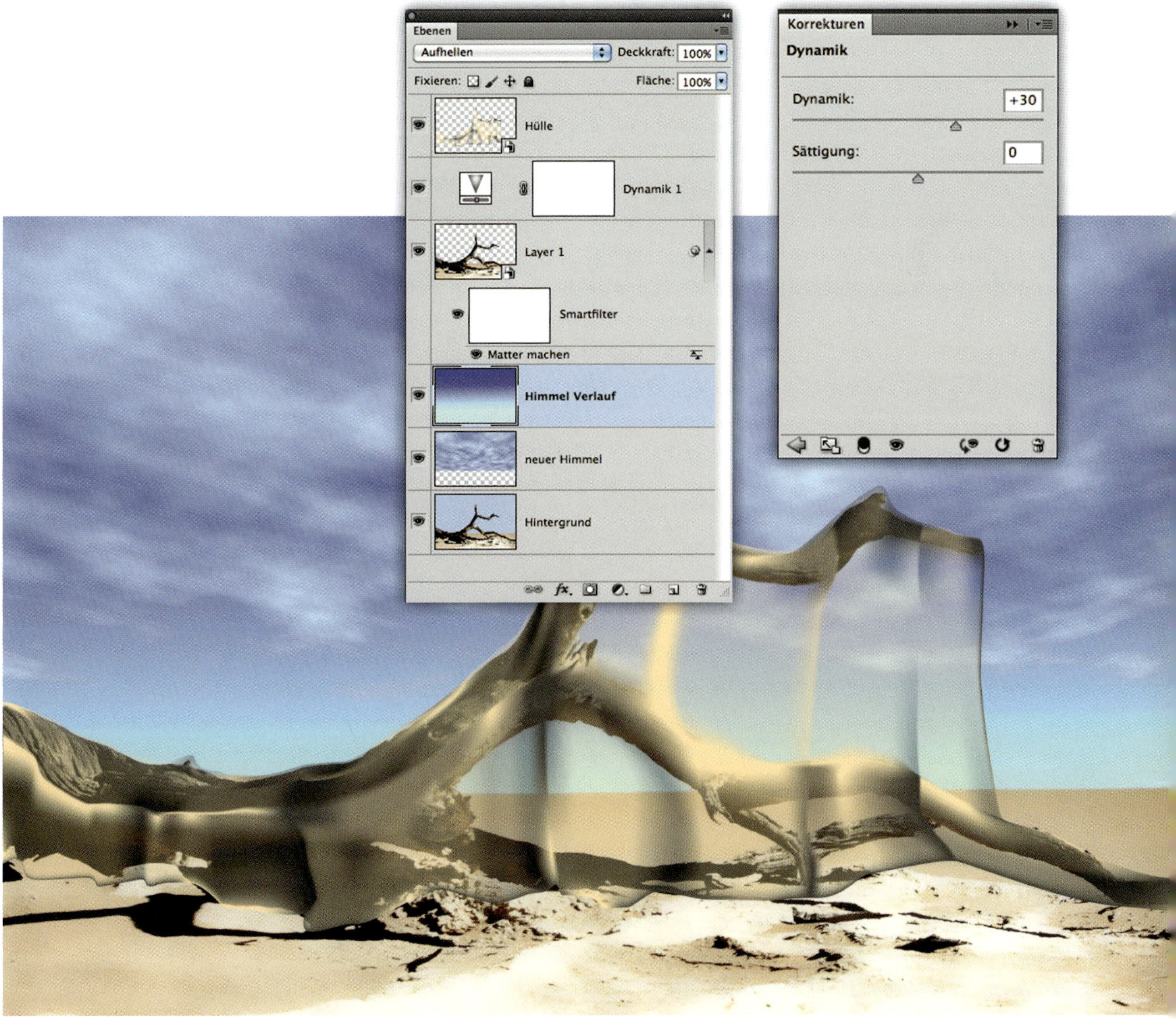

Exkurs

Transparente Verläufe in Photoshop CS4

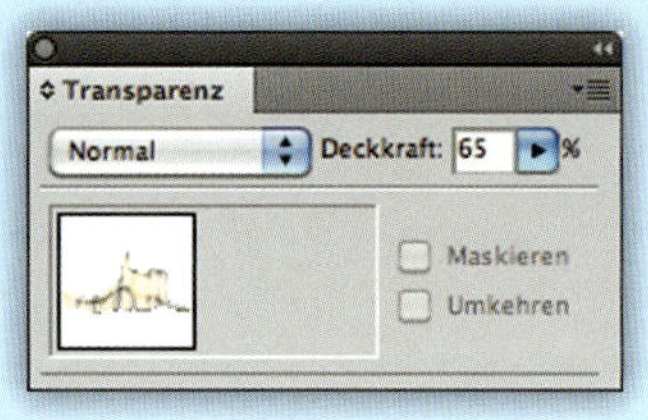

Zwar erlaubt die neue Funktionalität von Illustrator CS5, einzelnen Punkten in einem Verlaufsgitter unterschiedliche Transparenzwerte zuzuweisen, sehr exaktes Arbeiten, einen ähnlichen Effekt können Sie jedoch auch innerhalb der CS4 erreichen – nicht jedoch in Illustrator, sondern in Photoshop. Die Vektorgrafik legen Sie wie in den Arbeitsschritten 1 bis 12 beschrieben in Illustrator CS4 an und färben dort die einzelnen Gitterpunkte. Bevor Sie die Grafik in Photoshop platzieren, setzen Sie im Bedienfeld *Transparenz* die *Deckkraft* auf 100 %; die Transparenz der einzelnen Hüllenflächen fügen Sie in Photoshop hinzu.

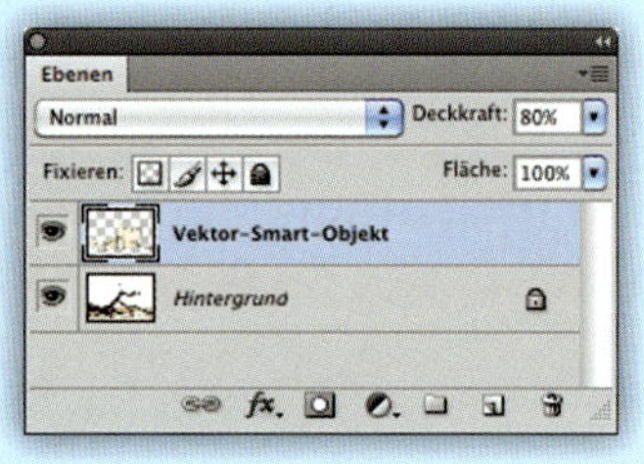

Transparenz in Photoshop einstellen

Platzieren Sie wie bereits im Arbeitsschritt 12 beschrieben die Hülle in Photoshop auf dem Foto, sie erscheint auf einer extra Ebene als Smart-Objekt. Geben Sie der neuen Ebene eine Deckkraft von etwa 80 %, um die Details des Fotos im Hintergrund erkennen zu können.

Auf den ersten Blick wirkt die Verhüllung mit der im gesamten reduzierten Deckkraft bereits plastisch und transparent. Beim genauen Hinsehen stimmt die Deckkraft im Faltenwurf noch nicht, hier muss sich der Transparenzwert deutlich von den glatten Flächen unterscheiden.

Damit Sie bei einer in Photoshop platzierten Vektorgrafik eine Deckkraft von 100 % einstellen können, muss diese Grafik in Illustrator bereits eine Deckkraft von 100 % zeigen. Dies gilt für CS4 wie auch für CS5 gleichermaßen.

Gezielte Transparenzen

Bevor Sie die Transparenz der Hüllenflächen einstellen, sollten Sie alle Anpassungen vornehmen, wie sie bis zum Arbeitsschritt 18 beschrieben worden sind. So können Sie das Ergebnis vor dem entsprechenden Hintergrund später besser beurteilen. Wählen Sie das Zauberstab-Werkzeug mit den Einstellungen *Der Auswahl hinzufügen*, eine *Toleranz* von etwa 15 und deaktivieren Sie die Option *Benachbart*. Klicken Sie nacheinander in die hellen Bereiche der Hülle, um diese zu selektieren. Mit gedrückter Alt-Taste schließen Sie Bereiche aus der Auswahl aus.

Stellen Sie über den Dialog *Kante verbessern* eine sehr weiche Auswahlkante ein. Die Falten der Hülle sollten zu einem gewissen Prozentsatz geschützt sein, sich also nur zu einem etwa mittleren Prozentsatz in der Auswahl befinden. Schalten Sie die Auswahllinien unsichtbar (Befehlstaste + H). Radieren Sie dann mit dem Radiergummi-Werkzeug, einer geringen Deckkraft und einer großen Pinselspitze gezielt Bereiche aus der Auswahl heraus.

Wie das Ergebnis unten rechts zeigt, fügt sich die Hülle auch nach dieser Vorgehensweise sehr gut in das Foto ein.

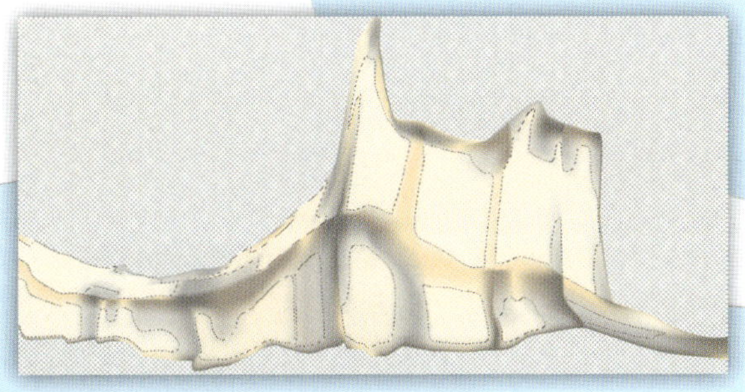

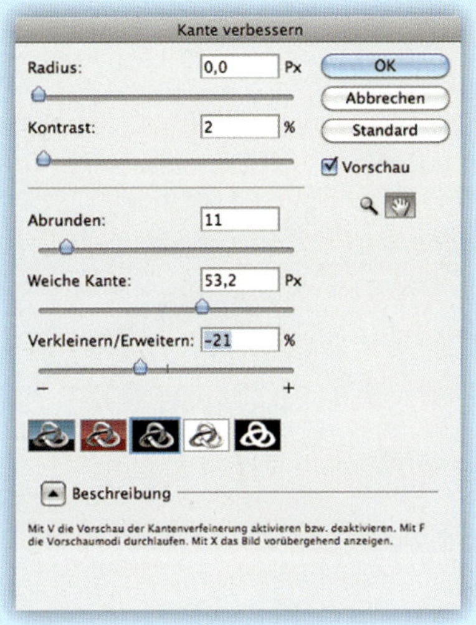

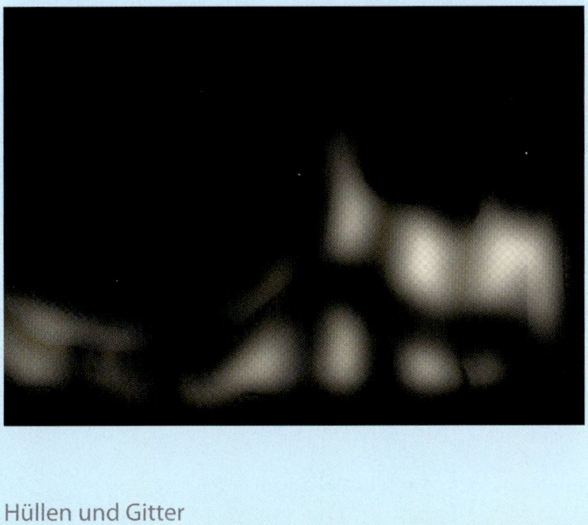

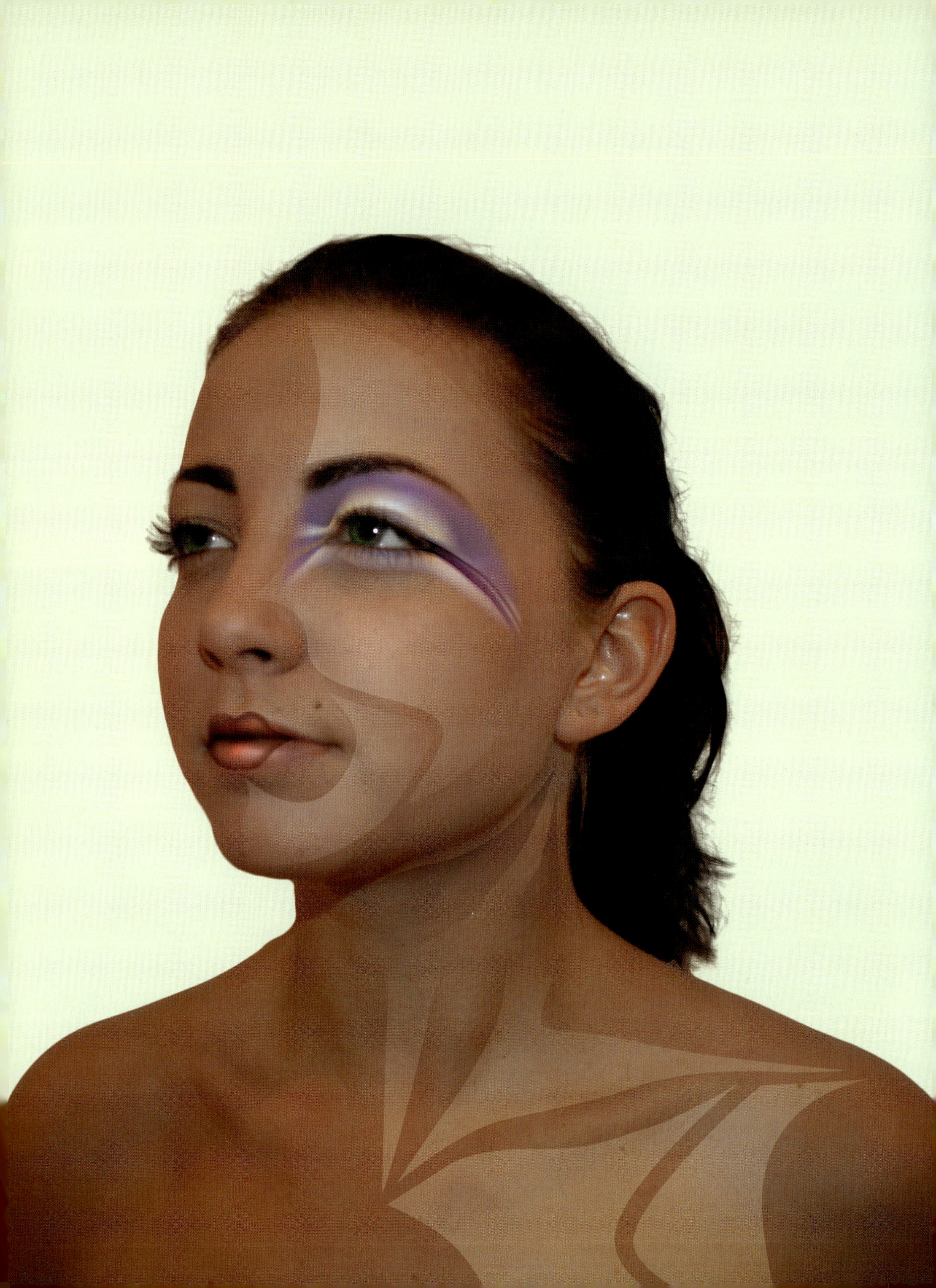

Übung

3.4 Schminken mit Vektoren

Porträtretusche verbindet jeder mit Bildbearbeitung. Jedoch auch Illustrator bietet die Mittel für ganz außergewöhnliche Schminktechniken. In Kombination mit Photoshop lässt sich so ein Porträt sehr gut künstlerisch verfremden. Folgende Techniken wenden Sie in diesem Workshop an:

Photoshop:

- Freistellen über *Kante verbessern*
- *Unscharf maskieren*
- Pfade anlegen

Illustrator:

- Gitter-Werkzeug
- Modi *Weiches Licht, Multiplizieren, Farbe*
- Verlaufsgitter
- Filter *Weiche Kante*
- Verlaufswerkzeug

Aufgabenstellung

Nach einer Vorlage von drei Porträts erstellen Sie eine Art digitales Vektor-Make-up. Alle Bilder dieser Übung haben die Fotografin Melanie Wallner und Stefani Schlereth, Make-up-Artist und Modell, extra für diese Übung angefertigt. Entstanden sind so drei verschiedene künstlerische Schminkvarianten, die als Anregung für das digitale Make-up dienen sollen. Das vierte Bild, es zeigt das ungeschminkte Porträt von Stefani Schlereth, dient als Basis für alle gezeigten Arbeitsschritte.

© Melanie Wallner, Stefani Schlereth von links oben nach rechts unten: Streifen, Puppe Balken, Arbeitsdatei

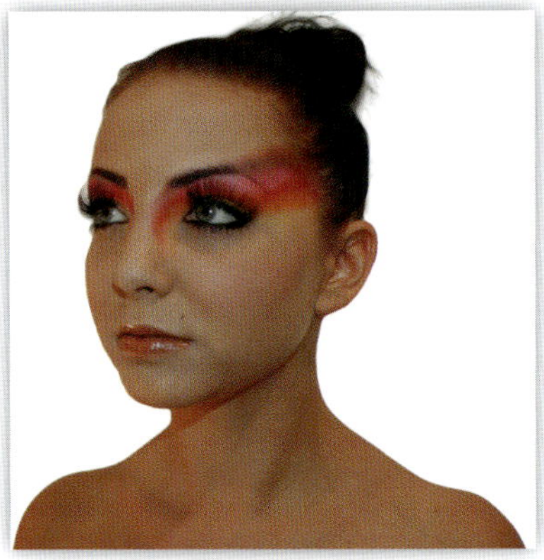

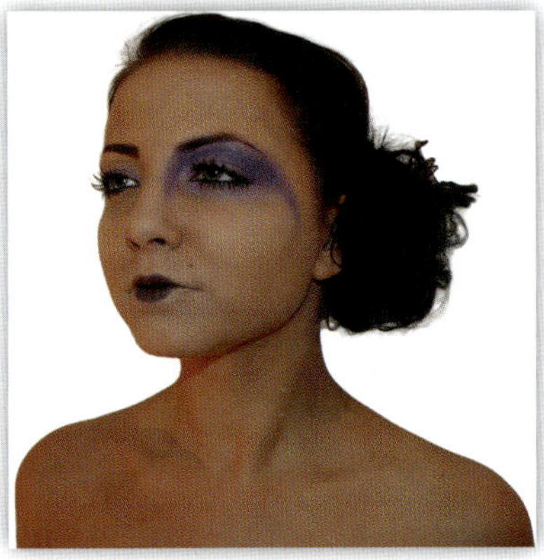

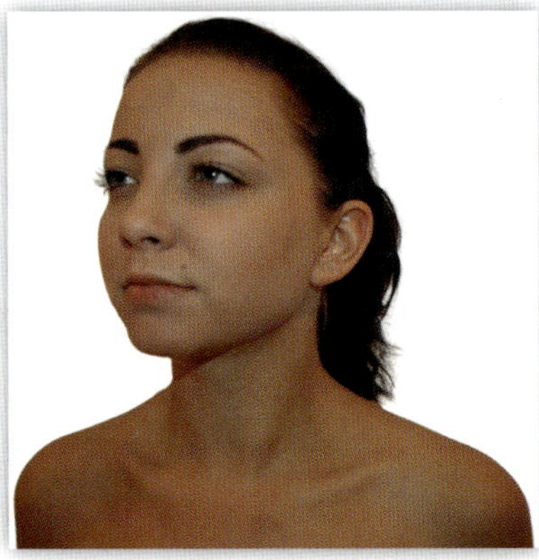

Die Übung ist in vier Teile geteilt, jeder Teil zeigt eine eigene Möglichkeit, ein Gesicht mit Vektoren zu bemalen, und ist auch als einzelne Übung durchführbar. Eine Ausnahme bildet der erste Teil, in dem die professionelle Vorgehensweise des Freistellens in Photoshop CS5 und CS4 gezeigt wird. Weiter geht es in Teil zwei mit einer Anleitung zu einem Vektor-Tattoo, Teil drei beschäftigt sich mit den Lippen und der vierte Teil zeigt den digitalen Lidschatten.

3.4.1 Freistellen

Motive, die feine Strukturen zeigen, sind in der Regel schwer freizustellen; das beste Beispiel hierzu liefert das Porträt dieser Übung. Hier bietet die Version CS5 deutliche Arbeitserleichterungen. Die Vorgehensweise in CS4 zeigt ein kurzer Exkurs.

Ps 01 Auswählen

Öffnen Sie das Bild *Portrait*. Wählen Sie mit dem Schnellauswahlwerkzeug den Hintergrund, vergessen Sie dabei nicht den Schatten unter dem Kinn, und kehren Sie die Auswahl um (Menü *Auswahl*). Runden Sie die Auswahl über *Auswahl > Auswahl verändern* um etwa 10 Pixel ab. Die Auswahl muss nicht besonders genau sein, da sie im nächsten Arbeitsschritt noch weiter verbessert wird; es ist also nicht schlimm, wenn sich einige Wimpern oder ein paar feine Haare noch nicht in der Auswahl befinden.

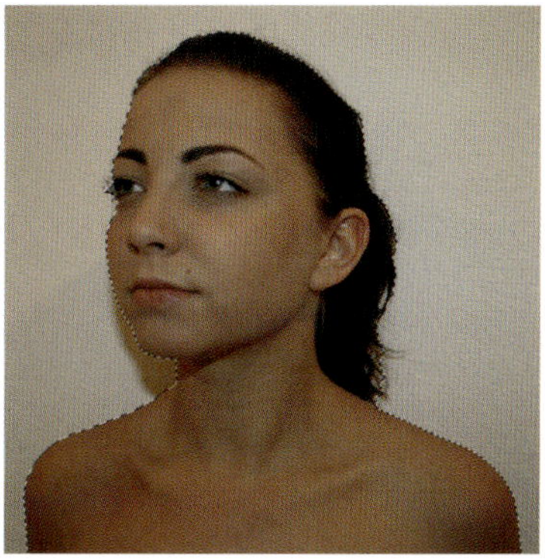

Ps 02 Kante verbessern

CS5

Öffnen Sie entweder über das Menü *Auswahl* oder über die Optionsleiste den Dialog *Kante verbessern*. Wählen Sie bei *Ansichtsmodus* unter *Anzeigen* die Option *Auf schwarz*; das Gesicht wird nun auf schwarzem Hintergrund dargestellt.

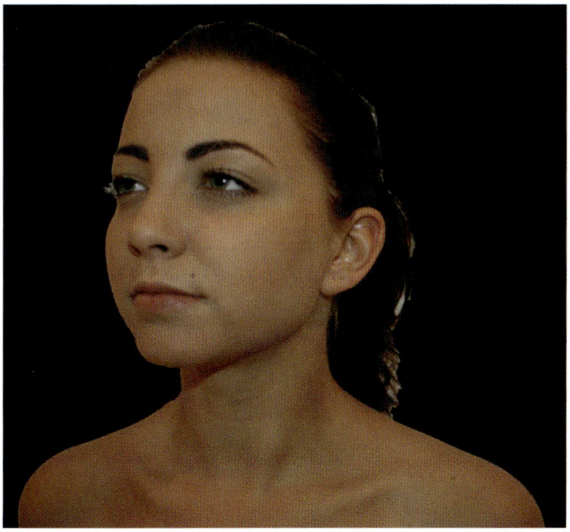

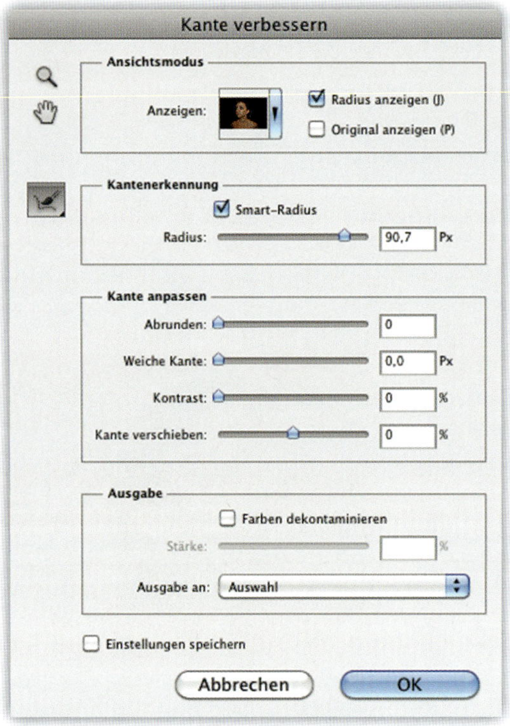

Die Wimpern und die feinen Haarspitzen lassen sich über die neue Funktion *Kantenerkennung* mit zur Auswahl hinzunehmen. Aktivieren Sie hierzu den *Smart-Radius*. Aktivieren Sie ebenfalls oben bei *Anzeigen* die Option *Radius anzeigen*. Die gesamte Bildfläche ist schwarz. Schieben Sie nun den Regler der Kantenerkennung bei *Radius* nach rechts, um die Kante an der Auswahllinie zu verbreitern. Regeln Sie den Wert so, dass alle Wimpern und Haare im Rand vollständig zu sehen sind, dies ist bei einem Radius von etwa 90 Px der Fall.

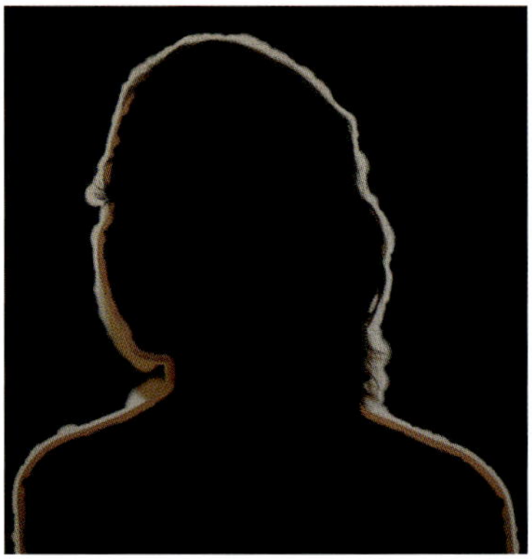

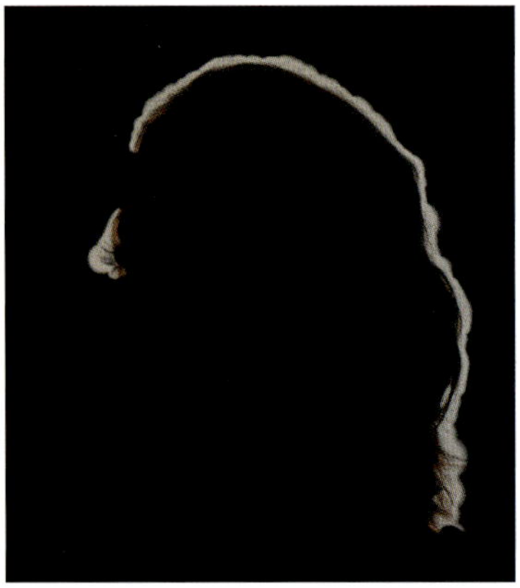

Wählen Sie nun links neben der Kantenerkennung das Verfeinerungen-löschen-Werkzeug und malen Sie über alle Randbereiche, die gestochen scharfe Kanten zeigen sollen, also Schultern, Hals, Kinn und Stirn. Deaktivieren Sie danach die Option *Radius anzeigen*, um die Auswahl zu überprüfen.

Sollten einige feine Haare oder Wimpern noch nicht in der Auswahl enthalten sein, können Sie diese mit dem Radius-verbessern-Werkzeug der Auswahl hinzufügen. Aktivieren Sie hierzu erneut die Option *Radius anzeigen*.

Wählen Sie noch einen kleinen Wert bei *Abrunden*, um die Kante etwas zu glätten. Aktivieren Sie bei *Ausgabe > Farben dekontaminieren*, um unerwünschte Farbsäume zu entfernen. Geben Sie der *Stärke* ebenfalls einen relativ hohen Wert von etwa 90 %, sodass die Wimpern vor dem schwarzen Hintergrund keinen hellen Schleier mehr zeigen.

Wählen Sie bei *Ausgabe* die Option *Neue Ebene mit Ebenenmaske*. Beschneiden Sie das Bild noch an den Rändern und speichern Sie es.

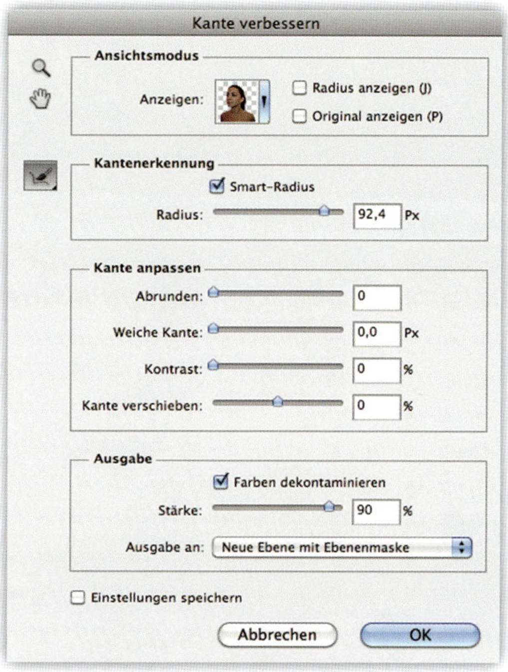

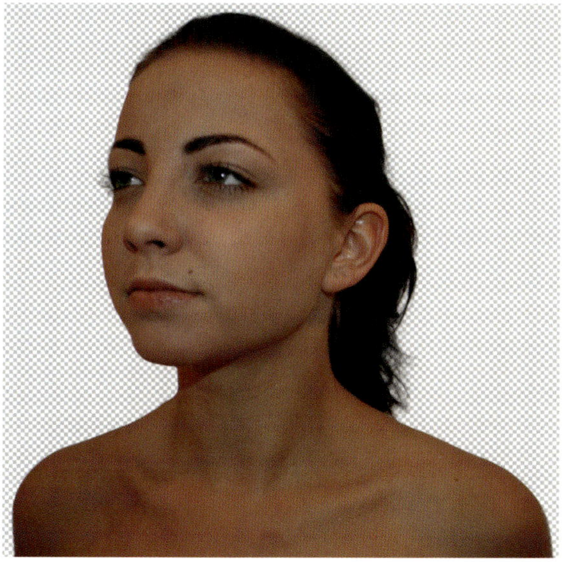

Exkurs

Freistellen in Photoshop CS4 – Der Extrahieren-Filter

Bis zur Version CS3 gab es im Menü *Filter* zum Freistellen von komplexen Motiven den Extrahieren-Filter. Dieser ist zwar in Photoshop CS4 nicht mehr eingebaut, er kann jedoch auf der Webseite *www.adobe.com/support/downloads* als kostenloses Plug-in heruntergeladen werden. Auch der Mustergenerator-Filter zum automatischen Erzeugen von Musterkacheln befindet sich in diesem Ordner. Das Plug-in *Extract* befindet sich im Ordner *Optional Plug-ins,* wählen Sie hier den Ordner *English*.
Mac-Version:
http://www.adobe.com/support/downloads/thankyou.jsp?ftpID=4047&fileID=3768
Für Windows:
http://www.adobe.com/support/downloads/detail.jsp?ftpID=4056

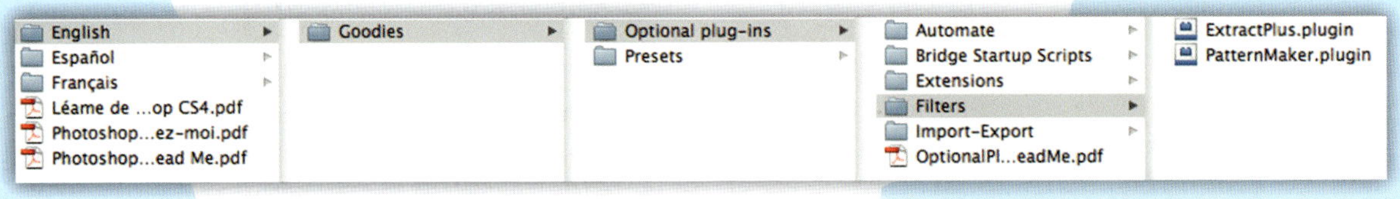

Um das Plug-in zu installieren, öffnen Sie den Photoshop-Programmordner und dort den Ordner *Plug-ins*. Darin befindet sich der Ordner *Filters*, in den Sie das Plug-in *Extract* ziehen. Nach einem Neustart von Photoshop CS4 steht der Extrahieren-Filter wieder zur Verfügung.

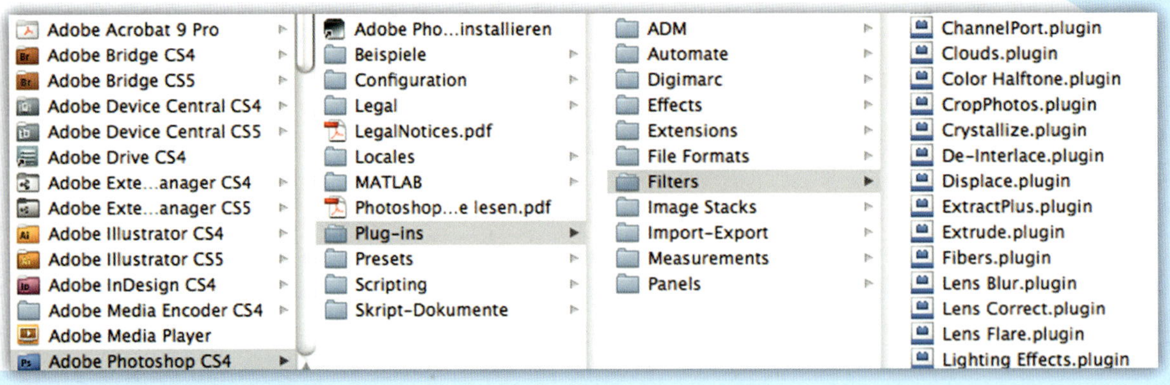

Öffnen Sie über das Filter-Menü den Filter *Extract* (Extrahieren). Ziehen Sie zunächst in der Vergrößerung mit dem Kantenmarker die Kanten nach; die Pinseleinstellungen dazu treffen Sie in der rechten Leiste des Filter-Dialoges. Fehler beheben Sie mit dem Radiergummi. Die Form muss bis auf die Stellen, an denen das Objekt an die Bildkante reicht, vollständig umgeben sein. Füllen Sie die Form mit dem Füllwerkzeug und klicken Sie auf *Preview* (Vorschau). Fahren Sie mit dem Kantenverfeinerer über ausgefranste Kanten. Sollten sich Bereiche aus dem Hintergrund in der Auswahl befinden, entfernen Sie diese mit dem Werkzeug *Bereinigen*.

Zwar bedeutet ein Freisteller mit dem Extrahieren-Filter etwas mehr Arbeit, das Ergebnis ist jedoch in der Regel durchaus befriedigend.

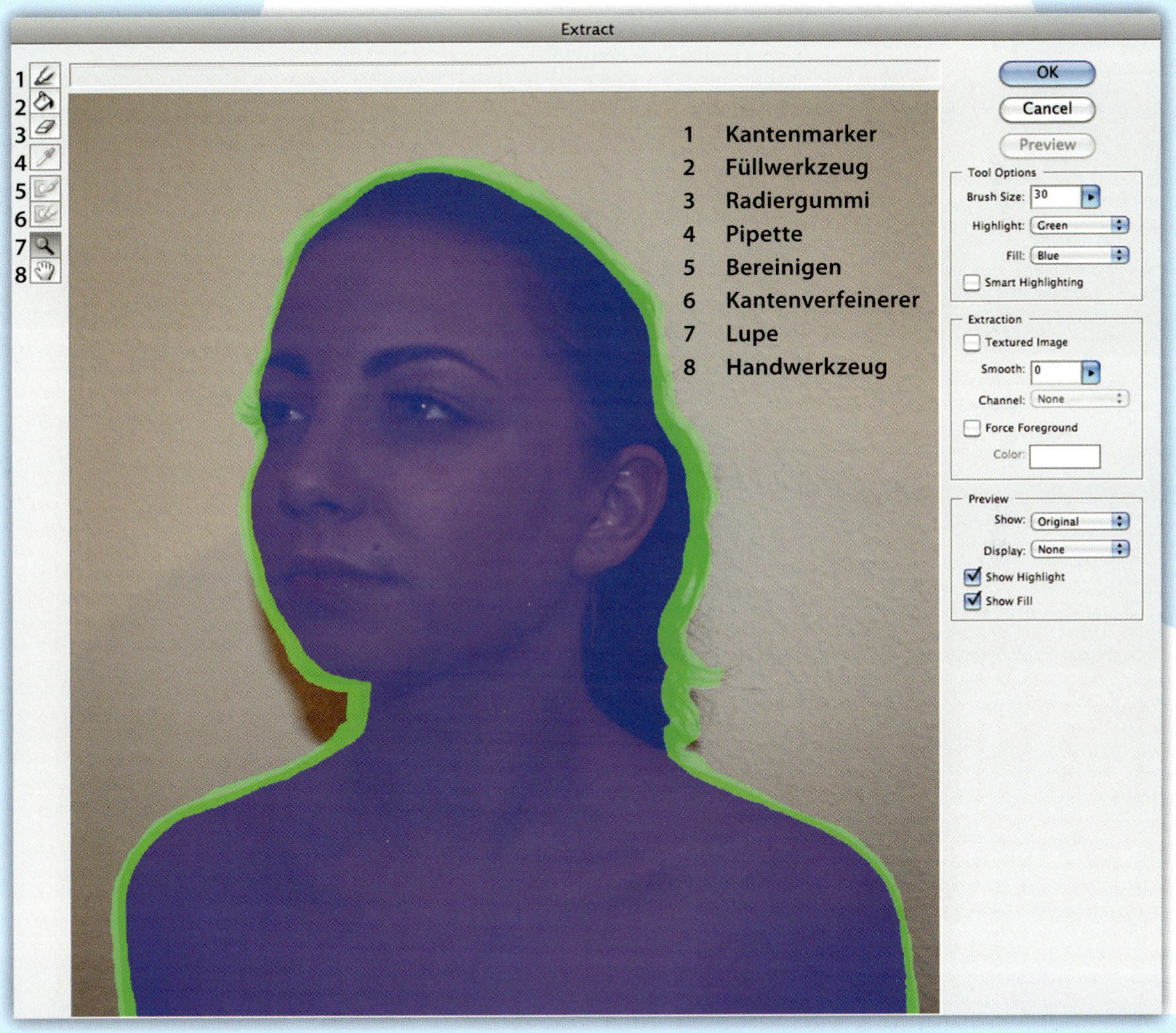

3.4.2 Bodypainting oder Tattoo?

Zu Übungszwecken greifen Sie noch etwas mehr in den virtuellen Schminkkasten, als es die Beispielbilder zeigen. So lässt sich etwa in Illustrator dank der gestochen scharfen Kanten ein beliebiges Tattoo auf den Körper zeichnen; natürlich können Sie eine solche Verzierung auch als Bodypainting sehen, die Vorgehensweise in Illustrator ist hierbei dieselbe.

Eine solche Körperbemalung sollte vor allen anderen Arbeitsschritten durchgeführt werden. Danach fügen Sie schrittweise die kleineren Details wie etwa den Lidschatten oder den Lippenstift hinzu. Auf diese Art haben Sie während der Arbeit eine bessere Kontrolle über das Gesamtergebnis.

Ai 03 Konturen ziehen

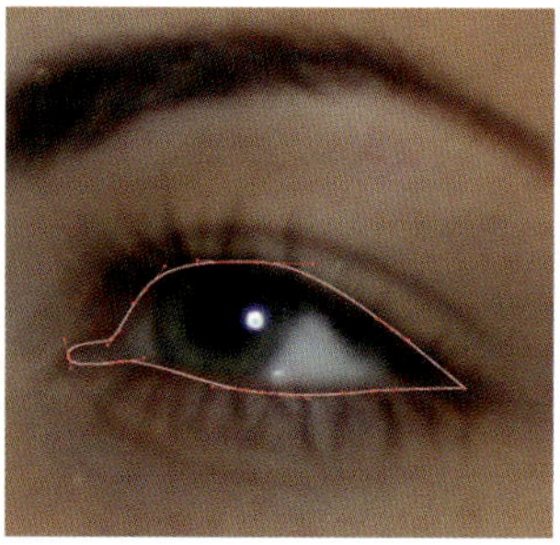

Öffnen Sie nun das Bild in Illustrator und legen Sie eine neue Ebene darüber, die Sie *Augenmaske* nennen. Auf dieser Ebene soll eine Maske entstehen, die sich an dem geschminkten rechten Auge orientiert und etwas mehr Raum einnimmt. Sperren Sie die Hintergrundebene, auf der sich das freigestellte Gesicht befindet.

Stellen Sie die Flächenfarbe auf *Keine* und zeichnen Sie mit dem Zeichenstift-Werkzeug zunächst in der Vergrößerung die Kontur des Auges nach. Legen Sie nun eine zweite größere Form an, die in etwa die Form des geschminkten Modells *Puppe* aufnimmt. Ziehen Sie die Form jedoch nach unten zum Kinn verlaufend spitz nach unten. Setzen Sie ebenso eine Spitze an der Nase; die Form soll jedoch insgesamt die Gesichtsform unterstützen.

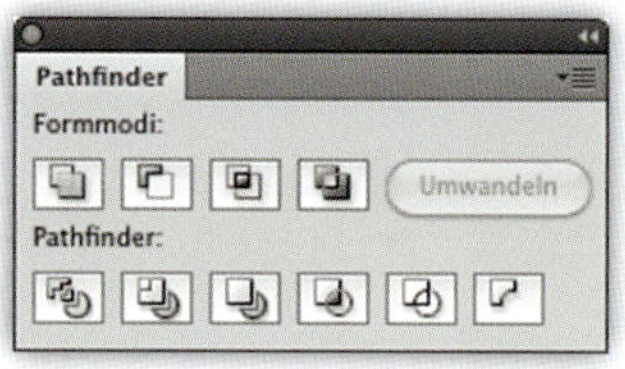

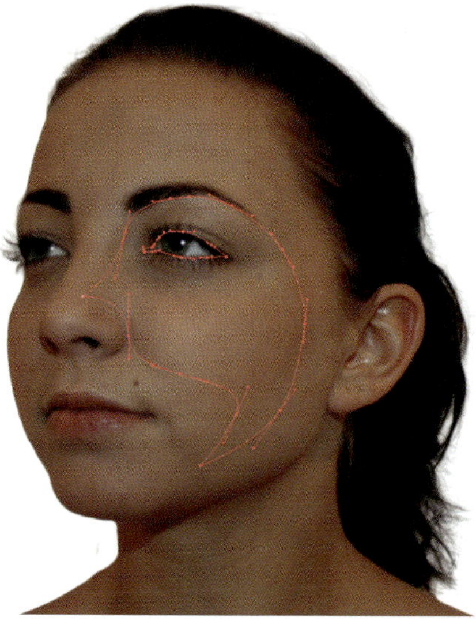

04 Maskenfläche bilden

Über *Objekt > Anordnen > In den Hintergrund* befindet sich die zweite Kontur hinter der zuerst gezogenen Augenkontur. Selektieren Sie beide Konturen und klicken Sie im Bedienfeld *Pathfinder* auf die Schaltfläche *Vorderes Objekt abziehen*; Sie haben damit die Fläche über dem Auge aus der zuerst angelegten größeren Fläche ausgeschnitten. Färben Sie die Fläche weiß, wählen Sie im Bedienfeld *Aussehen* bei der Fläche als Modus *Weiches Licht* und stellen Sie die Deckkraft auf 60 %.

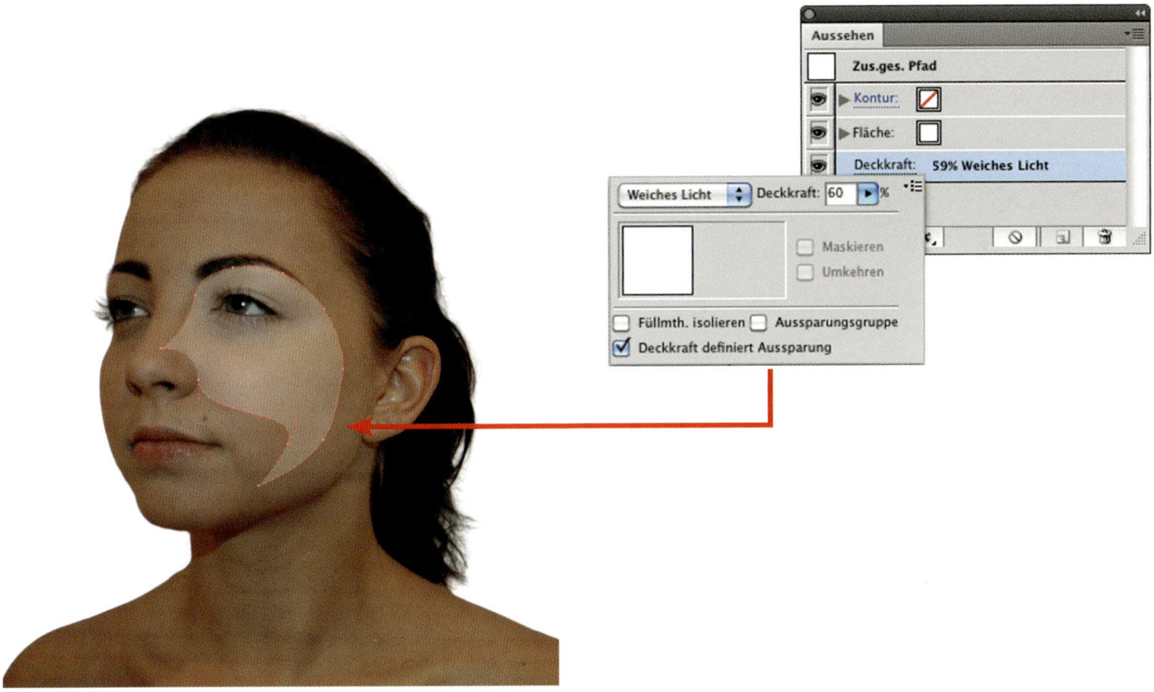

05 Weitere Flächen

Ziehen Sie einige Flächen auf, die sich ebenfalls an der Gesichtsform orientieren sollten. Auch entlang des Halses und um das Schlüsselbein herum können Sie weitere Formen platzieren. Färben Sie alle Formen einheitlich weiß, als Modus wählen Sie ebenfalls *Weiches Licht* und stellen die *Deckkraft* auf 60 %. Probieren Sie die Wirkung von Schwarz als Flächenfarbe. Ebenfalls kann ein Verlauf von Schwarz nach Weiß sehr reizvoll wirken; selektieren Sie hierzu zuerst alle Formen, die auf dem Gesicht liegen, und ziehen Sie dort den Verlauf von Weiß (vorne) nach Schwarz (hinten). Danach setzen Sie den Verlauf auf den Hals- und Schulterflächen, hier sollte er oben schwarz und unten weiß sein. Durch den Modus *Weiches Licht* werden die Flächen mit dem Pixelbild überblendet, sodass sich eine natürliche Färbung ergibt.

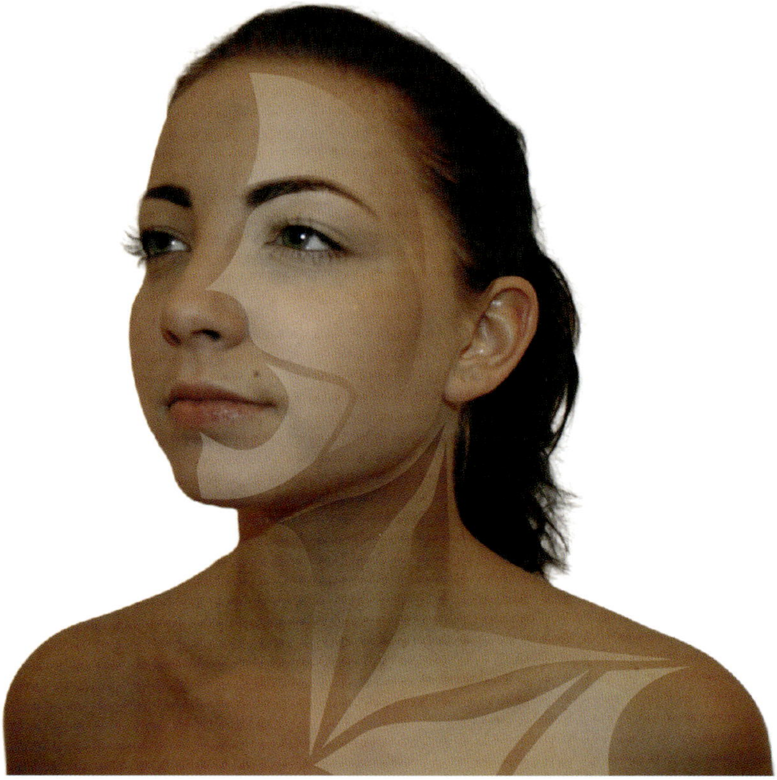

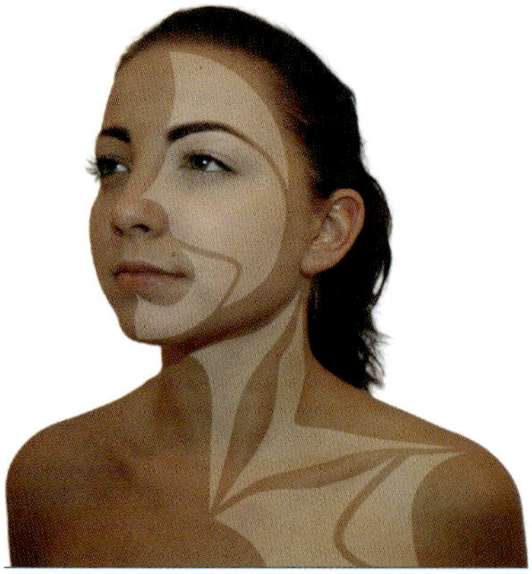

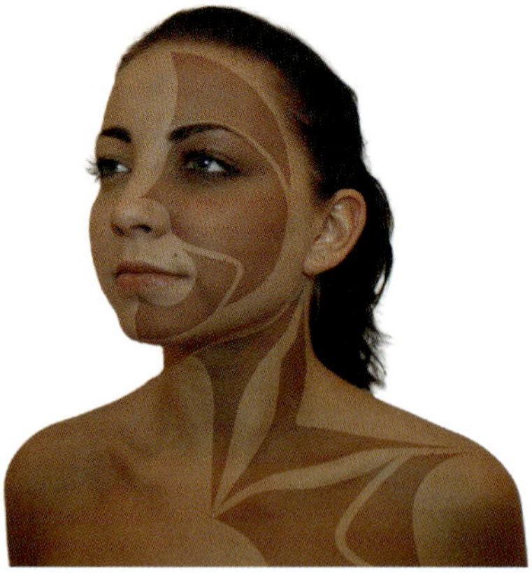

3.4.3 Lippen

Bevor Sie den digitalen Lippenstift auftragen, korrigieren Sie in Photoshop zunächst die Gesichts- und Lippenstruktur. Dies hätten Sie zwar bereits im Abschnitt 3.4.1 erledigen können, sollte jedoch nur eine Körperbemalung erfolgen, würden die stark bearbeiteten Lippen sehr unnatürlich wirken. Ein in Photoshop gezeichneter Pfad dient später zur gezielten Korrektur der Lippen und zugleich in Illustrator als Kontur für die neue Lippenfläche.

Info: Auf einer Smart-Ebene werden alle Filter nicht destruktiv angewandt.

Ps 06 Unscharf maskieren

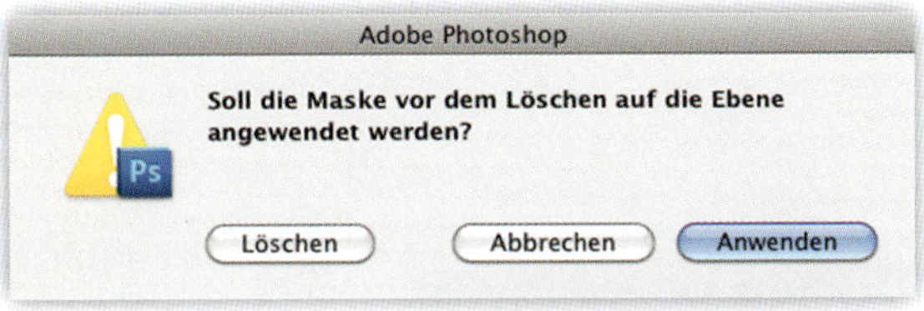

Kopieren Sie die maskierte Ebene. Ziehen Sie dann die Maskenminiatur in den Mülleimer und klicken Sie im darauf erscheinenden Warndialog auf *Anwenden*. Dadurch wandelt Photoshop die Maske in eine Auswahl um und löscht den Hintergrund sowie die Maske. Wandeln Sie die Ebene über *Filter > Für Smartfilter konvertieren* in eine Smart-Ebene, um später die Korrekturen weiter bearbeiten zu können.

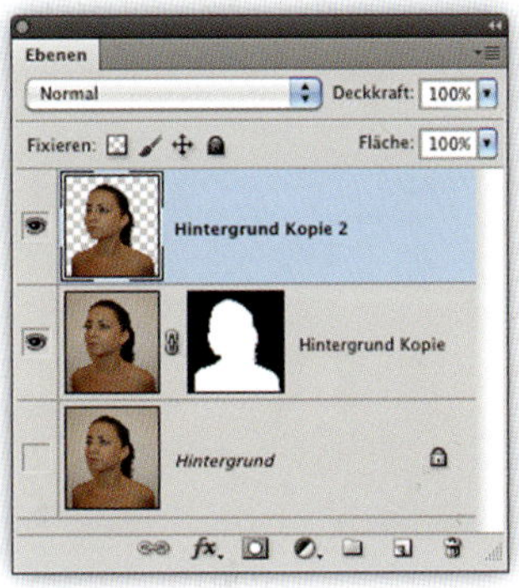

Mit dem Filter *Unscharf maskieren* korrigieren Sie die Hautstruktur sowie die Kanten: Wählen Sie *Filter > Scharfzeichnungsfilter > Unscharf maskieren*. Setzen Sie zuerst den Schwellenwert auf 0 Stufen, den Radius auf 3 Pixel. Regeln Sie dann die Stärke so hoch, dass die Kanten scharf werden; es entsteht dabei ein Bildrauschen in den Flächen, was jedoch mit der richtigen Einstellung des Schwellenwertes gleich verschwindet. Kontrollieren Sie die Einstellungen im Filterfenster bei 200 % in den Augen und auf der Lippe. Regeln Sie dann den *Schwellenwert* so, dass die Flächen glatter erscheinen, etwa bis zu einem Wert von 20 Stufen.

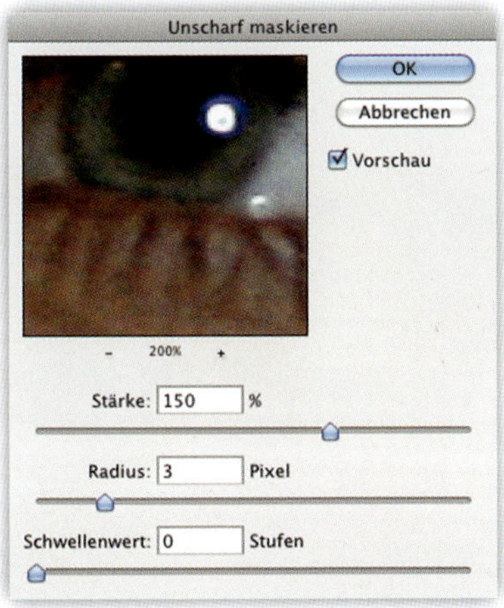

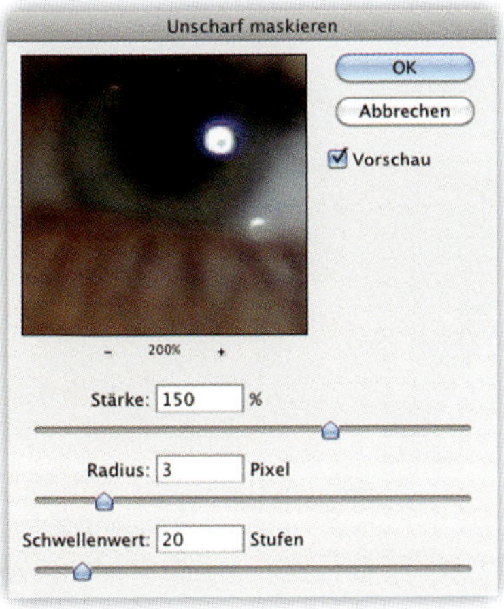

07 Lippenkontur anlegen

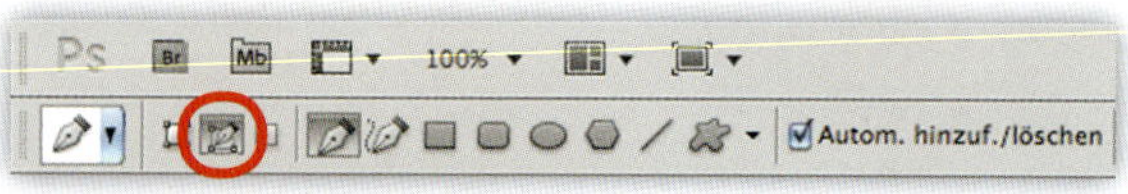

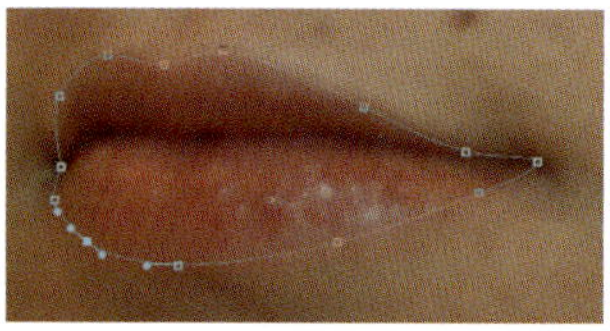

Zeichnen Sie nun in Photoshop mit dem Zeichenstift-Werkzeug einen Pfad um die Lippenkontur. Wählen Sie dazu in der Optionsleiste die Option *Pfade*. Wie in Illustrator können Sie auch hier einzelne Ankerpunkte mit dem Direktauswahl-Werkzeug korrigieren.

Der fertige Pfad erscheint im Bedienfeld *Pfade*; aktivieren Sie ihn hier, kopieren Sie ihn in die Zwischenablage und platzieren Sie die Kopie in Illustrator in die Datei, in der Sie bereits die Gesichts-Tattoos angelegt haben, auf eine neue Ebene, die Sie *Lippen* nennen. Gehen Sie zurück zu Photoshop. Sie benötigen diesen Pfad in beiden Programmen: In Photoshop verwenden Sie ihn für eine Auswahl zum Korrigieren der Lippen, in Illustrator bauen Sie damit ab Schritt 10 den digitalen Lippenstift.

08 Lippen bearbeiten

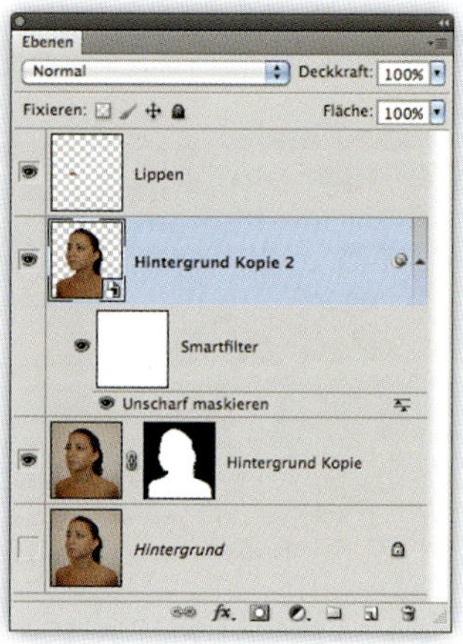

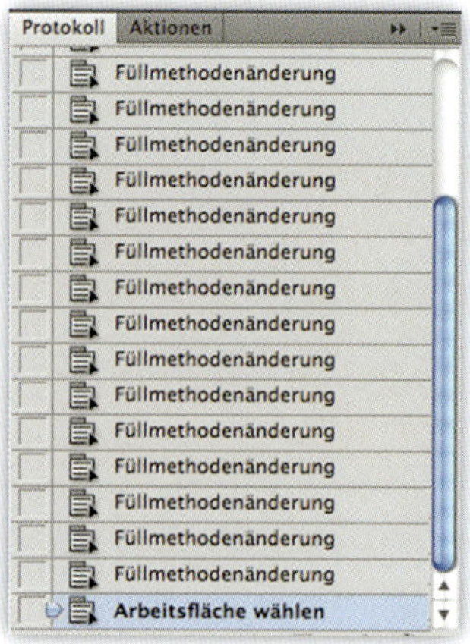

Wählen Sie bei aktivem Lippen-Pfad im Klappmenü des Bedienfelds *Pfade* die Funktion *Auswahl erstellen*. Stellen Sie eine weiche Auswahlkante von etwa 5 Pixel ein und kopieren Sie die Lippenwahl auf eine neue Ebene.

Bearbeiten Sie die Lippenfläche vorsichtig mit dem Stempel-, dem Wischfinger- und dem Weichzeichner-Werkzeug, bis die Fläche relativ weich erscheint und keine rauen Strukturen mehr zeigt. Die Lichter und Schatten fügen Sie dann mit den Werkzeugen Abwedler und Nachbelichter hinzu. Stellen Sie zuvor in der Optionsleiste eine Belichtung von 20 % ein. Über *Bearbeiten > Verblassen* können Sie nach dem Malen die Wirkung etwas reduzieren; sind die Änderungen allzu groß ausgefallen, können Sie zudem im Bedienfeld *Protokoll* mehrere Arbeitsschritte zurückgehen. Vergewissern Sie sich, dass im Bedienfeld *Ebenen* alle Ebenen bis auf den Hintergrund sichtbar sind, und wählen Sie *Bearbeiten > Auf eine Ebene reduziert kopieren*.

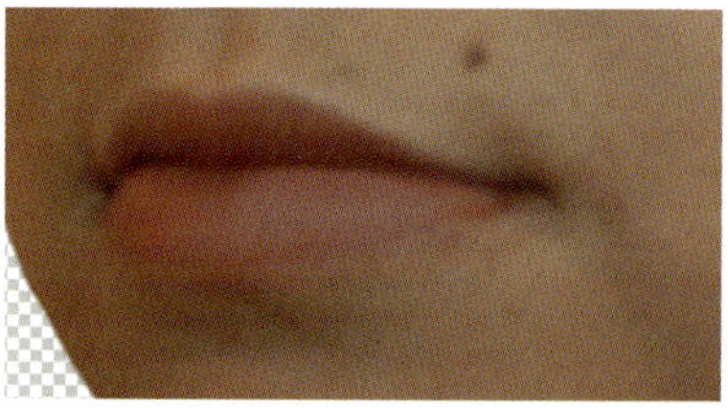

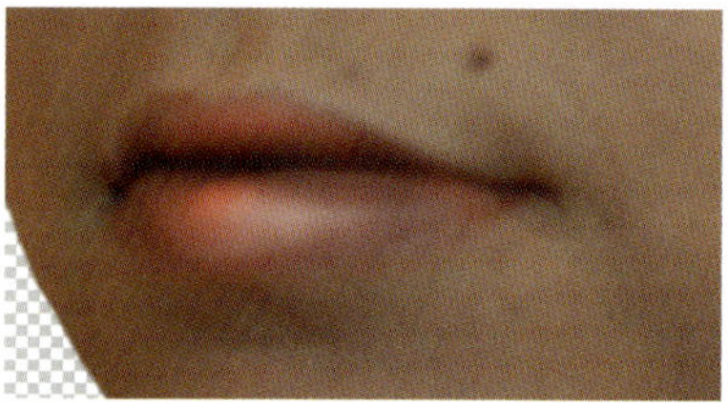

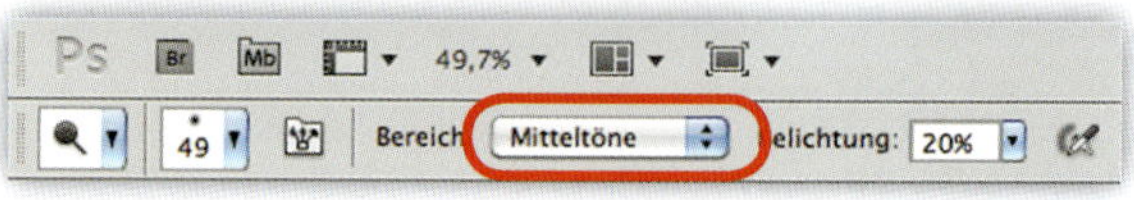

09 Ebenen in Illustrator

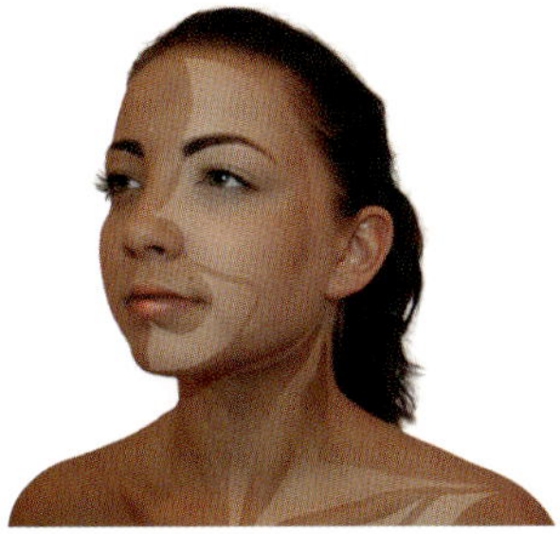

Gehen Sie zurück zu Illustrator. Legen Sie hier eine weitere Ebene *Gesicht neu* an. Die Datei sollte nun vier Ebenen zeigen; zuoberst die *Lippen*, dann die *Augenmaske*, die die Formen aus dem Abschnitt 3.4.2 enthält, darunter befindet sich über der zuerst angelegten Ebene *Hintergrund Kopie*, die das freigestellte Gesicht zeigt, die soeben angelegte Ebene *Gesicht neu*. Fügen Sie das in den Arbeitsschritten 6 bis 8 erneut bearbeitete Gesicht auf dieser Ebene ein und platzieren Sie es so, dass es direkt auf dem darunter befindlichen Gesicht der Hintergrundebene liegt. Für den nächsten Arbeitsschritt sperren Sie alle Ebenen bis auf die oberste Ebene *Lippen*, auf der nun der aus Photoshop in Arbeitsschritt 7 angelegte Lippenpfad liegen sollte. Indem Sie beide Gesichter in der Datei platziert haben, können Sie durch Ein- und Ausschalten der Sichtbarkeit alle Ebenen frei miteinander kombinieren, um so unterschiedliche Wirkungen zu erzielen.

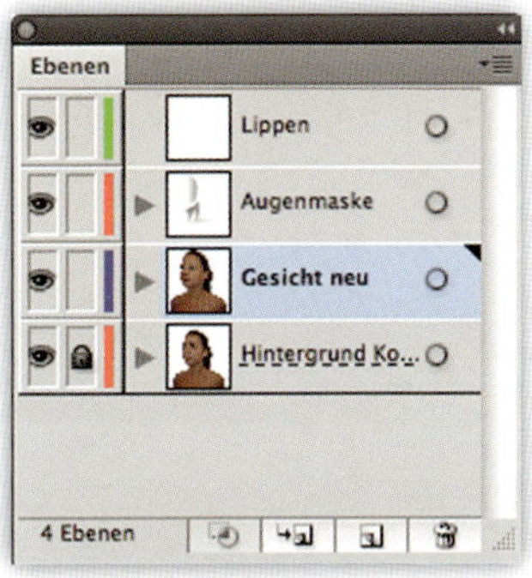

10 Lippen schminken

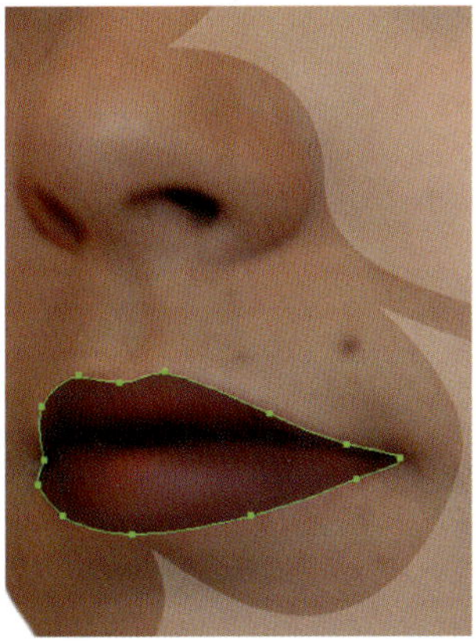

Färben Sie die Lippen in einem sehr dunklen Rot. Stellen Sie im Bedienfeld *Aussehen* als Modus *Multiplizieren* ein und setzen Sie die Deckkraft so weit herab, dass Sie die Form der Lippe darunter deutlich sehen können. Klicken Sie dann mit dem Gitter-Werkzeug in die Mitte der Lippen; es entsteht auf diese Weise ebenfalls ein Verlaufsgitter mit einer horizontalen und einer vertikalen Gitterlinie. Löschen Sie den oberen mittleren Ankerpunkt auf der Kontur und schieben Sie den neuen dafür an diese Stelle. Löschen Sie ebenfalls den Ankerpunkt am linken Mundwinkel und verschieben Sie hier auch den neuen Ankerpunkt, der durch die horizontale Gitterlinie entstanden ist. Justieren Sie die Horizontale.

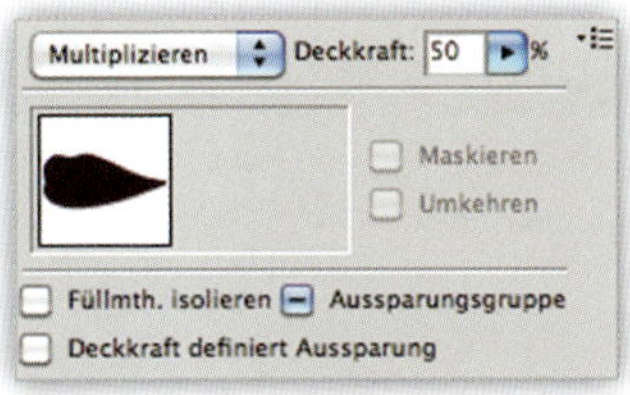

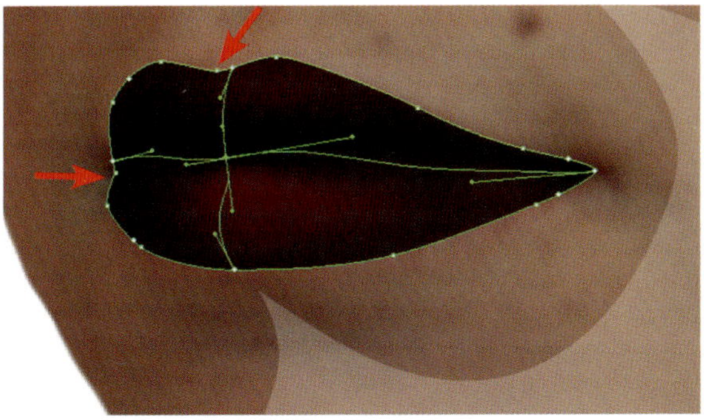

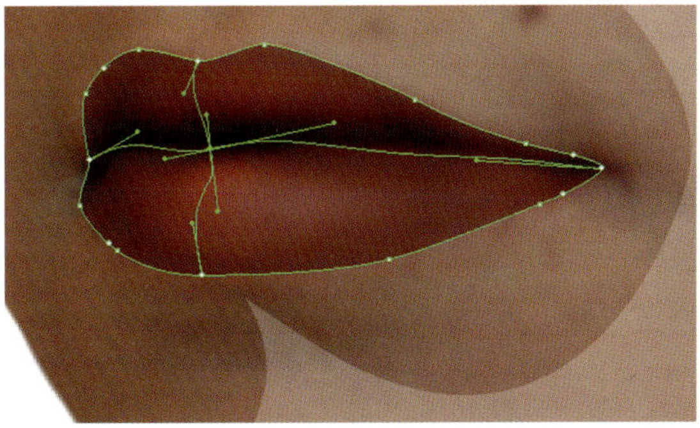

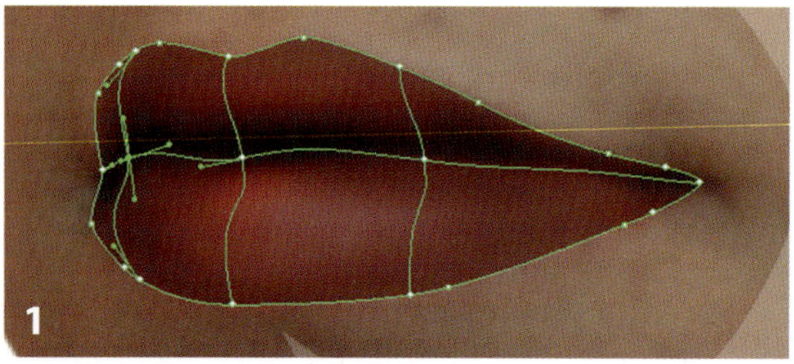

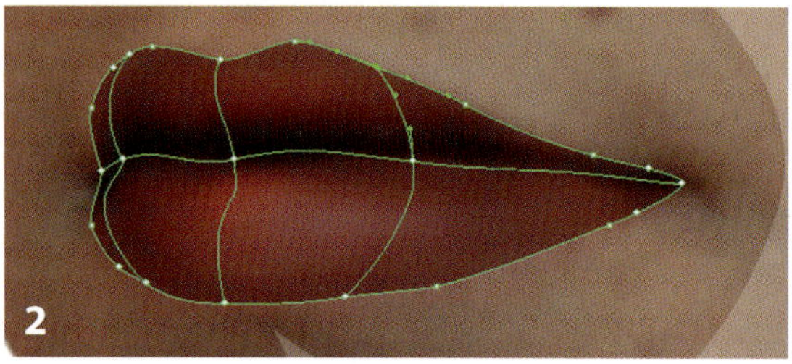

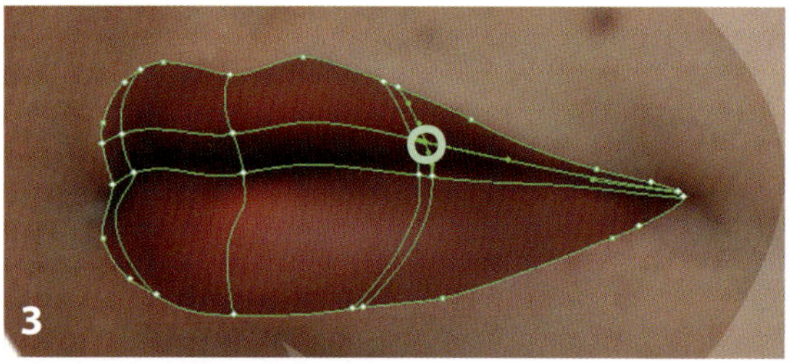

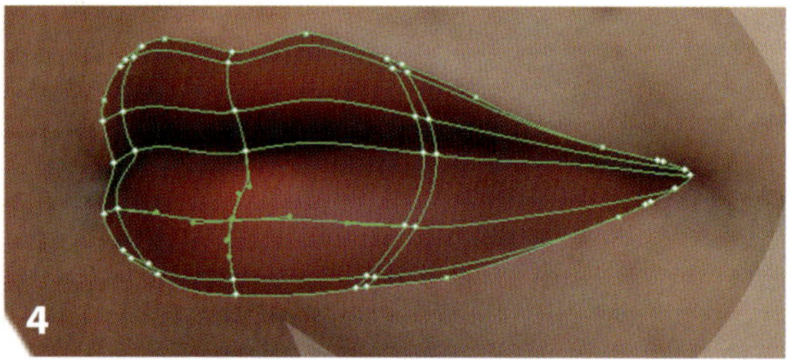

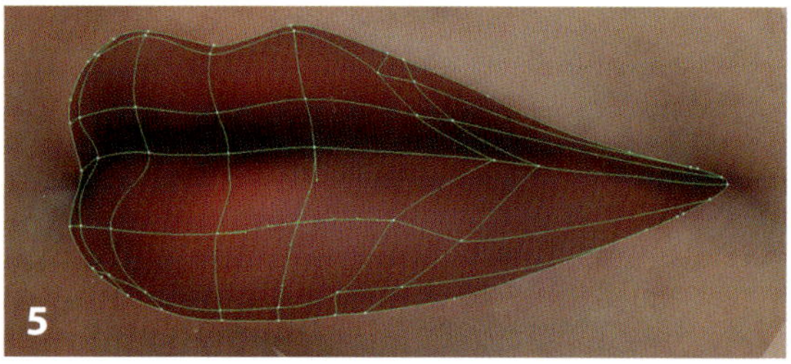

Gestalten Sie das Gitter nun etwas »feinmaschiger«. Dadurch haben Sie beim Einfärben wesentlich mehr Kontrolle und können durch das Gitter die passende Form für die inneren Verläufe festlegen.

1. Klicken Sie einmal rechts und einmal links auf die Mittellinie, um zwei weitere vertikale Linien einzufügen. Diese legen die spätere Schminkzone fest. Das Bild soll am Schluss eine ähnliche Form wie die Vorlage *Puppe* zeigen.

2. Verschieben Sie der Lippenform entsprechend die einzelnen Ankerpunkte. Durch die wenigen Linien sollte bereits schon die innere Form zu erkennen sein.

3. Per Klick auf die grün umrandete Stelle entstehen zwei weitere Linien; eine liegt vertikal links neben der rechten Linie, die andere befindet sich in der unteren Hälfte der Oberlippe.

4. Fügen Sie noch drei weitere horizontale Gitterlinien ein. Zwei davon sollten sich sehr nah an der Kontur der Lippe befinden, die dritte teilt die Unterlippe horiozontal; hier entsteht später der Glanz auf den Lippen

5. Um im nächsten Schritt den virtuellen Lippenstift einfärben zu können, verzerren Sie die einzelnen Linien weiter. Möchten Sie etwa einen ähnlichen Mund schminken, wie ihn das Modell Puppe am Anfang dieser Übung zeigt, sollten die Linien innen bereits schon diese Form annehmen, wie es die Abbildung links zeigt. Berücksichtigen Sie beim Formen, dass Ankerpunkte in einem Gitter vier Steuerlinien haben, und arbeiten Sie in der Vergrößerung.

11 Lippen färben

Arbeiten Sie jetzt mit Farbe den geschminkten Bereich der Lippe heraus. Selektieren Sie zunächst alle äußeren Ankerpunkte mit dem Direktauswahl-Werkzeug und färben Sie sie weiß. Da Sie als Modus für die Fläche *Multiplizieren* gewählt haben, ist unter den weiß gefärbten Teilbereichen die originale Lippe wieder zu sehen; es entsteht somit eine weiche Auswahlkante an den Rändern. Deaktivieren Sie die Fläche, um das Ergebnis zu kontrollieren. Passen Sie nach und nach die äußeren Reihen der Ankerpunkte in ihrer Position an, bis die Kante möglichst gleichmäßig erscheint. Diese Feinarbeiten erfordern etwas Geduld und Fingerspitzengefühl, da die Wirkung nach dem Färben noch nicht direkt zufriedenstellend ist; kontrollieren Sie also öfters die deaktivierte Fläche und verschieben Sie die Ankerpunkte einzeln in der Vergrößerung.

Selektieren Sie zum Schluss die vier im rechten Bild grün gekennzeichneten Punkte und färben Sie auch diese weiß. Durch den Modus *Multiplizieren* scheint an dieser Stelle ebenfalls die Lippe durch, wodurch die gewünschten Lichteffekte entstehen.

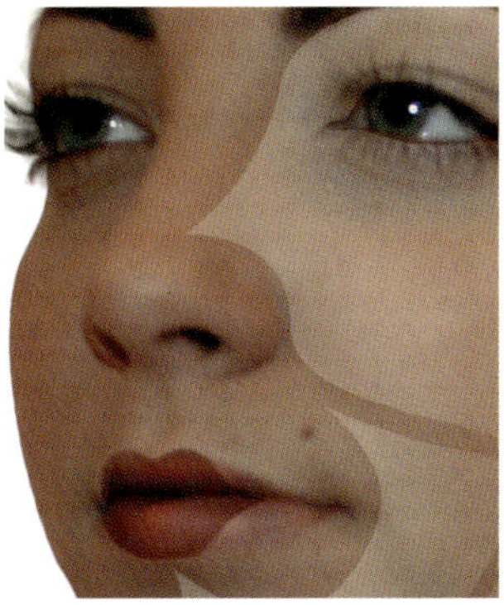

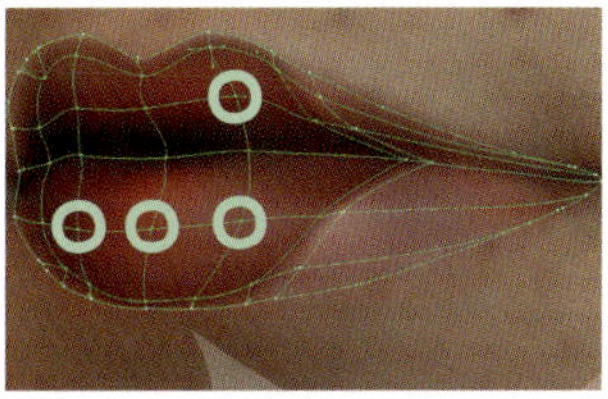

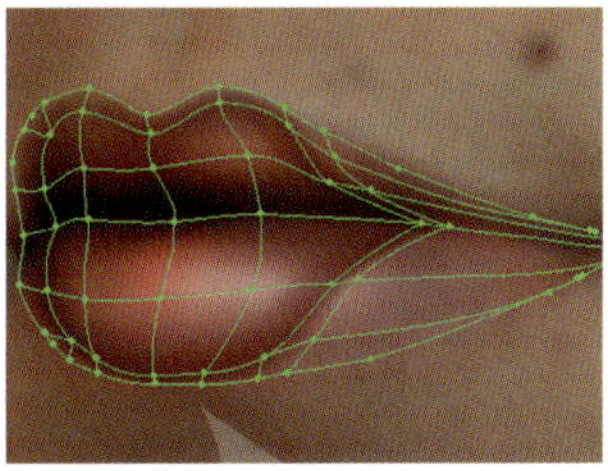

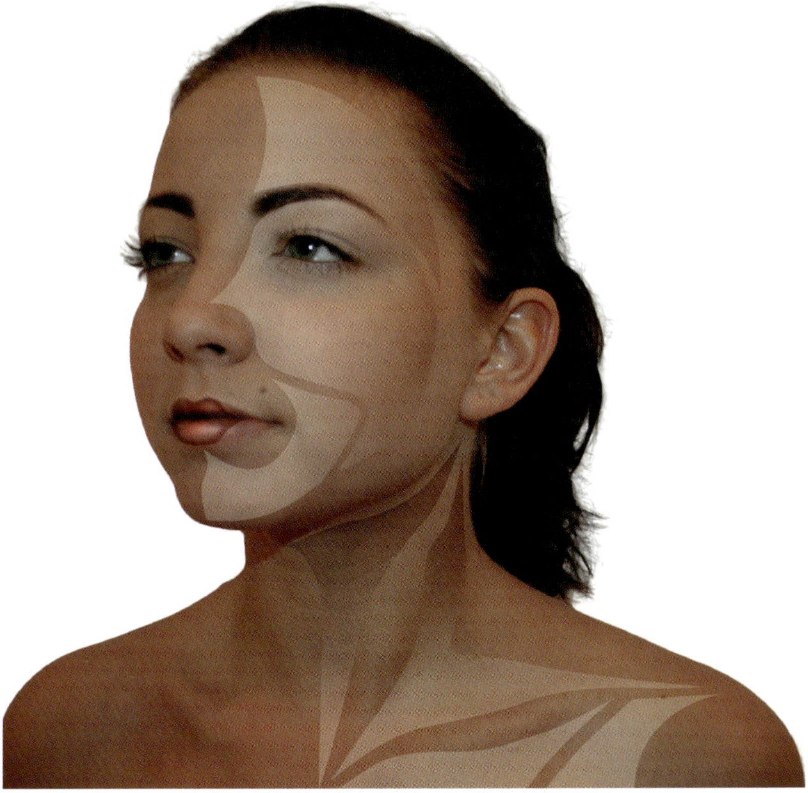

3.4.4 Augen

Wie die Lippen formen Sie auch den Lidschatten mithilfe eines Verlaufsgitters. Die Form dafür legen Sie jedoch direkt in Illustrator an, die Basis bildet eine ovale Fläche. Eine weiche Kante des Lidschattens erreichen Sie diesmal direkt mit einem Filter. Zum Abschluss passen Sie das Tattoo im Gesicht an den neuen Schminkstil an und intensivieren die Augenfarbe.

Ai 12 Schminkfläche anlegen

Legen Sie eine neue Ebene namens *Auge* an. Ziehen Sie ein Oval auf, welches das Auge großzügig bedeckt. Färben Sie es in einem mittleren Blauton und wählen Sie im Bedienfeld *Aussehen* als Modus *Ineinanderkopieren*; die Fläche färbt sich dadurch lila und das Auge ist unter dem Oval zu sehen.

Unterteilen Sie die Fläche über *Objekt > Verlaufsgitter erstellen*. Wählen Sie zwei Zeilen und zwei Spalten, bei Aussehen *Flach* und belassen Sie die Einstellung bei *Lichter* bei 100 %.

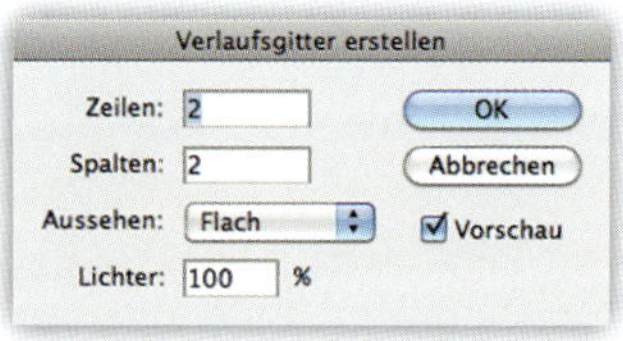

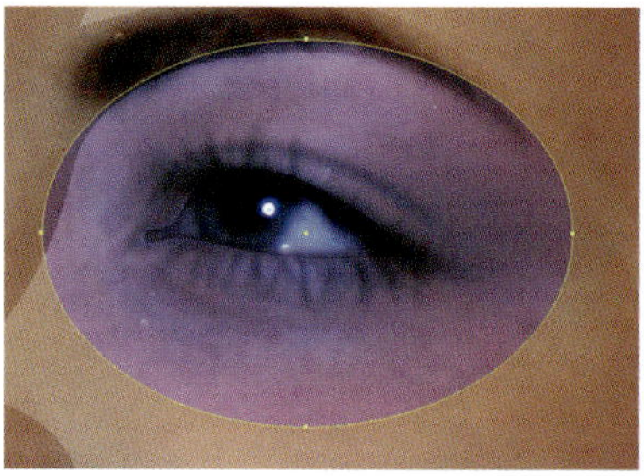

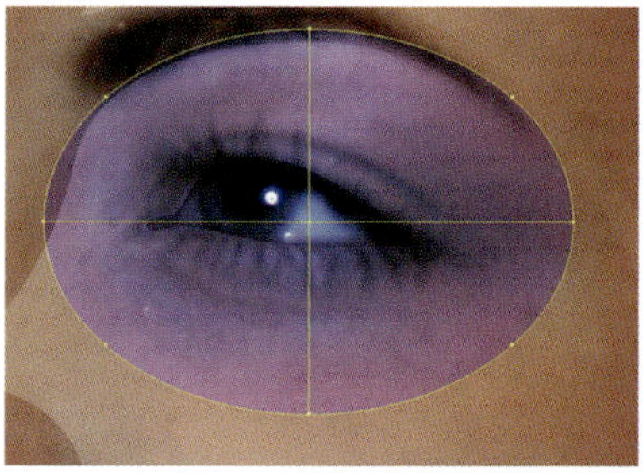

Formen Sie nun das Oval. Orientieren Sie sich hierbei wieder an dem Porträt *Puppe*, aber auch an der Formgebung der Tattoo-Fläche, die Sie im Abschnitt 3.4.2 angelegt haben.

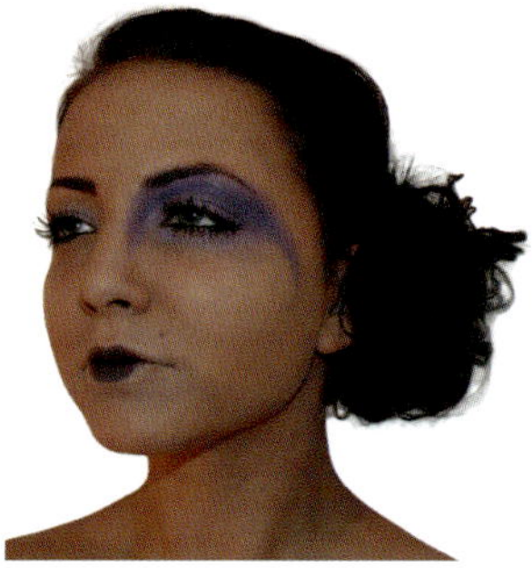

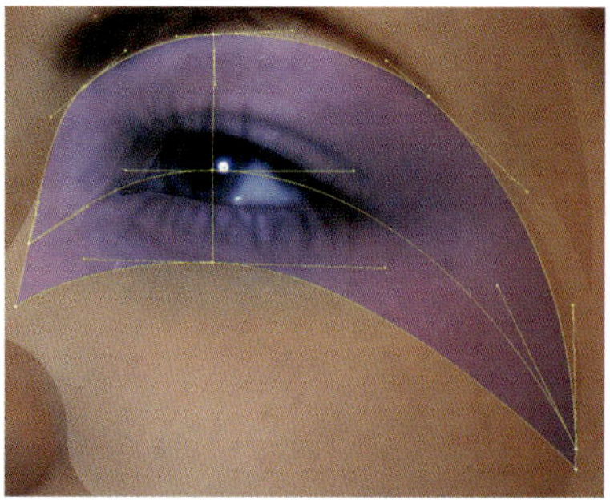

13 Auge formen

Unterteilen Sie die Fläche mit weiteren Gitterlinien. Fügen Sie zuerst zwei vertikale Linien ein, indem Sie direkt auf die horizontale Mittellinie klicken. Zwei weitere horizontale Linien fügen Sie per Klick auf die vertikalen Linien ein. Diese vier Linien sollen das Auge begrenzen.

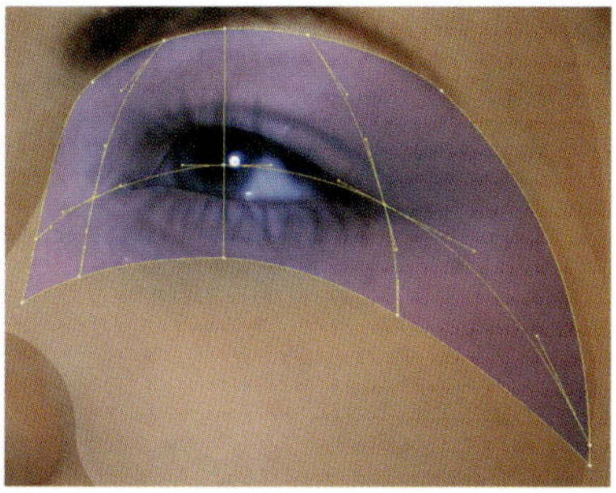

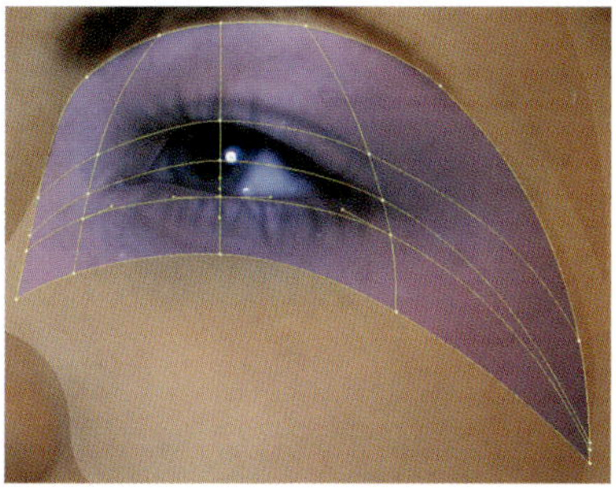

Verschieben Sie die Ankerpunkte mithilfe ihrer Steuerlinien so, dass die Augenform erkennbar wird. Fügen Sie dann im Augeninneren zwei weitere Vertikalen ein und justieren Sie die Position der Ankerpunkte.

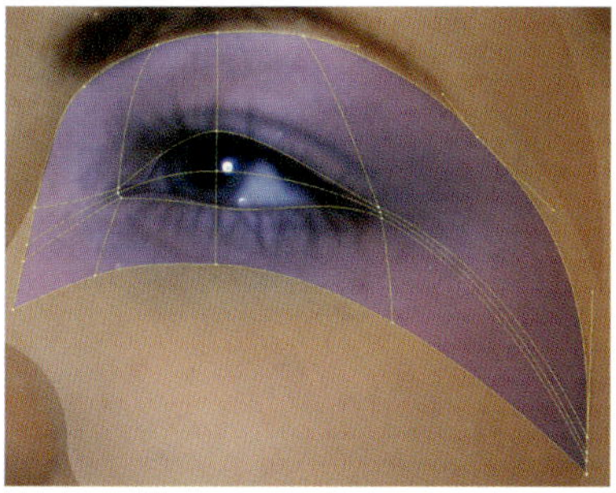

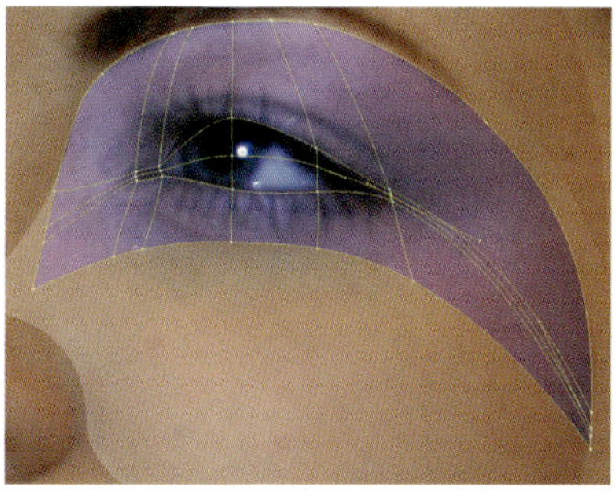

Weitere Gitterlinien umfassen exakt die Augenform. Am Schluss müssen am Ober- und am Unterlid jeweils drei Linien eng beieinander liegen.

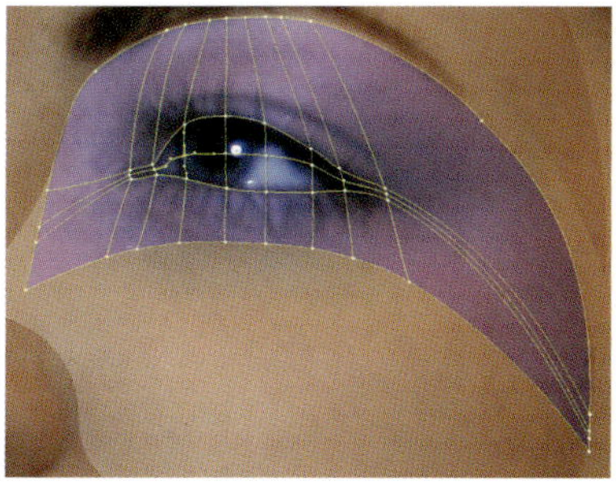

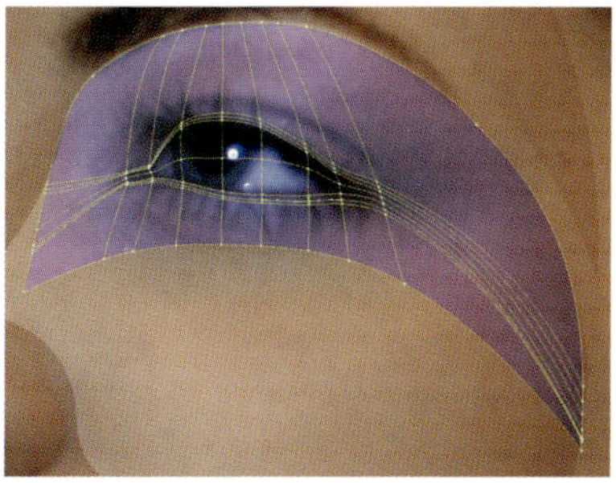

14 Weichzeichnen und Auge freistellen

Per *Effekt > Stilisierungsfilter > Weiche Kante* schaffen Sie einen weichen Übergang von der Fläche zum Gesicht. Sollte die Tattoo-Fläche im Hintergrund stören, blenden Sie sie einfach aus; im nächsten Arbeitsschritt wird diese an den neuen Schminkeffekt angepasst.

CS5

Arbeiten Sie mit CS5, schalten Sie zuerst die Augenfläche unsichtbar: Weisen Sie den Ankerpunkten in der Mitte des Auges sowie der inneren Punktereihe der Augenumrandung im Aussehen-Bedienfeld eine Deckkraft von 0 % zu. Wie Sie mit der Version CS4 das Auge sichtbar machen, finden Sie am Ende der Übung.

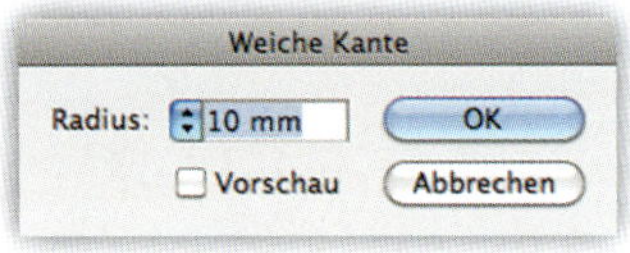

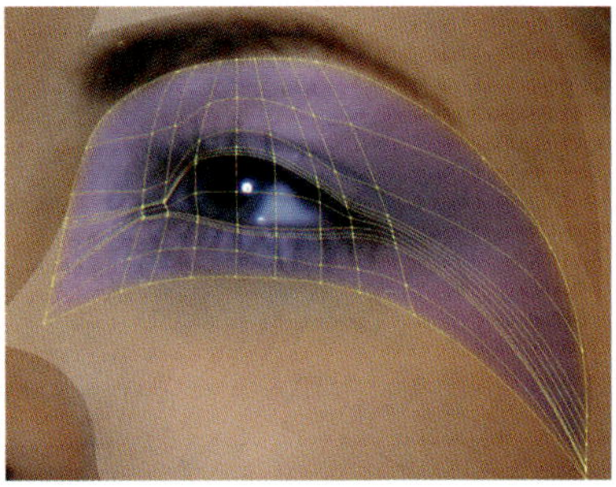

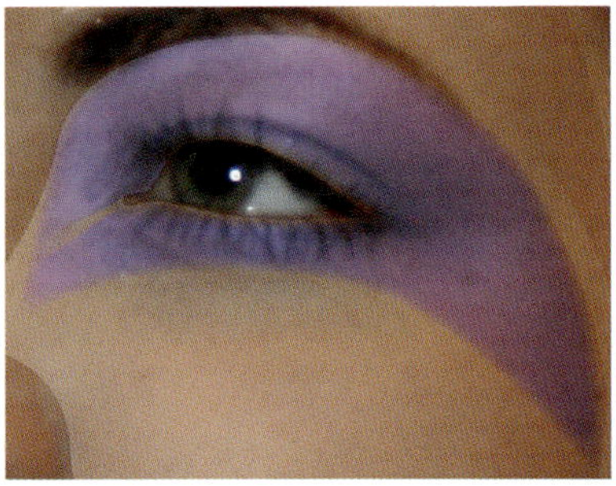

Färben Sie nun die restlichen Bereiche. Ziehen Sie zunächst das Blau, welches die gesamte Augenfläche bedeckt, in das Bedienfeld *Farbfelder*. Speichern Sie zwei weitere Blautöne; ein helles und ein sehr dunkles.

Weisen Sie nun dem mittleren Ankerpunkte-Rand um das Auge den dunklen Blauton zu. Darüber kommt eine Reihe Hellblau, die wie die dunkle Punktereihe ebenfalls nach außen verläuft. Passen Sie gegebenenfalls die Farben und die Position der Punkte noch an das Modell an.

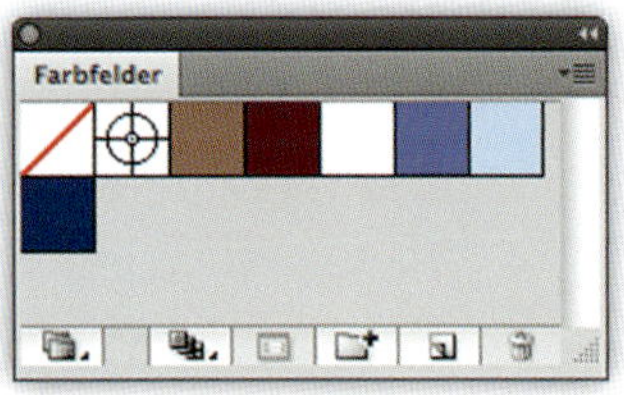

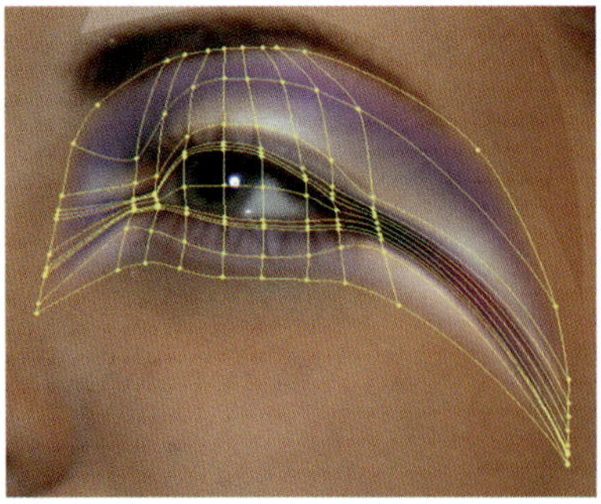

15 Tattoo anpassen

Damit keine unschönen Überlappungen von dem Tattoo und dem Lidschatten entstehen, blenden Sie die zuerst gezogene Form des Tattoos im Bereich des Auges weich aus. Bilden Sie hierzu einen kreisförmigen Verlauf von Weiß nach Schwarz. Klicken Sie auf das schwarze Farbsymbol rechts unter dem Verlaufsbalken und tragen Sie dort eine Deckkraft von 0 % ein.

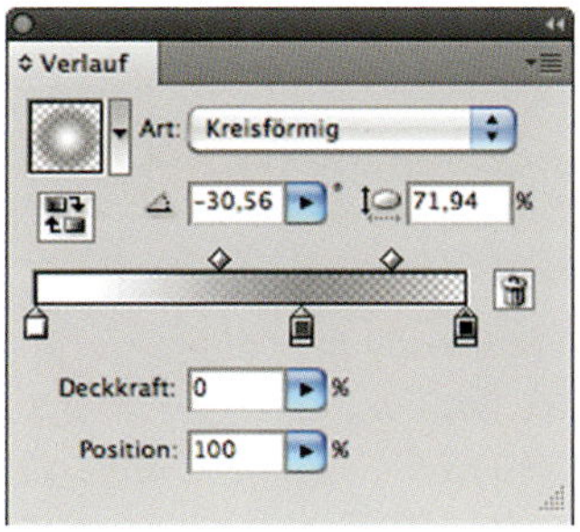

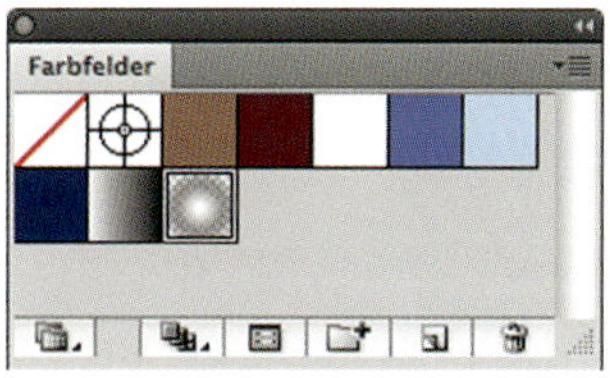

Schalten Sie nun im Ebenen-Bedienfeld die Sichtbarkeit der Ebene *Auge* aus. Aktivieren Sie die zusammengesetzte Form und weisen Sie ihr den neuen Verlauf zu. Passen Sie dann mit dem Verlaufswerkzeug den Verlauf direkt im Bild an die Form an. Stauchen Sie dazu den kreisrunden Verlauf zu einem Oval und ziehen Sie die Farbkästchen entlang des Farbbalkens so, dass die Fläche um das Auge herum kaum noch zu sehen ist. Der untere Rand der Form hingegen sollte deutlich zu erkennen sein.

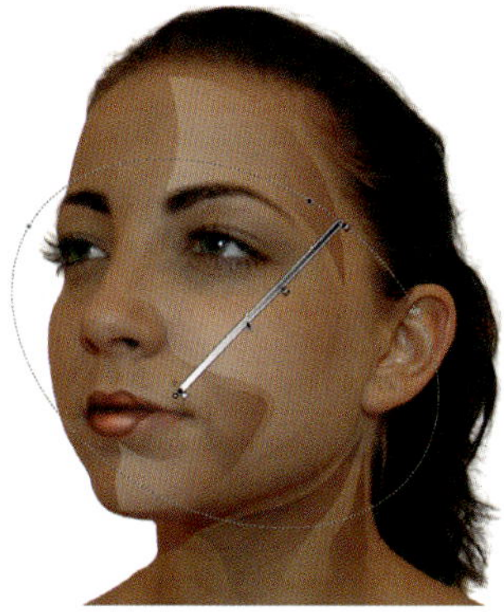

Passen Sie nun die anderen Tattoo-Flächen an. Weisen Sie ihnen dazu ebenfalls den neuen Verlauf zu und justieren Sie ihn wie oben beschrieben.

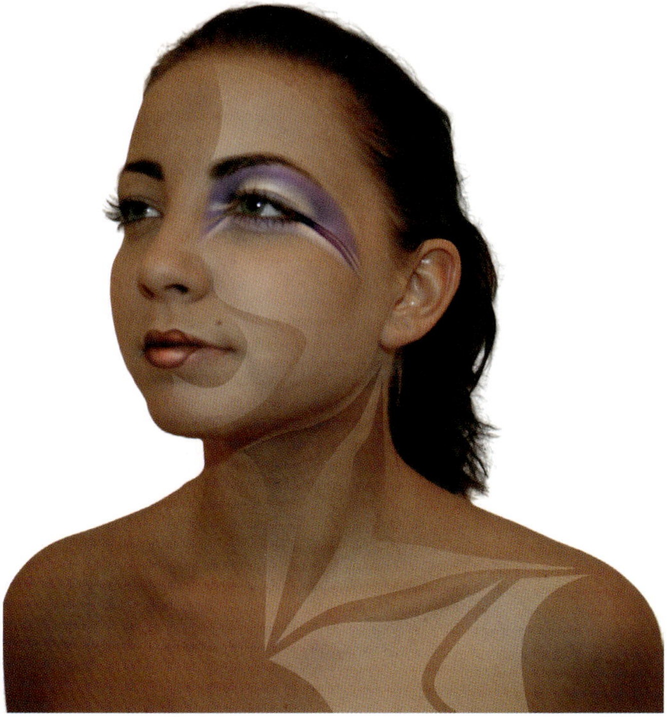

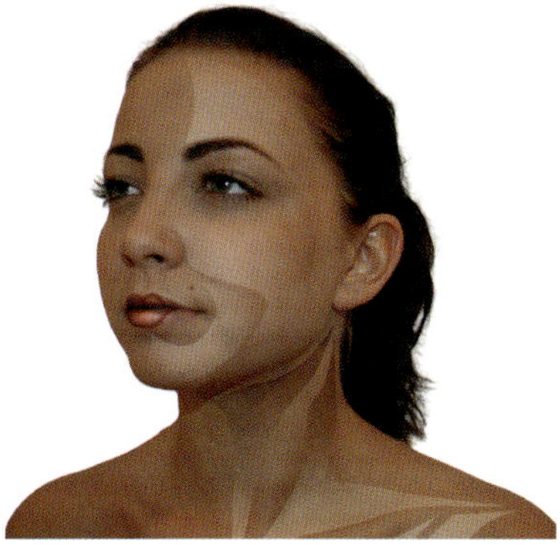

16 Iris färben

Eine intensivere Farbe der Iris sorgt für ein harmonisches Ergebnis. In der Regel werden solche Korrekturen in Photoshop ausgeführt, es geht jedoch auch in Illustrator.

Ziehen Sie einen Kreis über dem ersten Auge auf und füllen Sie diesen mit einem kreisförmigen Verlauf von Schwarz über Grün bis Schwarz. Weisen Sie dem äußeren Farbfeld eine Deckkraft von 0 % zu. Stellen Sie nun im Bedienfeld *Transparenz* den Modus auf *Farbe,* um die Fläche mit dem Original zu überblenden. Ziehen Sie eine Kopie auf das andere Auge und passen Sie diese in der Größe an.

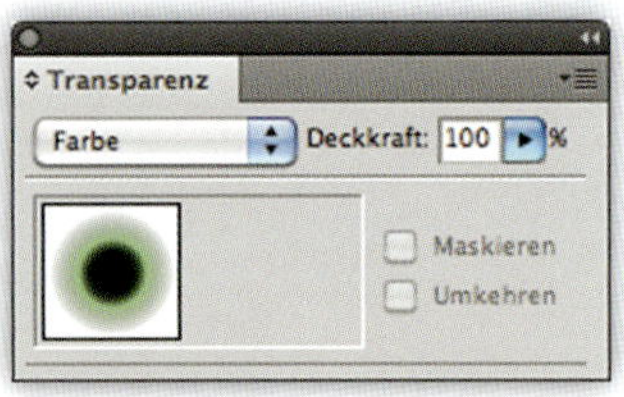

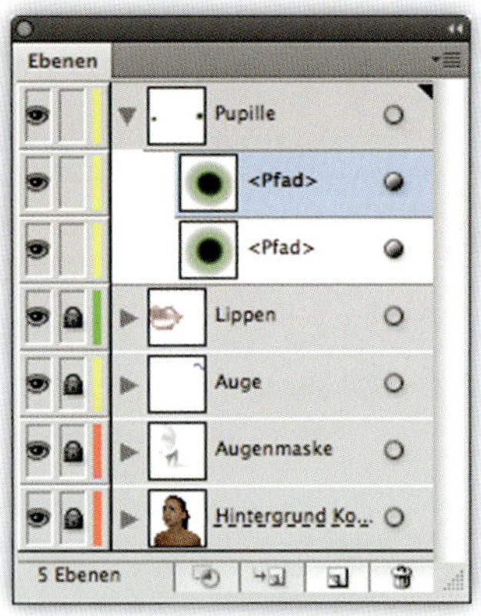

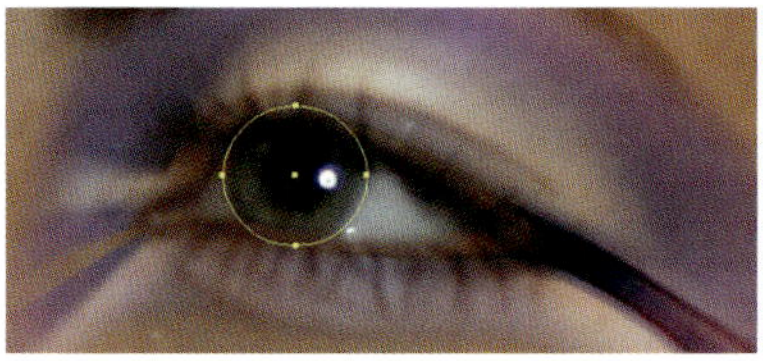

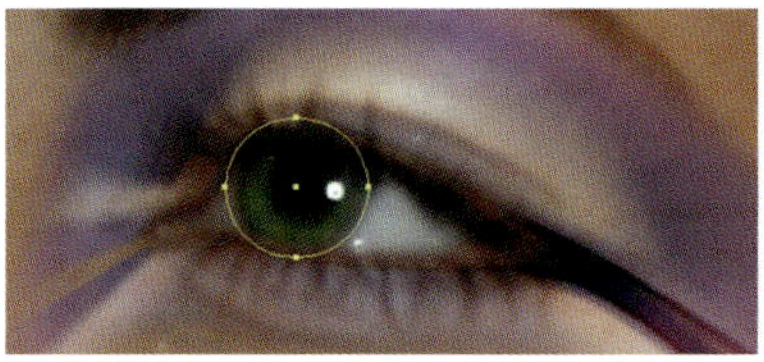

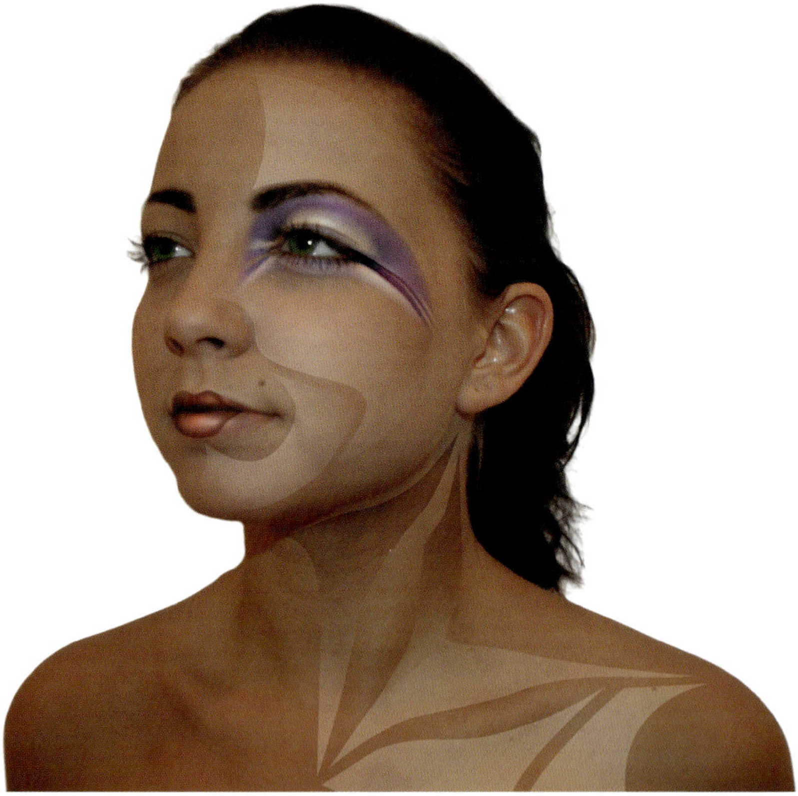

Exkurs

Gitter aus Illustrator in Photoshop CS4 bearbeiten

Ein Verlaufsgitter lässt sich mit Illustrator CS4 genauso bearbeiten, wie es die Abschnitte *3.4.3 Lippen* und *3.4.4 Augen* beschreiben. Nur eine Transparenz einzelner Ankerpunkte ist noch nicht vorgesehen, dies lässt sich jedoch in Photoshop CS4 ausgleichen (siehe auch die Übung *3.3 Hüllen und Gitter*).

Stellen Sie zunächst, wie die Arbeitsschritte 12 bis 16 beschreiben, die Augenpartie fertig und laden Sie dann die Lidschatten-Fläche in Photoshop. Stellen Sie die Ebene auf *Ineinanderkopieren*. Wählen Sie das Auge und stellen Sie eine weiche Auswahlkante ein. Löschen Sie zum Schluss diese Fläche.

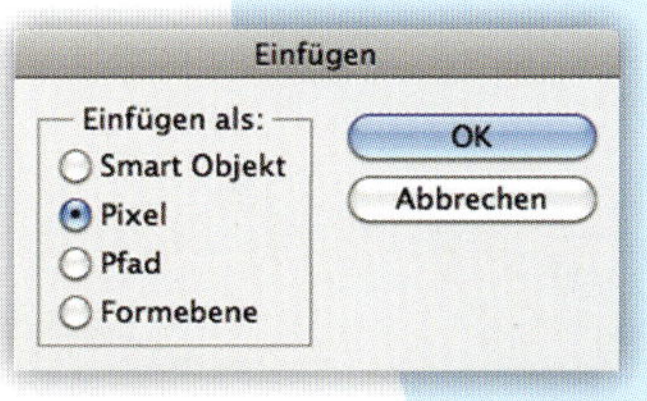

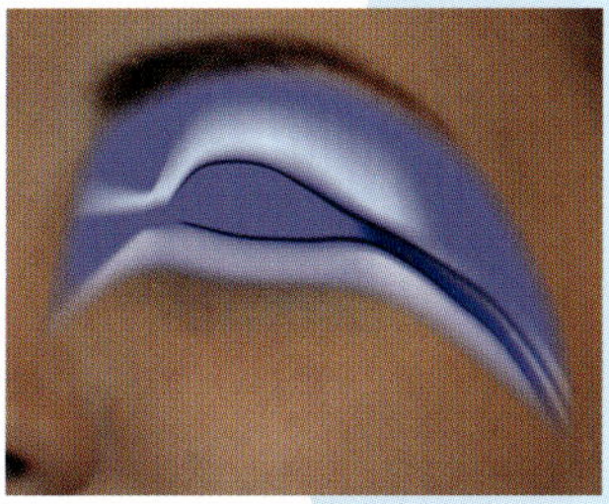

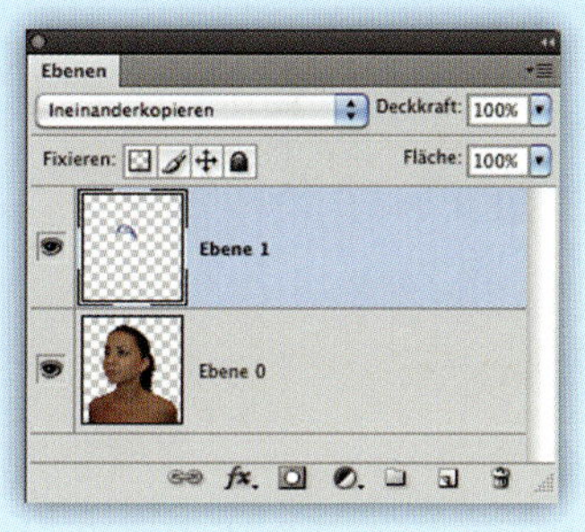

REN

4 3D

Eine dreidimensionale Darstellung kann entweder eine »Aufnahme« eines echten 3D-Modells sein oder eine Grafik, die auf einer korrekten Perspektive beruht.

Exkurse in diesem Kapitel:

Grund

agen

4.1 3D-Funktionen

Ein komplexes 3D-Modell lässt sich weder in Illustrator noch in Photoshop bauen. Dennoch gibt es mittlerweile in beiden Programmen viele Möglichkeiten, einfache Körper zu gestalten. Folgende Werkzeuge und Techniken zeigt dieser Abschnitt:

Photoshop:

- 3D-Form aus Ebene
- 3D-Rendereinstellungen
- 3D-Voreinstellungen
- 3D-Bedienfeld

Illustrator:

- 3D-Extrudieren und abgeflachte Kante
- 3D-Kreiseln
- 3D-Drehen

4.1.1 3D-Funktionen im Überblick

In Sachen 3D lieferten zwar bereits Photoshop umd Illustrator CS4 einige Funktionen, in der Version CS5 sind diese jedoch deutlich erweitert worden. Der Vorteil eines echten 3D-Modells liegt darin, dass man es von allen Seiten betrachten kann, indem man es dreht oder mit einer virtuellen Kamera aus verschiedenen Blickwinkeln betrachtet.

4.1.2 3D in Illustrator

Bereits in der Version CS4 bietet Illustrator im Menü *Effekt > 3D* insgesamt drei *3D-Effekte*, die sich in der Version CS5 nicht weiter geändert haben: *3D-Extrudieren und abgeflachte Kante*, *3D-Kreiseln* sowie die Funktion *3D-Drehen*.

CS5

Für perspektivische Konstruktionen bietet Illustrator CS5 nun etwa ein einstellbares Perspektivengitter, auf dem Flächen automatisch der entsprechenden Perspektive angepasst werden. In der Version CS4 gibt es diese Funktionalität noch nicht, hier ist Handarbeit angesagt. Eine Übung dazu finden Sie im selben Kapitel unter *4.3 Perspektive konstruieren*.

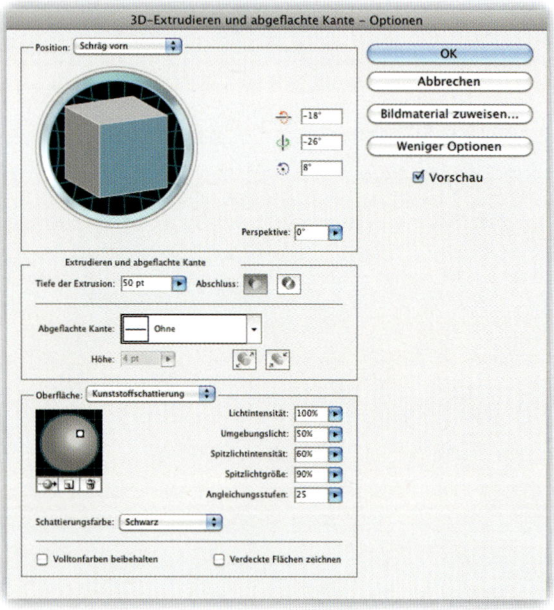

3D-Extrudieren und abgeflachte Kante

Der Effekt *3D-Extrudieren und abgeflachte Kante* versetzt eine zweidimensionale Fläche in die räumliche Tiefe. Damit lassen sich etwa 3D-Texte erstellen, ein Würfel oder eine Art Relief von einer beliebigen anderen, zuvor in Illustrator erstellten Form.

Vor der Anwendung dieses Effektes ist es wichtig, zunächst die richtigen Farben festzulegen. Die Flächenfarbe erscheint – ist der Körper geschlossen – auf den Deckflächen vorne und hinten. Die Farbe der Kontur färbt die seitlichen Flächen des Körpers, die in die Tiefe gehen. Im Dialog *3D-Extrudieren und abgeflachte Kante* kann man entweder eine voreingestellte Position wählen oder den Vorschau-Quader in die gewünschte Position drehen; ist die Vorschau aktiv, lässt sich das Ergebnis direkt auf der Arbeitsfläche überprüfen. Vorsicht: Bei komplexeren Pfaden kann die Berechnung eine Zeit lang dauern. Dies ist gerade dann lästig, wenn man die Einstellungen intuitiv justieren möchte.

Die *Perspektive* lässt sich in Grad einstellen, leider übernimmt der Vorschau-Quader diese Einstellung nicht. Weitere Einstellungen betreffen die Extrusionstiefe (wie weit sich das Objekt nach hinten ausdehnt) oder ob der Körper geöffnet oder geschlossen ist. Im Klappmenü bei *Abgeflachte Kante* lässt sich ein *Randprofil* wählen. Klickt man auf *Mehr Optionen*, kann man die Oberflächenbeschaffenheit wählen und die Beleuchtung festlegen. Auch hier gibt es wieder eine Vorschau, in der man weitere Lichter hinzufügen und diese dann verschieben kann.

Hier wurde eine extreme Perspektive von 138° eingestellt. Die Extrusionstiefe beträgt 500 Pt und es wurde eine abgerundete Kante in der Höhe von einem Punkt eingestellt, diese betrifft jedoch lediglich die Kontur.

Info: Für den Effekt muss der Text nicht in Pfade umgewandelt werden, die Textinformationen bleiben somit vollständig erhalten. Solange die 3D-Grafik nicht über das Objekt-Menü umgewandelt wurde, kann der Text und sein Aussehen nachträglich geändert werden.

Zudem ist der Effekt im Bedienfeld *Aussehen* gelistet und kann per Doppelklick erneut geöffnet und in seinen Optionen geändert werden.

3D-Kreiseln

Beim Effekt *3D-Kreiseln* wird ein Pfad oder eine Form um eine Achse gedreht und erzeugt damit eine neue Form. Auch Ausschnitte sind per Winkel einstellbar, alle anderen Einstellungen entsprechen denen des Dialoges *3D-Extrudieren und abgeflachte Kante.*

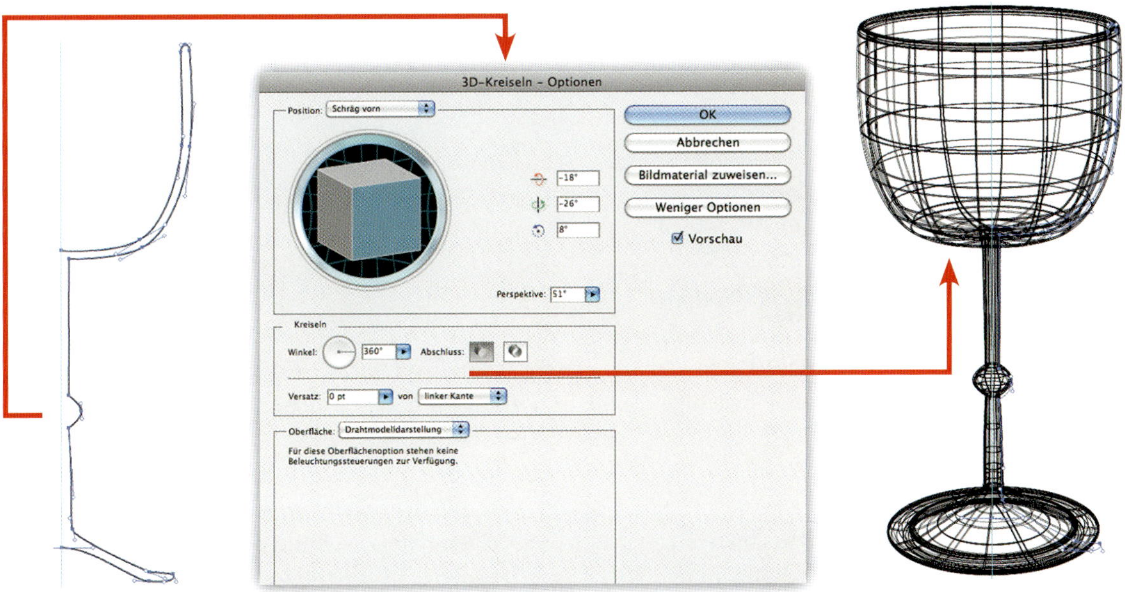

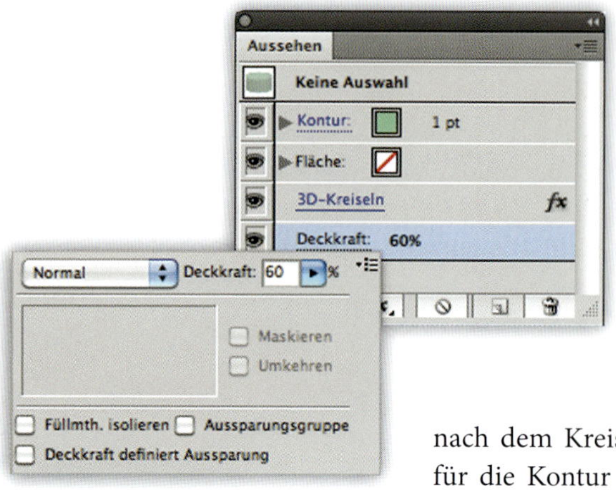

Das Beispiel zeigt einen Pfad, der die offene Kante der halben Schnittfläche eines Weinglases zeigt. Um 360° gekreiselt, wird der Pfad zum geschlossenen 3D-Modell des Weinglases, dessen Form sich in der Drahtgittermodelldarstellung gut kontrollieren lässt (siehe vorige Seite).

Wie bei der Funktion *3D-Extrudieren und abgeflachte Kante* beschrieben, kann man die Einstellungen nachträglich über das Bedienfeld *Aussehen* ändern, etwa den Modus auf *Kunststoffschattierung* umstellen. Auch alle anderen Parameter lassen sich nach dem Kreiseln noch ändern; so wurde hier eine passende Farbe für die Kontur gewählt und die Deckkraft über das Bedienfeld *Aussehen* reduziert. Angewendet wird diese Funktion am Ende der nächsten Übung *3D per Extrudieren*.

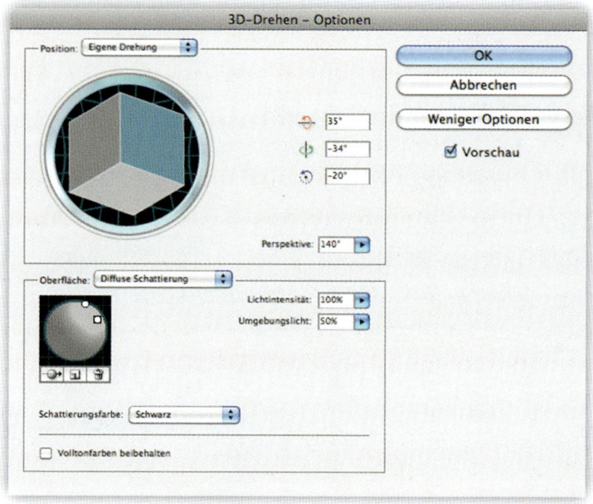

Drehen

Der Effekt *Drehen* erzeugt keinen echten 3D-Körper, sondern er bewegt eine beliebige Fläche im Raum. Zwar lassen sich hier die Werte exakt einstellen und auch eine Perspektive festlegen, in Version CS5 ist dieser Effekt durch das *Perspektivenraster* jedoch mehr oder weniger überflüssig geworden, da hiermit Flächen wesentlich exakter an einen Raum und dessen Perspektive angepasst werden können. Am Ende des Kapitels gibt es eine Übung, in der das *Perspektivenraster* näher erklärt wird.

4.1.2 3D in Photoshop

Photoshop Extended CS5 bietet wesentlich mehr Optionen zum Erstellen von 3D-Objekten, die dazu noch weitaus flexibler sind als die von Illustrator. Bis auf die neue Funktion *Repoussé* sind alle anderen 3D-Funktionen bereits in CS4 vorhanden. Beide Versionen bieten ein eigenes 3D-Menü, über das sich die Formen erstellen, bearbeiten oder auch laden lassen. Für weitere Einstellungen am fertigen dreidimensionalen Körper gibt es zusätzliche Bedienfelder und Dialoge, die am folgenden Beispiel erläutert werden.

Das 3D-Menü mit allen hier beschriebenen Funktionen ist nur über die Version Photoshop Extended verfügbar!

Ps 3D-Dose

Einen sehr einfachen Weg, einen Körper in Photoshop Extended zu erzeugen, bietet die Option *3D > Neue Form aus Ebene*. Hierbei benötigen Sie eine Hintergrundebene und eine weitere, deren Bildinhalt dann um den gewählten Körper gewickelt wird. Zur Verfügung stehen neben geometrischen Figuren wie Würfel, Kugel, Pyramide und Ring auch einfache Gegenstände wie eine Flasche oder eine Softdrink-Dose.

Wählen Sie die obere Ebene und dann *3D > Neue Form aus Ebene*. Zuoberst steht nun die Dose im Vordergrund, im Hintergrund ist wieder die untere Ebene sichtbar. 3D-Körper können Sie in Photoshop mit den 3D-Objekt-Werkzeugen drehen, rollen, schwenken, verschieben und skalieren. Im Werkzeug-Bedienfeld rechts neben den 3D-Objekt-Werkzeugen befinden sich die 3D-Kamera-Werkzeuge, mit denen nicht das Objekt in seiner Größe oder Position verändert wird, sondern eine Art virtuelle Kamera um das Objekt herum bewegt wird. Ein weiteres Steuerelement befindet sich direkt auf der Arbeitsfläche, die 3D-Achse, die die aktuelle Position des Körpers zeigt. Über die 3D-Achse lässt sich der Körper ebenfalls drehen, bewegen oder skalieren.

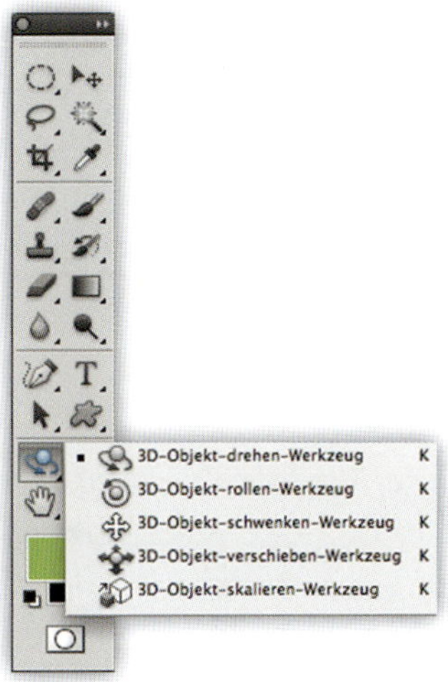

3D-Einstellungen

Entscheidend für das Aussehen des fertigen 3D-Gegenstandes sind die Rendereinstellungen (Berechnung des Bildes). Auch in Photoshop gibt es ähnliche Render-Stile wie die Drahtmodelldarstellung in Illustrator, bei der das Objekt als Gitter dargestellt wird. Die *3D-Rendereinstellungen* befinden sich im Menü *3D*. Um ein möglichst realistisches Aussehen zu erzeugen, sollte die oberste Variante aktiviert sein: bei *Flächenstil* die Option *Flächen mitrendern*. Zudem sollten die Optionen *Spiegelung*, *Lichtbrechung* und *Schatten* aktiviert sein.

CS5 Neu in CS5 sind die *3D-Voreinstellungen*, die Sie unter *Bearbeiten > Voreinstellungen* (Windows) beziehungsweise *Photoshop > Voreinstellungen* (Macintosh) finden. Damit das Objekt auch einen Schatten wirft, müssen Sie hier statt *OpenGL* den *Raytracer* wählen.

CS4 In Version CS4 finden Sie diese Einstellung in den *3D-Rendereinstellungen*, wählen Sie hier als Flächenstil die Option *Raytraced*.

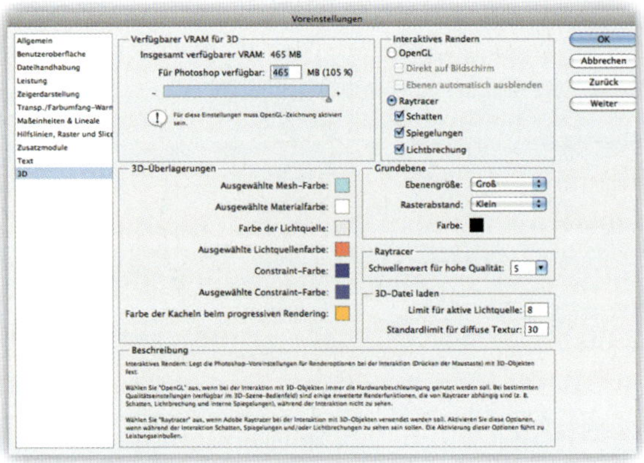

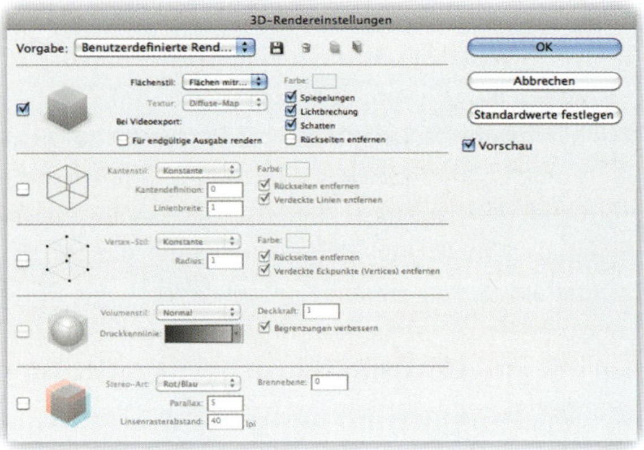

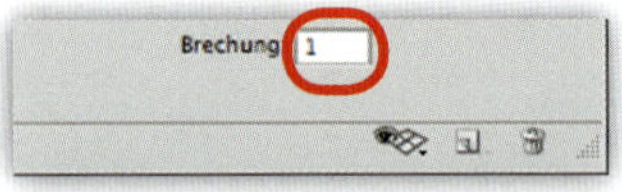

Zum Bearbeiten der Modellstruktur, der Materialien, die auf das Modell gelegt werden, und der Beleuchtung bietet Photoshop das Bedienfeld *3D*, welches auf der nächsten Seiten detailliert gezeigt wird. Blenden Sie über die gekennzeichnete Schaltfläche in der unteren Leiste im linken Bild zunächst alle Steuerelemente ein. Zu sehen ist links die 3D-Achse, das schwarze Gitter unten zeigt die Grundebene. Wie diese Grundebene positioniert ist, zeigen die beiden Achsen; die grüne ist die X-Achse, die rote die Z-Achse, die in die Tiefe geht. Weiter gibt es zwei Lichtquellen, die weiß gekennzeichnet sind. Eine davon, die obere, ist aktiviert, wie die rote Markierung zeigt.

Das Bedienfeld 3D

Ein 3D-Objekt lässt sich über die Werkzeuge im Werkzeug-Bedienfeld verschieben, skalieren oder drehen. Um etwa nur eine Beleuchtungsquelle zu verändern, bietet das Bedienfeld *3D* eigene Werkzeuge. Zudem zeigt es vier Reiter, die exakte Einstellungen zu den einzelnen Objekt-Bestandteilen und der Szene bieten:

1. Im Reiter *Szene* sind alle Einstellungen zu den einzelnen Bestandteilen der Szene zugänglich.
2. Bei *Mesh* handelt es sich um die Formen. Hier lässt sich etwa einstellen, ob diese Form einen Schatten auf den Boden werfen soll.
3. In diesem Reiter geht es um die *Materialien*. Im Beispiel zeigt die Dose zwei Flächen, denen Materialien zugewiesen wurden. Diese lassen sich hier austauschen und im unteren Bereich des Bedienfelds in ihren Parametern ändern.
4. Der Reiter *Lichtquellen* zeigt alle Lichter, die einzeln gewählt und bearbeitet werden können. So gibt es beispielsweise gerichtetes Licht, Punktlicht oder den Spot.

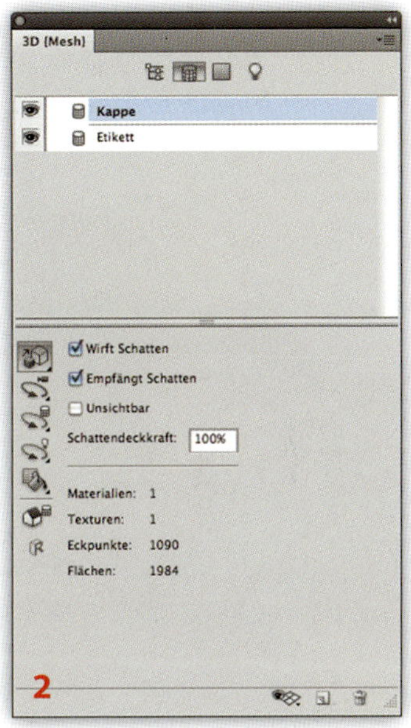

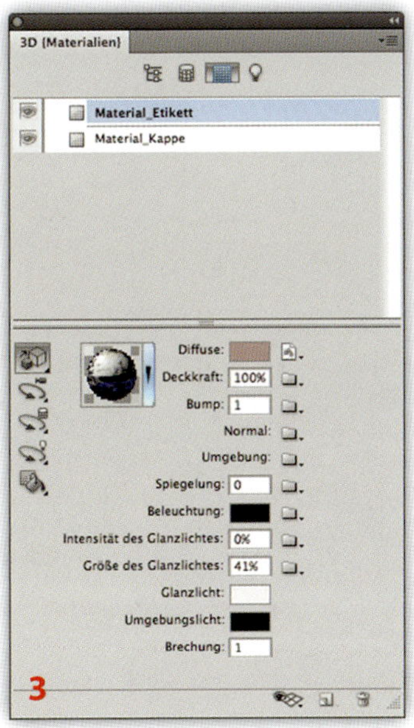

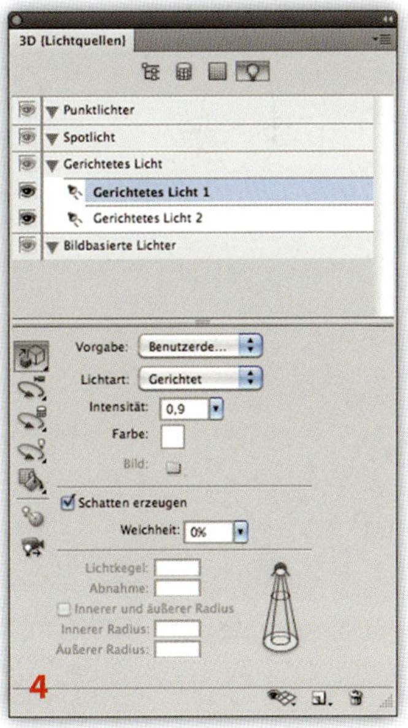

Übung

4.2 3D per Extrudieren

Zwar entsprechen die 3D-Funktionen aus Photoshop und Illustrator nicht denen eines professionellen 3D-Programms, mit etwas Nachbearbeitung in Photoshop lassen sich jedoch recht glaubwürdige Körper erstellen. Folgende Techniken wenden Sie in diesem Workshop an:

Photoshop:

- Vektor-Smart-Objekt
- 3D-Funktion *Repoussé*
- Korrekturebene *Kurven bearbeiten*
- Schatten per Maske bilden
- Körperschatten

Illustrator:

- Kopieren und davor einfügen
- Pathfinder: *Fläche aufteilen*
- Transformationsfilter *Aufrauen*
- *Kreisrunden Verlauf* anwenden und bearbeiten

Aufgabenstellung

Sie erstellen die Grafik des Querschnittes einer Zitrone und bauen davon eine dreidimensionale Zitronenhälfte sowie eine Scheibe. Danach fügen Sie beide Elemente stimmig in ein Foto ein.

01 Formen anlegen

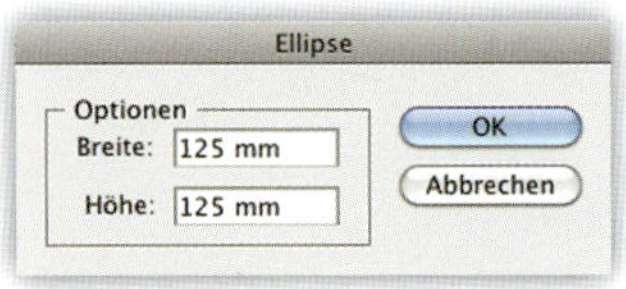

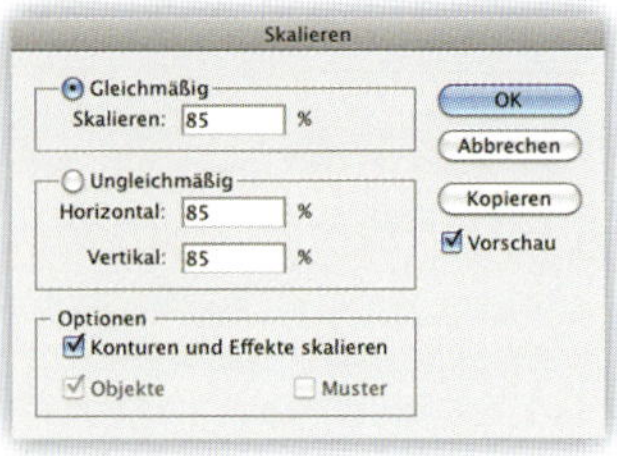

Klicken Sie mit dem Ellipse-Werkzeug einmal auf die Arbeitsfläche, um dessen Optionen zu öffnen. Geben Sie hier bei *Breite* und *Höhe* einen Wert von 125 mm ein. Per Klick auf *OK* erscheint ein Kreis auf der Arbeitsfläche. Dieser kann zunächst noch eine beliebige Flächen- und Konturfarbe zeigen, die Kontur sollte jedoch sichtbar sein, damit sich die verschiedenen Flächen voneinander abheben.

Kopieren Sie den Kreis und platzieren Sie die Kopie per *Bearbeiten > Davor einfügen* direkt auf dem Original. Wählen Sie nun *Bearbeiten > Transformieren > Skalieren* und geben Sie bei *Gleichmäßig* eine Skalierung von 85 % ein. Legen Sie auf diese Art eine weitere, sehr kleine Kopie in der Mitte an und skalieren Sie diese auf 10 %.

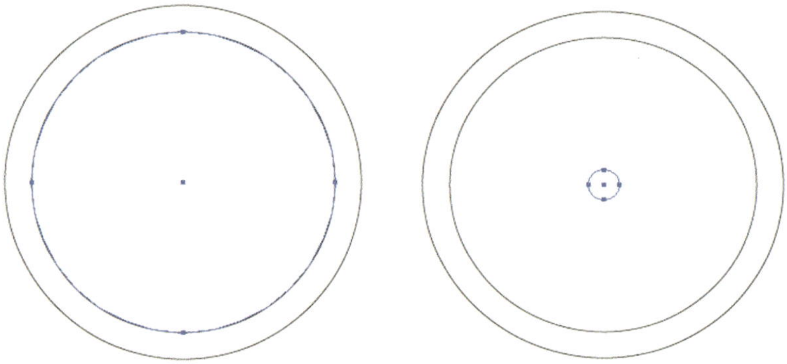

02 Unterteilungen anlegen

Die beiden inneren Kreise bilden sozusagen die Begrenzung des Fruchtfleisches einer Zitronenscheibe. Um die weiteren Unterteilungen der Form exakt platzieren zu können, ziehen Sie zwei Hilfslinien auf die Arbeitsfläche, die sich im gemeinsamen Mittelpunkt der Kreise treffen.

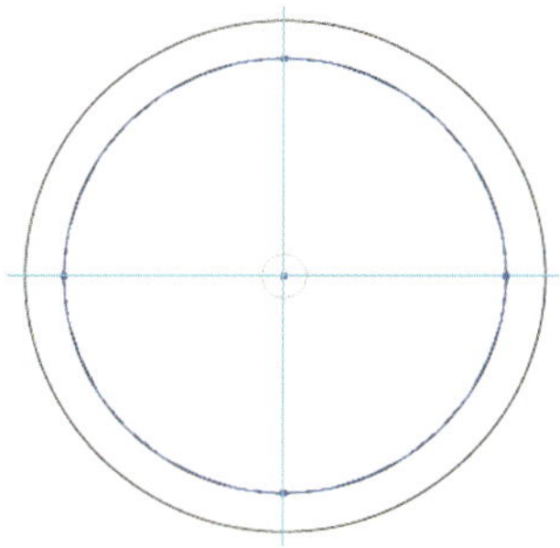

Aktivieren Sie hierzu den kleinsten Kreis und orientieren Sie sich in der Vergrößerung am Mittelpunkt der angezeigten Objekt-Ecken. Ziehen Sie nun den großen äußeren Kreis beiseite, Sie benötigen ihn erst später für die Zitronenschale.

Ziehen Sie nun mit dem Liniensegment-Werkzeug entlang der Hilfslinien eine horizontale und eine vertikale Linie, die die beiden Kreisränder überschneiden. Kopieren Sie die beiden Linien und platzieren Sie die Kopie per *Bearbeiten > Davor einfügen*. Wählen Sie nun *Objekt > Transformieren > Drehen* und geben Sie im Dialog einen Winkel von 45°. Platzieren Sie die gedrehten Kopien so, dass sich deren Schnittpunkt direkt auf der Mitte befindet.

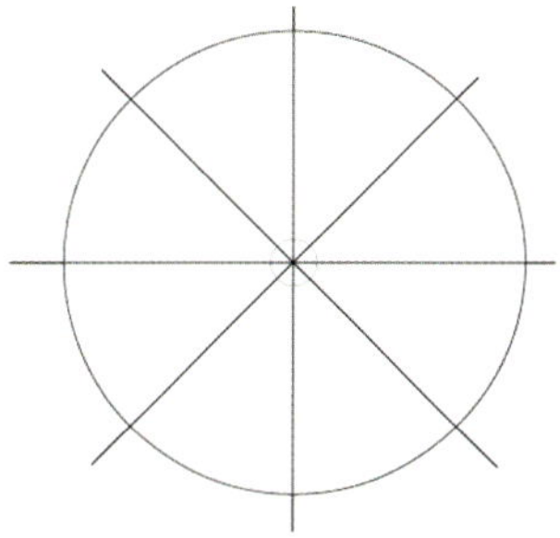

03 Fläche aufteilen

Wählen Sie beide Kreise sowie die vier Linien (es gibt acht Unterteilungen!). Klicken Sie im Bedienfeld *Pathfinder* auf die Schaltfläche *Fläche aufteilen*. Die überstehenden Enden der Linien verschwinden und die zwei Kreise sind in jeweils acht gleichmäßige Abschnitte geteilt worden.

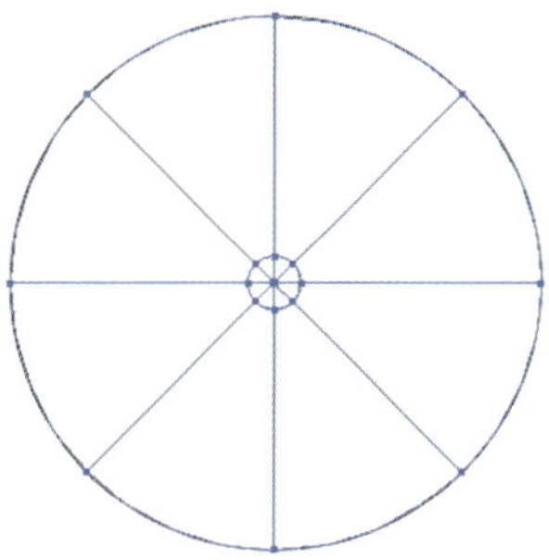

Nun müssen die inneren kleinen Flächen wieder zu einem Kreis zusammengefügt werden. Heben Sie zunächst über das Menü *Objekt* die Gruppierung auf. Wählen Sie nun im Bedienfeld *Pathfinder* unter *Formmodi* die Option *Vereinen*.

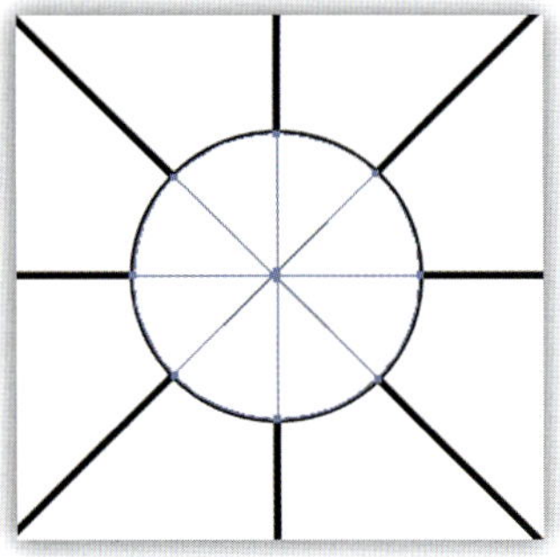

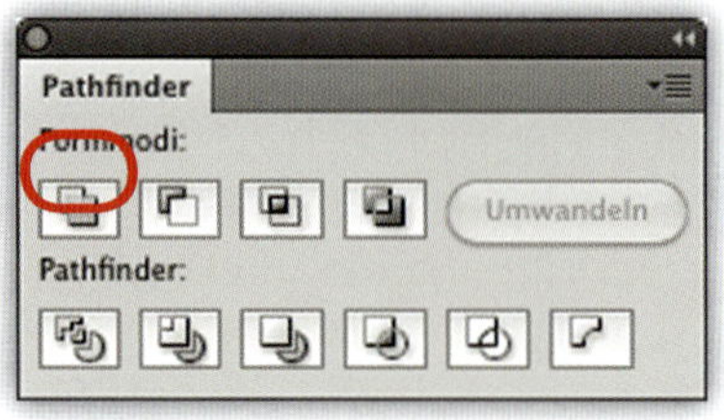

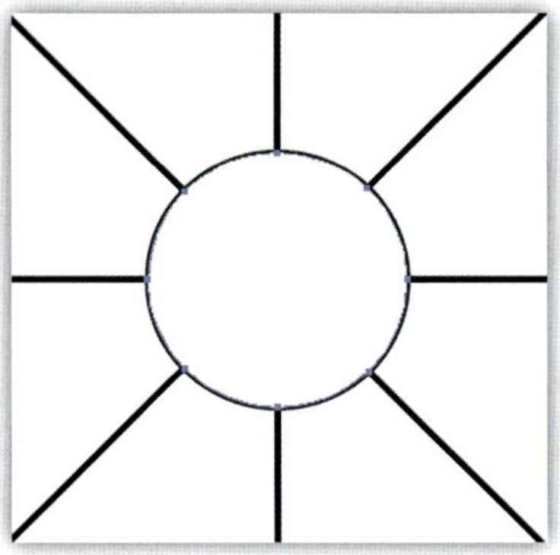

04 Kontur bearbeiten

Für eine Zitronenscheibe ist die Grafik noch zu regelmäßig. Über einen Filter und mit einer Pinselstrich-Kontur gestalten Sie die Linien noch etwas unregelmäßiger.

Wählen Sie alle neun Formen zugleich. Wenden Sie dann den Effekt *Aufrauen* an, er befindet sich unter den *Verzerrungs- und Transformationsfiltern*. Wählen Sie im erscheinenden Effekt-Dialog kleinere Werte, etwa bei *Größe 2 %* und bei Detail *4 Zoll*. Aktivieren Sie zudem die beiden Optionen *Relativ* und *Übergang*, damit Kurvenpunkte und keine Ecken entstehen. Die Formen erscheinen nun schon deutlich organischer.

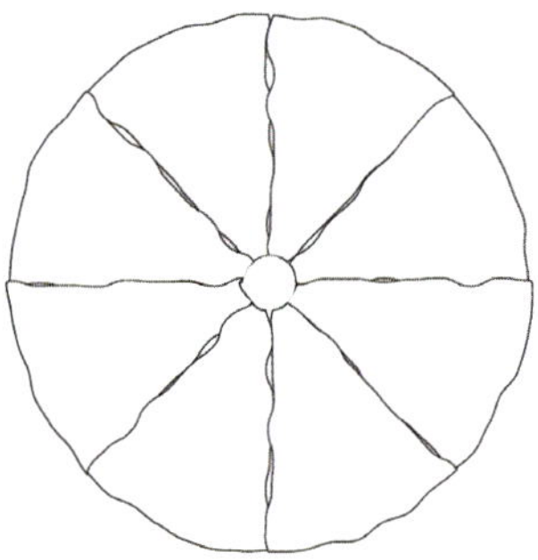

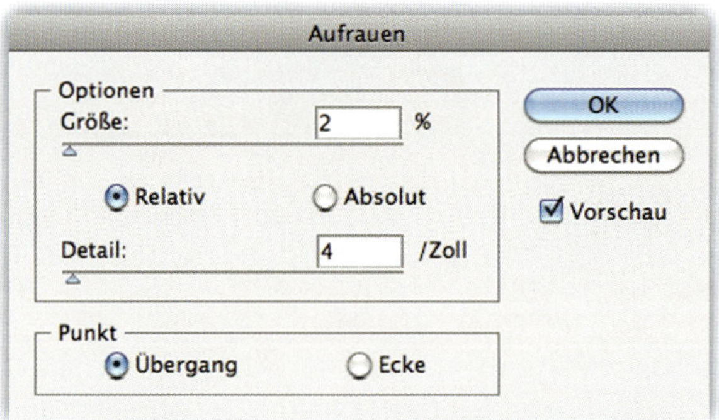

Weisen Sie den Konturen einen Pinselstrich zu. Sie können alle Formen zugleich aktivieren und auf das entsprechende Feld im Pinsel-Bedienfeld klicken. Arbeiten Sie mit der Version CS5, können Sie den Konturen über die Optionsleiste noch ein *Breitenprofil* zuordnen.

Zur Verfügung stehen in beiden Versionen auch einige Pinsel-Bibliotheken, die Sie über das Menü des Pinsel-Bedienfelds erreichen.

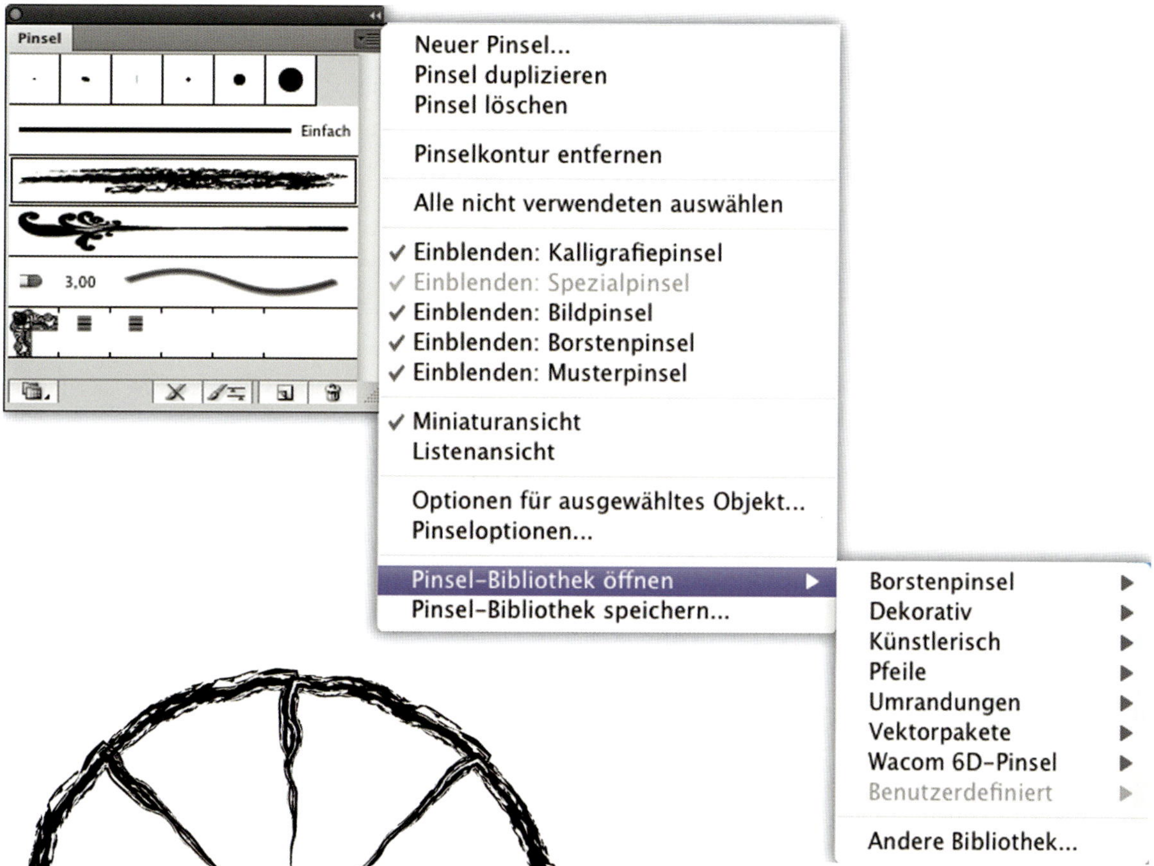

05 Füllung und Konturenfarbe

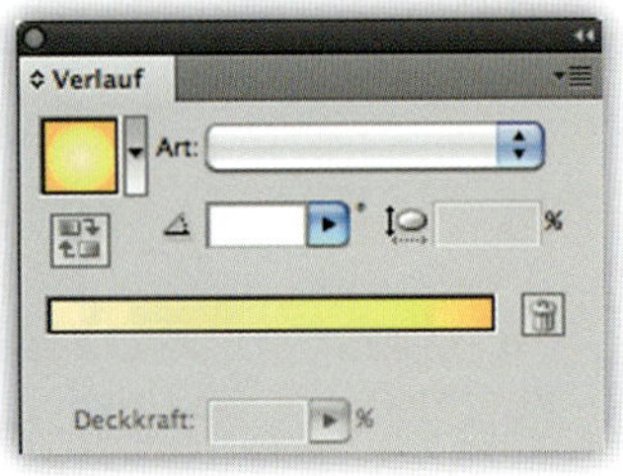

Das Innere der Zitronenscheibe färben Sie mit einem Verlauf von Orange über Gelb bis hin zu einem sehr hellen Gelb. Speichern Sie den Verlauf im Bedienfeld *Farbfelder*. Wählen Sie alle Formen der Grafik und weisen Sie ihnen den Verlauf zu.

Jede einzelne Form der Grafik zeigt nun den Verlauf. Um diesen der gesamten Scheibe zuzuweisen, gruppieren Sie alle Teile und ziehen Sie den Verlauf mit dem Verlaufswerkzeug erneut von der Mitte aus auf.

Färben Sie noch die Kontur in einem hellen Gelb. Möchten Sie den kleinen Mittelkreis extra färben, können Sie diesen mit dem Direktauswahl-Werkzeug wählen, um ihm eine neue Flächenfarbe zuzuweisen.

Info: Das Gruppieren (über das Menü *Objekt*) ist nicht nur praktisch für das gemeinsame Einfärben der Flächen, sondern es hilft auch dabei, die Einzelteile später gemeinsam auf den zu Beginn geformten größeren Kreis zu schieben, der im nächsten Arbeitsschritt zum Rand der Zitronenschale wird.

06 Die Schale

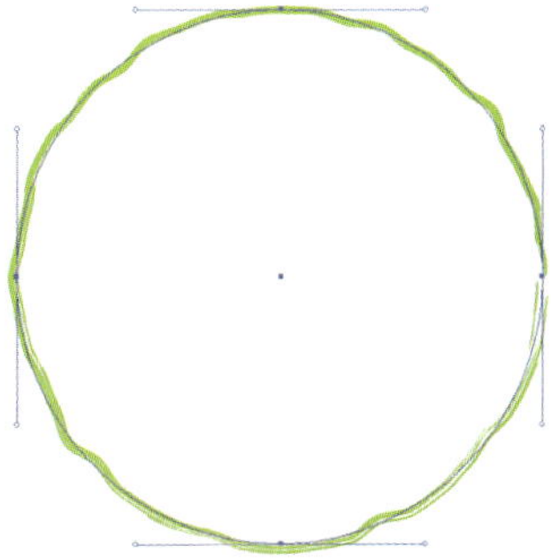

Bearbeiten Sie nun die Schale, also den großen äußeren Kreis, den Sie zu Beginn der Übung beiseite geschoben haben. Rauen Sie die Kontur auf, diesmal mit etwas anderen Einstellungen als bei dem Fruchtfleisch. Weisen Sie der Kontur eine Pinselspitze zu. Öffnen Sie in der Pinsel-Bibliothek *Vektorpakete* das *Handgemalte Pinsel Vektorpaket* und verwenden Sie hier die oberste Pinselspitze.

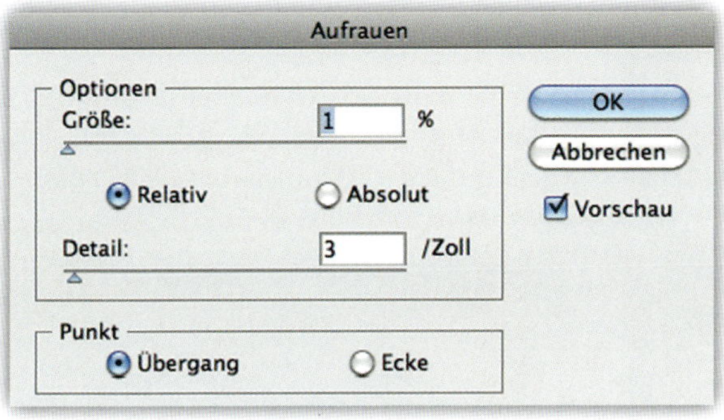

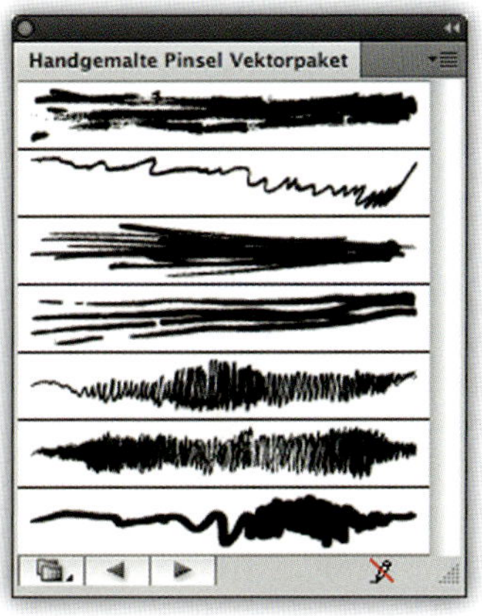

Färben Sie das Innere erneut mit dem Verlauf. Passen Sie den Verlauf mit dem Verlaufswerkzeug dann direkt in der Grafik an. Schieben Sie alle drei Farbkästchen an das Ende des Verlaufsbalkens. Per Klick auf eines der Kästchen am Balken öffnen sich die Farbeinstellungen; hellen Sie hier die linke Farbe etwas auf.

Platzieren Sie die oberen kleineren Grafiken auf der Schale. Gruppieren Sie zum Schluss alle Bestandteile der Grafik.

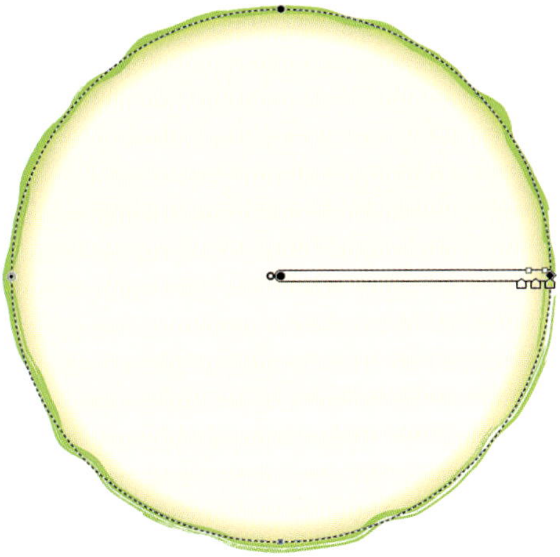

07 Importieren

Bevor Sie aus der zweidimensionalen Grafik ein 3D-Objekt gestalten, sollten Sie wissen, auf welchem Hintergrund dieses erscheint. Je nach Motiv wird das Objekt, also die Zitrone, dem Winkel und der im Bild gegebenen Beleuchtung angepasst. In dieser Übung sollen eine Zitronenhälfte und eine Scheibe entstehen, die auf einem Foto platziert werden, auf welchem bereits einige Kirschen zu sehen sind.

Kopieren Sie in Illustrator die gesamte Zitronen-Grafik in die Zwischenablage und öffnen Sie dann in Photoshop CS5 das Bild *Kirschen01*. Fügen Sie dort die Grafik als *Vektor-Smart-Objekt* ein.

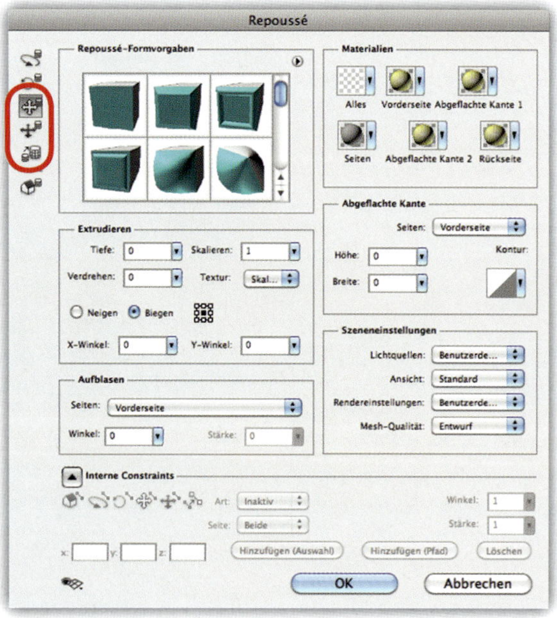

08 Repoussé

Wählen Sie die Zitrone. Klicken Sie dazu mit dem Zauberstab-Werkzeug bei selektierter Zitronen-Ebene in den Hintergrund und kehren Sie die Auswahl um. Wählen Sie dann *3D > Repoussé > Aktuelle Auswahl.* Wählen Sie hier bei Extrudieren für die Tiefe den Wert 0, die Grafik bleibt zunächst eine Scheibe. Verschieben, rotieren und skalieren Sie die Scheibe mit den gekennzeichneten Werkzeugen.

09 Körper formen

Immer noch im Dialog *Repoussé* runden Sie über die Option *Aufblasen* die untere Seite der Zitronenscheibe so weit ab, dass in etwa eine Halbkugel entsteht. Wählen Sie hierzu zunächst als Seite die Rückseite. Mit einem Winkel von 100 entsteht bereits eine Rundung der unteren Hälfte, um diese zu verstärken, geben Sie bei Stärke den Wert 0,6 ein.

Stellen Sie rechts unten bei *Szeneeinstellungen > Mesh-Qualität* noch als Ergebnis *Optimal* ein. Belassen Sie die Einstellung der Lichtquelle bei *Standardlichter*.

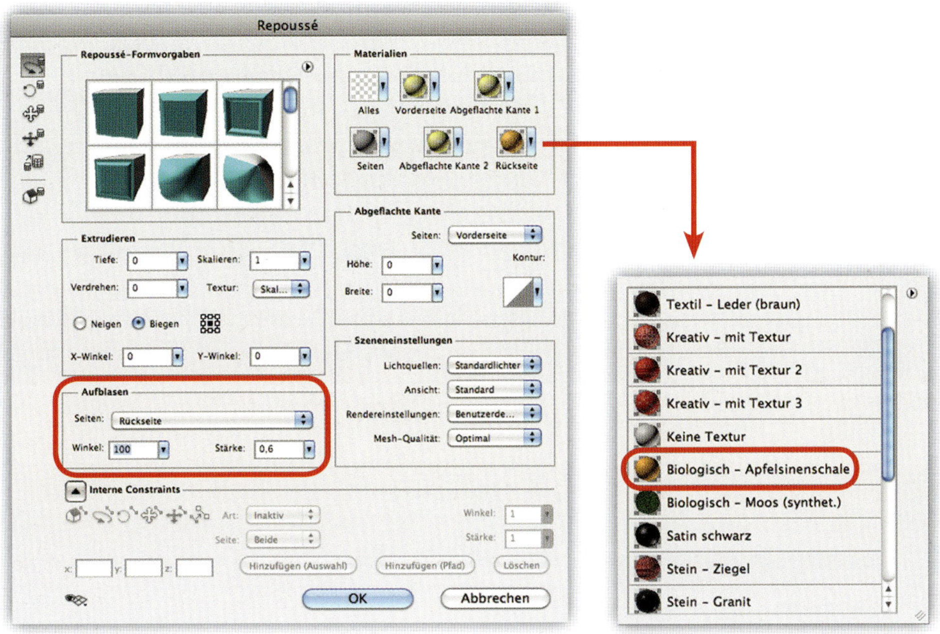

10 Die untere Textur

Für alle Seiten des neuen Körpers wählt Photoshop zunächst die Flächenfarbe, die Grafik oder das Muster, welches sich auf der aktiven Ebene innerhalb der getroffenen Auswahl befindet. Somit zeigt zunächst auch die untere Hälfte die Grafik der Zitronenhälfte. Um dies zu ändern, wählen Sie im Dialog *Repoussé* rechts oben unter *Materialien* im Klappmenü bei *Rückseite* die Textur *Biologisch – Apfelsinenschale*.

11 Textur ändern

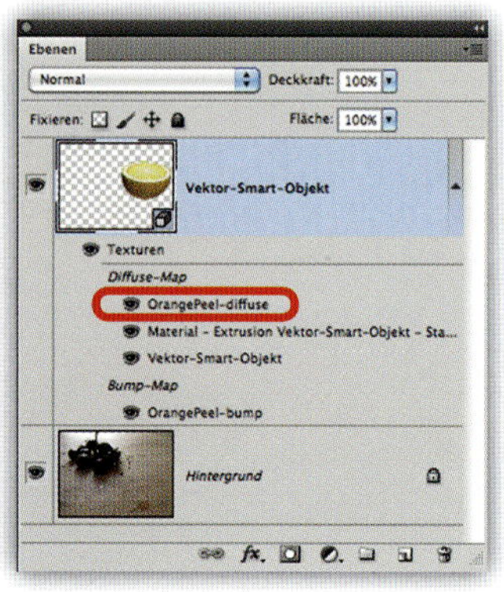

Zwar passt die Struktur der Textur *Biologisch – Apfelsinenschale* schon recht gut, sie zeigt jedoch noch die falsche Farbe. Eine von Photoshop bereitgestellte Textur können Sie über das Ebenen-Bedienfeld in Form einer eigenständigen Datei öffnen und so bearbeiten. Die Änderungen werden von der Ursprungsdatei automatisch übernommen.

In dem Unterordner *Texturen* unter dem *Vektor-Smart-Objekt* der Zitrone befinden sich weitere Unterebenen. *Diffuse-Map* ist für die Farbgebung der Textur zuständig, die Unterebene *Bump-Map* sorgt über eine schwarzweiß gefärbte Fläche für die Oberflächenstruktur: Weiße Bildbereiche schaffen Erhebungen, Schwarz erzeugt die Tiefen.

Klicken Sie doppelt auf die Textur *Orange-Peel-diffuse*, sie öffnet sich als neue Datei, die eine relativ gleichmäßig orange gefärbte Fläche zeigt.

Um die Farbe in ein helles Gelbgrün zu ändern, gib es zwei Methoden; eine führt über die bereits vorhandene Korrekturebene *Curves,* bei der anderen Methode legen Sie eine neue Farbfläche an.

- **Erste Methode:** Klicken Sie im Ebenen-Bedienfeld doppelt auf die Korrekturebene *Curves 1.* Es öffnet sich der Dialog *Korrektur* mit den *Gradationsebenen*. Wählen Sie hier zunächst den Kanal *Grün* und ziehen Sie alle Kurvenpunkte ganz nach oben. Justieren Sie danach noch die Kurve *Rot,* wie es die Abbildung links unten zeigt. Nachdem Sie die Änderungen bestätigt haben, ist die Zitronenschale hellgrün gefärbt.

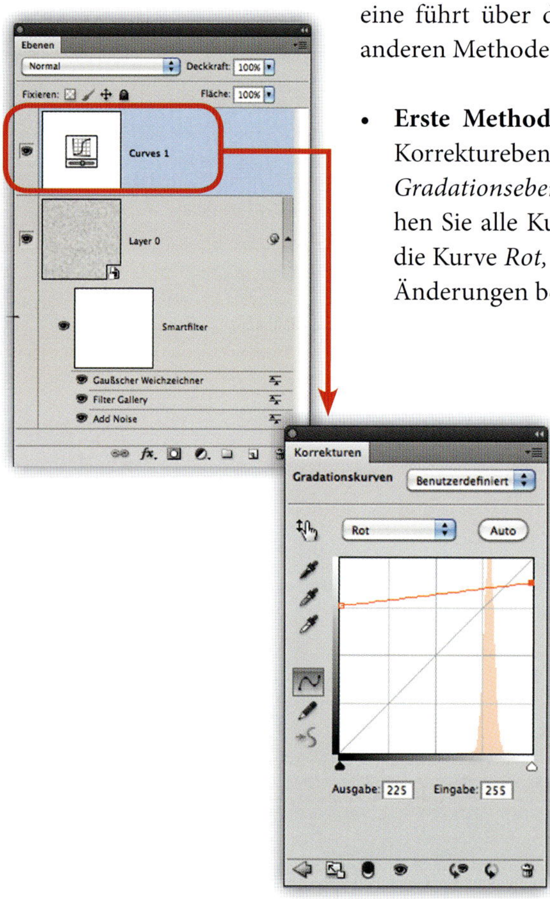

- **Zweite Methode:** Noch natürlicher wirkt die Schale, wenn ihre Oberfläche nicht einheitlich gefärbt ist. Löschen Sie die Korrekturebene *Curves 1* und legen Sie an oberster Stelle eine neue Ebene an. Färben Sie diese mit einem kreisrunden Verlauf von Grün nach Gelb. Bestimmen Sie als Ebenenmodus *Farbig nachbelichten*. Öffnen Sie nun die Korrekturebene *Gaußscher Weichzeichner* und setzen Sie den Radius auf etwa 5 Pixel zurück.

Weiter könnten Sie die Einstellungen der restlichen im Ebenen-Bedienfeld aufgelisteten Filter ändern. So beeinflussen Sie beispielsweise über den Filter *Add Noise* in Kombination mit dem Weichzeichnenfilter *Gaußscher Weichzeichner* das Farbrauschen.

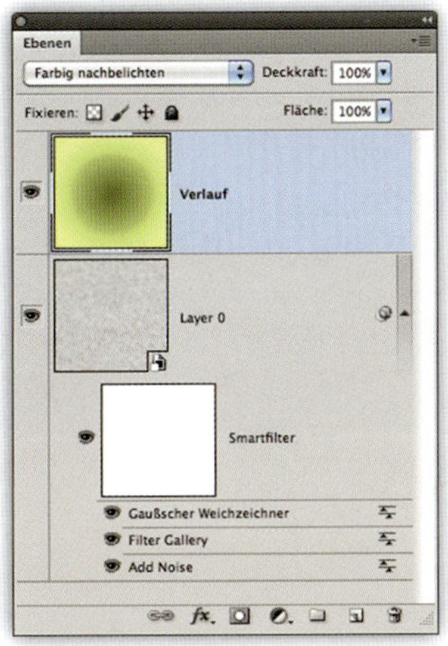

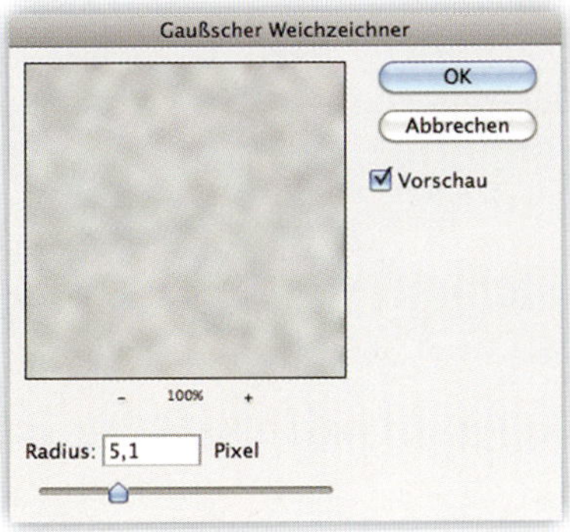

12 Schattenauswahl

Die Zitrone scheint noch zu schweben, zudem entspricht die im Dialog *Repoussé* eingestellte Beleuchtung nicht der, die das Bild mit den Kirschen zeigt. Auf zwei weiteren Ebenen fügen Sie noch die Schatten ein.

Wählen Sie die Zitrone. Über *Auswahl > Auswahl transformieren* ändern Sie diese Auswahl für eine neue des Schattenbereiches: Die Auswahl ist mit einem Transformationsrahmen umgeben, der an jeder Ecke und in jeder Mitte einer Seite einen Greifer zeigt. Ziehen Sie zunächst am mittleren Greifer oben den Auswahlrahmen an den unteren Bildrand, um die Auswahl damit zu spiegeln. Ziehen Sie mit gedrückter Befehlstaste, um die Eckpunkte einzelnen zu bewegen, der Schattenwurf sollte unten etwas nach rechts laufen. Dieser muss – soll er den gleichen Winkel wie die Schatten der Kirschen zeigen – unten und rechts über das Bild hinausgehen. Bestätigen Sie die Transformation der Auswahl per Doppelklick.

Speichern Sie die Auswahl und nennen Sie sie *Schatten Zitrone,* um bei eventuellen Änderungen erneut darauf zugreifen zu können.

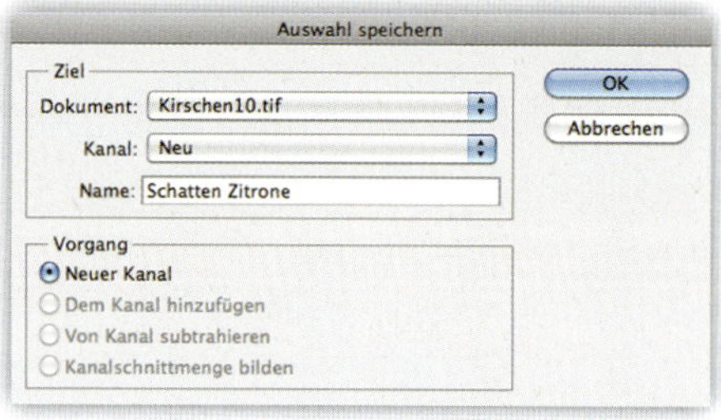

13 Schatten hinzufügen

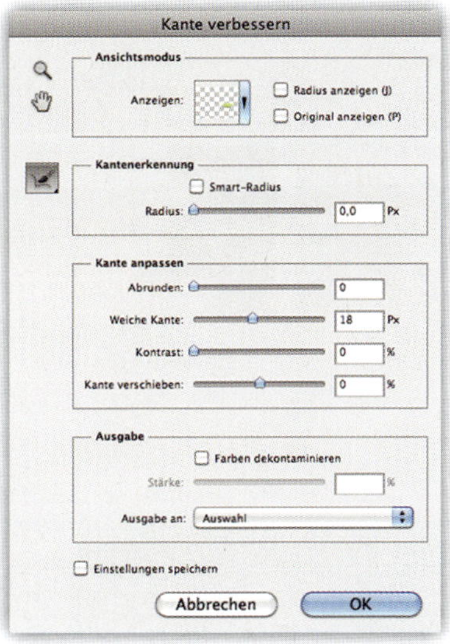

Stellen Sie eine weiche Auswahlkante von etwa 20 Px ein. Legen Sie zwischen den beiden vorhandenen Ebenen eine neue Ebene für den Schatten an. Klicken Sie bei noch aktiver Auswahl auf die Schaltfläche *Ebenenmaske hinzufügen*. Wie die Ebenenmaskenminiatur im Ebenen-Bedienfeld zeigt, ist bereits der nicht gewählte Bereich maskiert. (Einen Exkurs zu den Maskierungs-Techniken in Photoshop finden Sie in Kapitel *1 Zeichnen* in der Übung *1.5 Vexeln*)

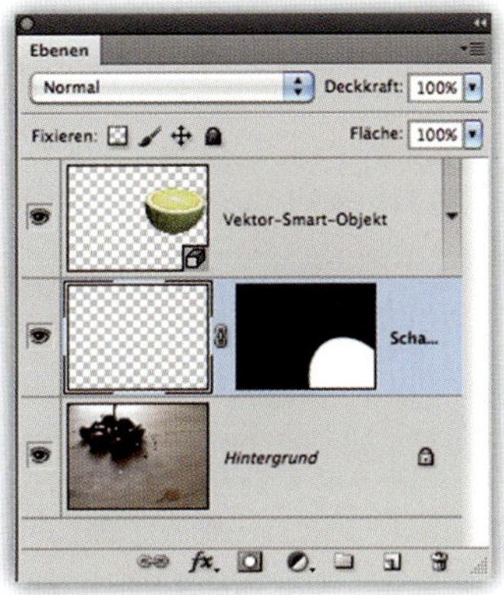

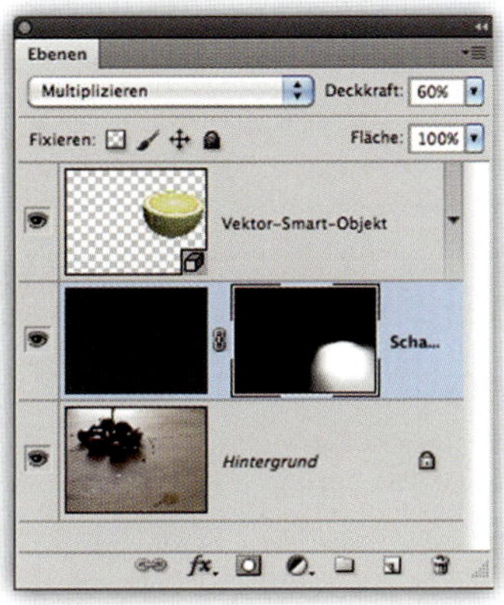

Wählen Sie das Pipette-Werkzeug und stellen Sie in der Optionsleiste bei *Aufnahmebereich 3x3 Pixel Durchmesser* ein. Klicken Sie in einen dunklen Schattenbereich der Kirschen. Aktivieren Sie nun im Ebenen-Bedienfeld die Ebenen-Miniatur. Wählen Sie die gesamte Fläche und füllen Sie diese mit der eingestellten Vordergrundfarbe. Setzen Sie den Ebenenmodus im Bedienfeld *Ebenen* auf *Multiplizieren* und stellen Sie eine Deckkraft von 60 % ein.

Den Schatten bearbeiten Sie nun über die Maske. Aktivieren Sie erneut die Ebenenmaskenminiatur. Malen Sie mit einer sehr großen Pinselspitze mit einer Deckkraft von etwa 20 %, einer Härte von 0 % und weißer Farbe die Schattenkante im vorderen Bereich etwas weicher. Um bestimmte Bereiche erneut zu maskieren, malen Sie mit Schwarz.

Tipp: Per Tastendruck x wechseln Sie beim Malen sehr schnell zwischen der Vorder- und der Hintergrundfarbe.

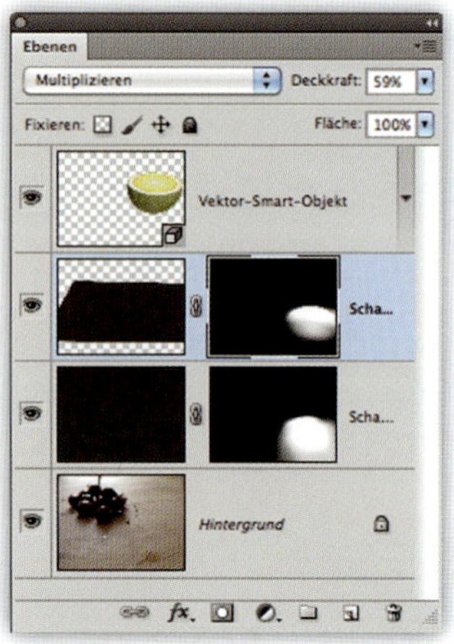

Fügen Sie noch einen zweiten, etwas dunkleren Schatten hinzu. Treffen Sie hierzu eine kreisrunde Auswahl, die Sie wie im Schritt 12 beschrieben transformieren. Legen Sie wie bei dem großen ersten Schatten eine Maske an, auf der Sie den Schatten mit dem Pinsel anpassen. Sollte einer der beiden Schatten in der Neigung nicht stimmen, können Sie auch nachträglich noch die Ebenenmaske transformieren.

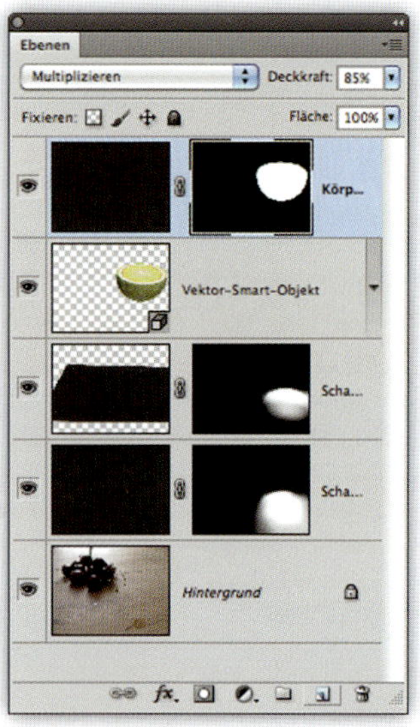

14 Körperschatten und Lichter

Neben einem perspektivischen Schatten, den die Zitrone wirft, ist es notwendig, auch der Zitrone selber einen Schatten zu geben. Dieser Körperschatten liegt an den Stellen, an denen sie nicht beleuchtet wird. Treffen Sie eine Auswahl der Zitrone und legen Sie für den Körperschatten eine weitere Ebene mit Maske an. Malen Sie auch hier wieder die beleuchteten Bereiche der Zitrone mit dem Pinsel in die Maske.

15 Eine Zitronenscheibe

Platzieren Sie ein weiteres Mal die Illustrator-Grafik der Zitronenscheibe als Smart-Objekt. Erstellen Sie eine Auswahl der Zitrone und wählen Sie auch hier wieder die 3D-Funktion *Repoussé*.

Da diesmal lediglich eine Scheibe entstehen soll, ändern Sie nur den Wert bei *Extrudieren > Tiefe* auf 0,07. Die Werte bei *Aufblasen* bleiben diesmal bei 0, da keine Wölbung entstehen soll. Drehen, skalieren und verschieben Sie die Scheibe so, dass sie scheinbar an der Zitronenhälfte lehnt. Orientieren Sie sich hierbei an der Abbildung links unten.

Wählen Sie bei *Seiten* die Apfelsinen-Textur, die Sie später, wie im Arbeitsschritt 11 gezeigt, beliebig umfärben können.

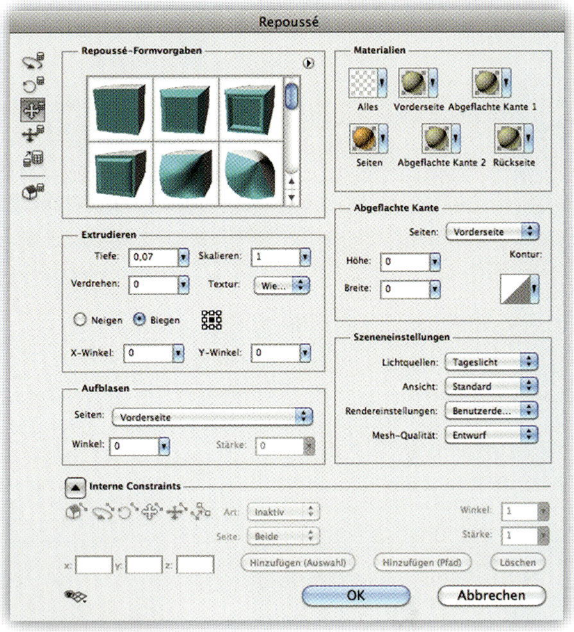

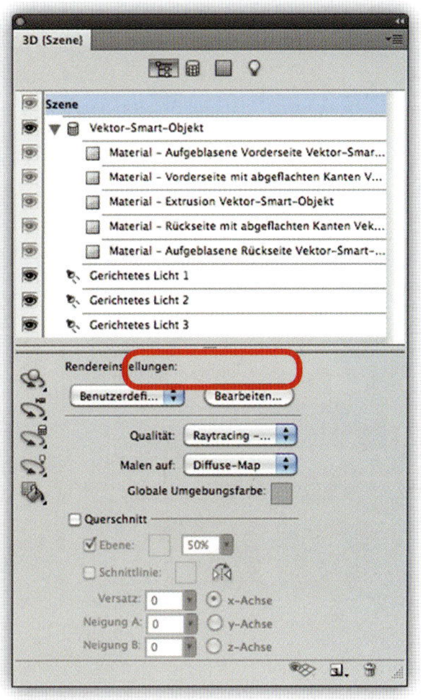

Per Doppelklick in die Ebene, auf der die Zitronenscheibe liegt, öffnen Sie das Bedienfeld *3D (Szene)*, in dem Sie die 3D-Einstellungen aller Objekte dieser Szene ändern können. Wählen Sie bei *Qualität* die Option *Raytracing*. Photoshop beginnt daraufhin, die komplette Szene in der besten Qualität zu rendern, was eine Zeit lang dauern kann. Im Bedienfeld *3D* könnten Sie nun weitere Einstellungen treffen, beispielsweise die Beleuchtungsquellen justieren. Jede Änderung kostet jedoch eine beträchtliche Renderzeit; schneller geht es, die Schatten und Lichter wie bei der Zitronenhälfte manuell auf verschiedenen Ebenen anzulegen.

Bearbeiten Sie die Zitronenscheibe nun mit herkömmlichen Mitteln weiter. Wählen Sie hierzu *Ebene > Rastern > 3D*. Die Zitronenscheibe kann nun zwar nicht mehr weiter als 3D-Objekt bearbeitet werden, dafür können Sie einzelne Bereiche des Fruchtfleisches transparent gestalten.

Wählen Sie das Innere der Zitronenscheibe mit dem Schnellauswahlwerkzeug und verfeinern Sie die Auswahl zunächst über *Auswahl > Farbbereich*, dann über den Dialog *Kante verbessern*. Radieren Sie mit einer großen Pinselspitze und geringer Deckkraft im Inneren der Zitrone.

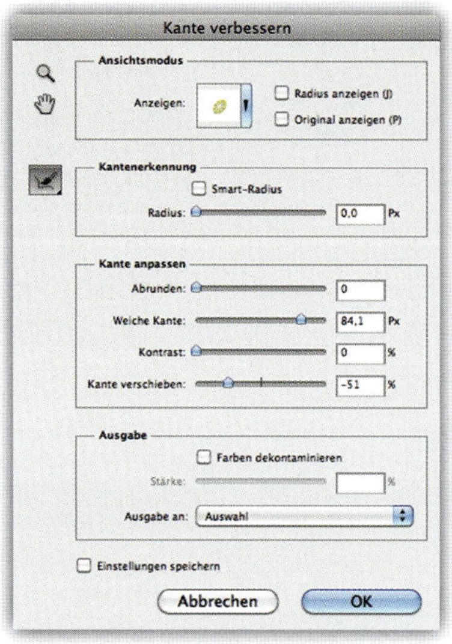

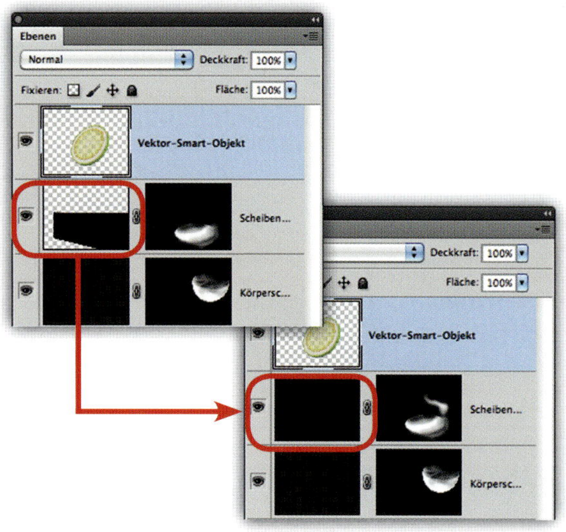

Treffen Sie eine Auswahl der Zitrone, die Sie auf einer neuen Ebene mit Schattenfarbe füllen und mit einer Maske versehen (siehe Arbeitsschritt 13). Transformieren Sie die Ebene, bis die Position des Schattens stimmt. Jetzt sind einige Flächen der Schattenebene nicht mehr mit Farbe gefüllt. Da jedoch durch die Transformation auch die Maske entsprechend verändert wurde, können Sie nun einfach die Ebene erneut füllen und weitere Schattenbereiche, etwa auf der Zitrone, bei aktivierter Maske aufmalen.
Gestalten Sie mit den vorgestellten Methoden auch noch einen Körperschatten der Zitronenscheibe.

Zeichnen Sie den Rand der Zitronenscheibe, der zum Betrachter zeigt, noch etwas unscharf. Treffen Sie hierzu eine Auswahl der Scheibe und schalten Sie in den Maskierungsmodus. Die Bereiche außerhalb der Zitrone sind nun rot maskiert, die Zitrone selber ist gewählt. Klicken Sie mit dem Zauberstab-Werkzeug in die Auswahl, um diesen Bereich innerhalb der Maske zu wählen, und ziehen Sie darin einen Verlauf von Schwarz nach Weiß auf. Die vordere Kante der Zitrone ist damit gewählt, hinten verläuft die Auswahl in den nicht gewählten Bereich.

Schalten Sie zurück in den Bearbeitungsmodus und wenden Sie auf die Auswahl den Gaußschen Weichzeichner an.

Die Kirschen im Hintergrund sollten noch etwas leuchtender und deren Oberfläche etwas glatter werden. Hierzu legen Sie eine Kopie der Hintergrundebene an und erhöhen zunächst über *Bild > Korrekturen* etwas die Helligkeit. Wählen Sie dann die *Selektive Farbkorrektur* und stellen Sie die Werte bei *Rot* und *Magenta* so ein, dass der dunkle Rotton der Kirschen etwas leuchtender wird.

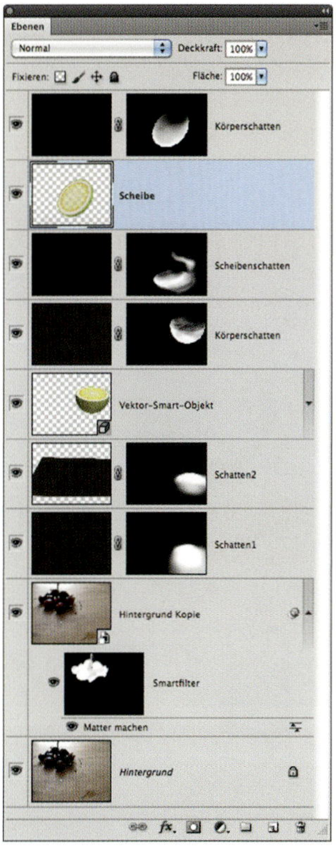

Um die Flächen zu glätten, treffen Sie zunächst eine Auswahl der Kirschen. Wählen Sie dann *Filter > Für Smartfilter konvertieren*, danach den Weichzeichnungsfilter *Matter machen*. Durch die Konvertierung legt sich der Filter als nicht destruktiver Filter auf das Bild und zeigt zudem eine Maske zum Bearbeiten der Auswahl, auf die der Filter wirkt.

Exkurs

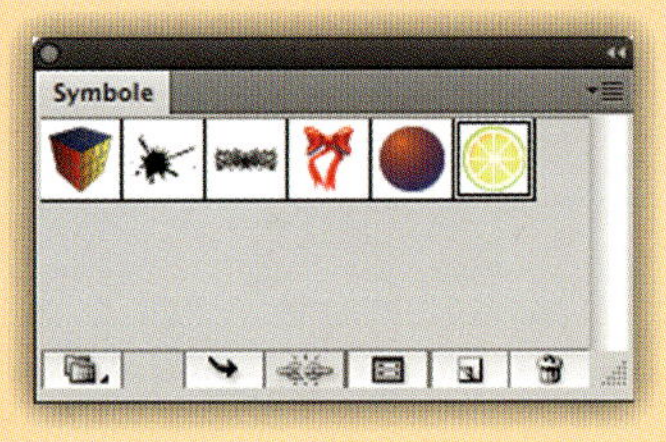

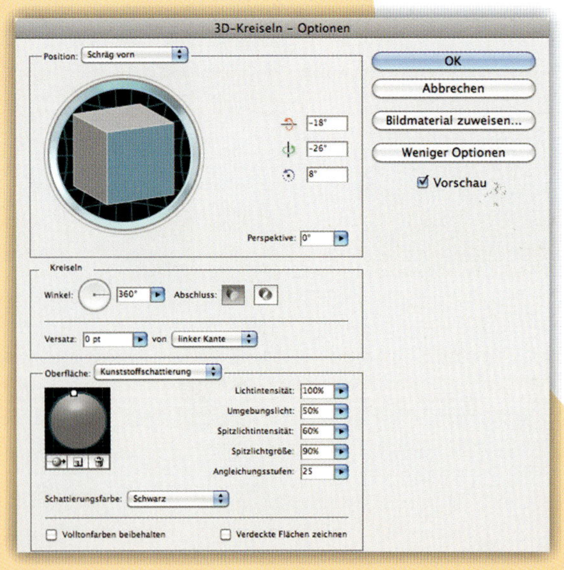

CS4 Zitrone in Illustrator CS4

Photoshop CS4 kennt noch nicht den Befehl *Repoussé*, die Zitronenhälfte und die Scheibe lassen sich jedoch auch sehr gut in Illustrator CS4 bauen.

Die eigentliche Zitronen-Grafik bauen Sie ebenfalls in CS4, wie es die Arbeitsschritte 1 bis 4 beschreiben. Haben Sie die 3D-Elemente in Illustrator CS4 erstellt, können Sie bei Schritt 12 fortfahren, um die Schatten und alle weiteren Bearbeitungsschritte in Photoshop durchzuführen.

Die Zitronenhälfte

Ziehen Sie die Grafik in das Bedienfeld *Symbole*. Legen Sie dann mit vier Ankerpunkten einen Kreisausschnitt an; der Pfad der Form muss geschlossen sein und die Kontur sollte die Farbe der Zitronenschale zeigen.

Wählen Sie bei aktiver Grafik *Effekt > 3D > Kreiseln* und aktivieren Sie die *Vorschau*. Klicken Sie auf *Bildmaterial zuweisen*, es öffnet sich ein neuer Dialog. Wählen Sie im Klappmenü bei *Symbol* das soeben abgelegte Zitronenbild. Passen Sie mit einem Klick auf *Auf Seitengröße skalieren* die Grafik an die Fläche an. Mit den Schaltflächen bei *Fläche* oben in der Mitte wählen Sie die einzelnen Flächen des Körpers. Weisen Sie hier den runden Flächen des Körpers das neue Symbol zu.

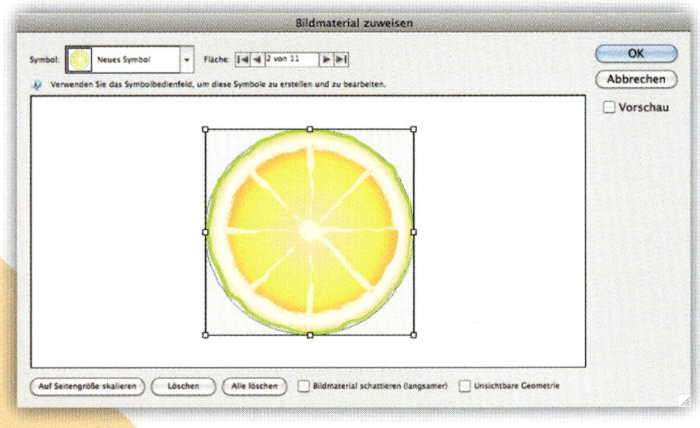

Stellen Sie im unteren Bereich die Beleuchtung ein. Zwar müssen Sie diese später wie in der Übung ab Schritt 12 beschrieben noch dem Foto anpassen, eine gute Einstellung bereits in Illustrator verhindert dass Bildbereiche im Schatten liegen, die eigentlich beleuchtet sein müssten. Ziehen Sie auf der kugelförmigen 3D-Vorschau die Lichter ganz nach oben.

Die Zitronenscheibe

Ähnlich wie der 3D-Befehl *Repoussé* aus Photoshop CS5 funktioniert in Illustrator CS4 der Befehl *3D-Extrudieren und abgeflachte Kante*. Zwar kann man hiermit keine Endflächen aufblasen oder verdrehen, für die Zitronenscheibe benötigen Sie jedoch nur die Option *3D-Extrudieren*.
Auch hier sollten Sie wieder mit einem einfarbigen Körper arbeiten, dem Sie nach der Extrusion eine Textur zuweisen. Würden Sie die Grafik direkt rendern, müsste Illustrator jeden einzelnen Ankerpunkt berechnen, was bei komplexeren Grafiken zu extrem langen Berechnungszeiten führen kann.

Erzeugen Sie also mit dem Ellipse-Werkzeug und gedrückter Umschalt-Taste einen Kreis und wählen Sie dann *Effekt > 3D > 3D-Extrudieren und abgeflachte Kante* und klicken Sie auf *Vorschau*. Die Bedienung des Dialoges gleicht der des Dialoges *3D-Kreiseln*. Klicken Sie auf Bildmaterial zuweisen und wählen Sie bei den ersten beiden runden Flächen das Symbol der Zitronenscheibe. Justieren Sie die Lichter; orientieren Sie sich dabei am Hintergrundfoto und an der zuvor erstellten Zitronenhälfte.

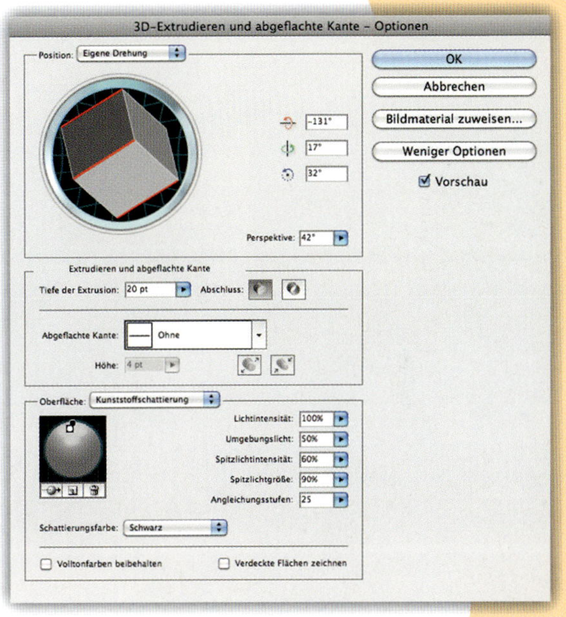

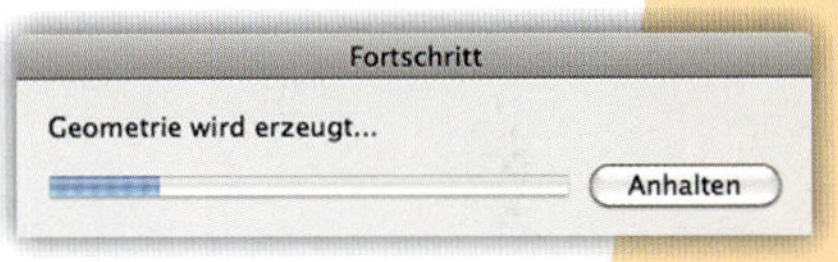

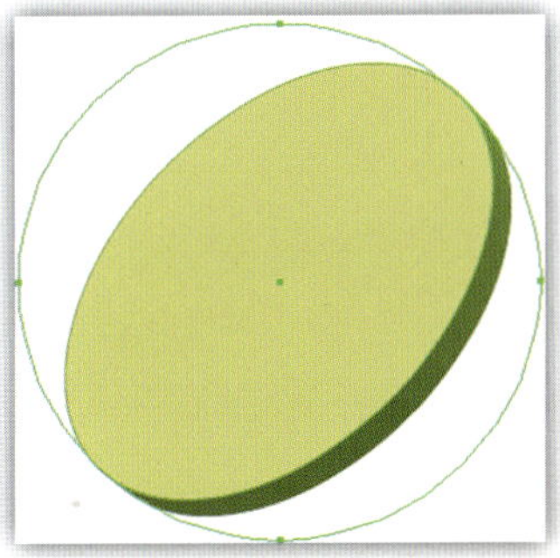

Oktober/November 2010
Kunsthalle
Grafikstadt
SPUREN

Übung

4.3 Perspektive konstruieren

In dieser Übung bauen Sie eine frei erfundene Stadtszene. Sie formen die unterschiedlichen Details in Illustrator. Zudem dient ein vektorisiertes Foto als Plakat, ein weiteres Bild soll die Spiegelung in den Fensterscheiben bilden. Die fertige Grafik wird dann in Photoshop mit einem Filter bearbeitet, der für die, wie aus Eis wirkenden Ablagerungen auf den Fenstern sorgt. Folgende Techniken wenden Sie in diesem Workshop an:

Photoshop:

- Bilder geraderücken
- Bildflächen per Filter glätten
- PDF-Import von Illustrator-Grafiken
- Smartfilter anwenden und deren Maskierung bearbeiten
- Chrom-Filter
- Bildbereiche freistellen

Illustrator:

- Einsatz von Hilfslinien für die Konstruktion
- Neue Werkzeuge für die Perspektive in CS5
- Formen mit dem Pathfinder
- Beleuchtung und Schatten konstruieren
- Das Formerstellungswerkzeug
- Das Bedienfeld *Zeichenflächen*
- Gruppen und Ebenen verwalten
- Fotos vektorisieren und der Perspektive anpassen
- Perspektive konstruieren in CS4
- Mit Verzerrungshüllen formen

Exkurs

Perspektivisch zeichnen in Illustrator CS5

CS5

Auf den folgenden Seiten geht es um die korrekte Darstellung von Perspektive, also um eine räumliche Verzerrung von Formen oder Körpern. Um Formen bereits beim Zeichnen perspektivisch zu verzerren, bietet Illustrator CS5 zwei neue Werkzeuge sowie im Menü *Ansicht* das *Perspektivgitter*, welche es ermöglichen, Vektorformen automatisch perspektivisch zu verzerren. Alle auf diese Art verzerrten Flächen sind weiterhin zweidimensional und können auch nicht wie echte Körper gedreht werden. Um diese Übung mit Illustrator CS4 zu realisieren, muss zuvor ein Perspektivgitter per Hand gezeichnet werden. Eine Anleitung dazu finden Sie auf Seite 246.

Perspektivgitter

Jedes neue Dokument zeigt über die Option *Perspektivgitter einblenden* die Ansicht eines Perspektivgitters mit zwei Fluchtpunkten. Über das dazugehörige Widget, ein kleines Steuerungselement links oben, lassen sich die verschiedenen Ebenen wählen, um Formen darauf aufzuziehen. Hierzu aktivieren Sie auf dem Widget zunächst die Fläche, auf der Sie die Form platzieren möchten, dann das entsprechende Formenwerkzeug und ziehen Sie die Form direkt auf dem Gitter auf.

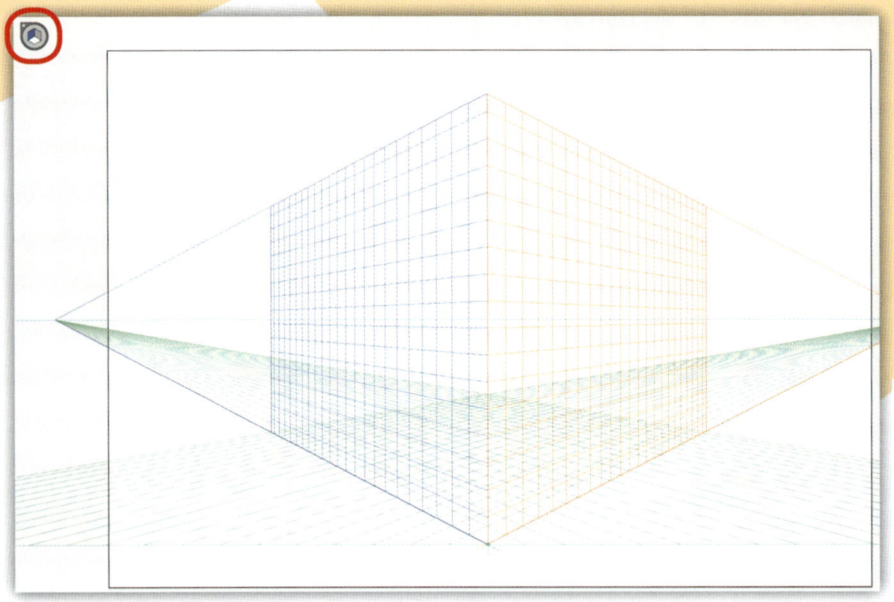

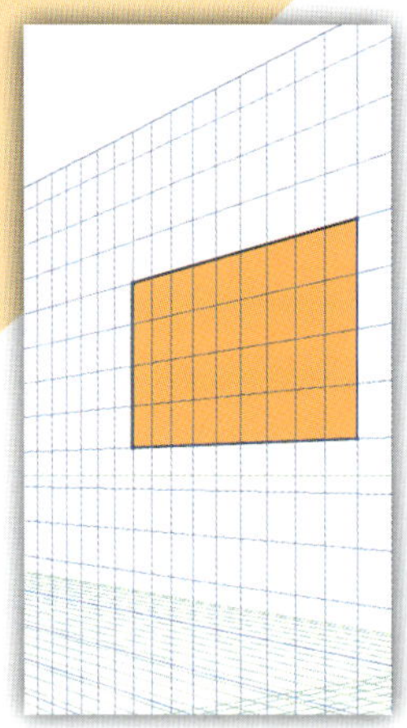

Gitterflächen ändern

Um eine Gitterfläche zu ändern, wählen Sie das Perspektivgitter-Werkzeug und ziehen den unteren Greifer der Gitterfläche an die gewünschte Stelle. Auf diese Art ändern Sie ebenfalls die Höhe des Horizontes sowie den vorderen Ursprung des Gitters: Schieben Sie den mittleren Greifer an der Stelle, an der sich im Vordergrund die drei Gitterflächen treffen, beispielsweise nach oben, um den Blickwinkel zum Horizont zu verschieben. Mit der kleinen Raute auf der vorderen Senkrechten ändern Sie die Dichte der Gitterlinien. Schieben Sie diese etwa nach oben, verringern Sie die Anzahl der Linien. Über die Rauten auf den hinteren Senkrechten verlängern oder verkürzen Sie die beiden Gitterflächen, die in die Tiefe gehen. Auch die Fluchtpunkte, hier der linke in einer Perspektive mit zwei Fluchtpunkten, lassen sich über die kleinen kreisförmigen Anfasser verschieben.

Einstellungen

Über *Ansicht > Perspektivgitter* können Sie ebenfalls unterschiedliche Ansichten mit einem oder zwei Fluchtpunkten einstellen. So ist etwa die von Illustrator voreingestellte Dreipunkt-Perspektive die Ansicht einer Vogelperspektive, da der linke und der rechte Fluchtpunkt über der Horizontalen liegt. Schiebt man diese beiden Fluchtpunkte jedoch unter die Horizont-Linie, entsteht eine Froschperspektive. Um beide Fluchtpunkte gemeinsam zu verschieben, ziehen Sie an einem der beiden rautenförmigen Greifer an den Enden der Horizontlinie.

Ebenfalls über *Ansicht > Perspektivenraster > Raster einblenden* lässt sich die Anzahl der Fluchtpunkte einstellen. Hier bestimmen Sie ebenfalls den Ansichtswinkel, den Abstand und die Höhe des Horizontes. Im unteren Bereich der Dialogbox nehmen Sie Einstellungen am Erscheinungsbild des Gitters vor. Eigene Einstellungen lassen sich hier oder über das Untermenü *Perspektivgitter* als Voreinstellung speichern.

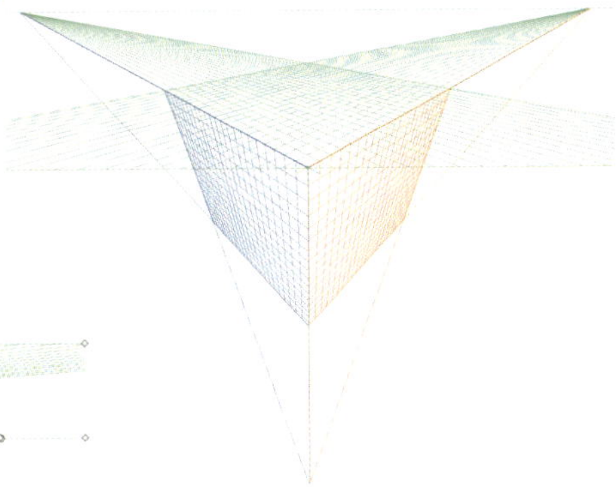

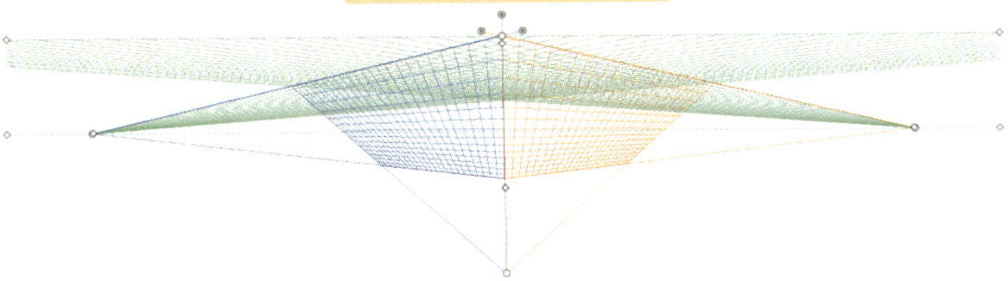

CS5

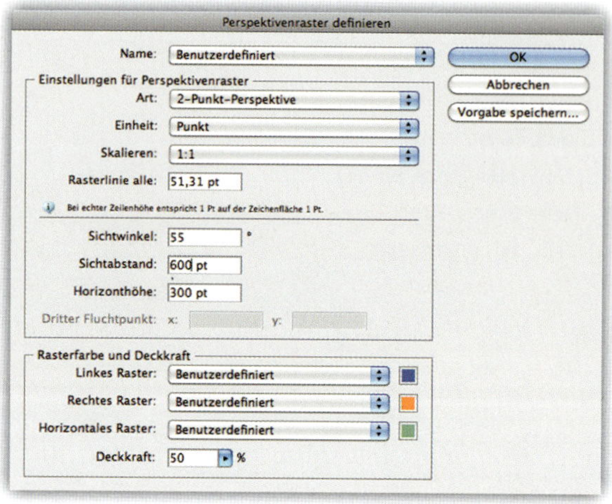

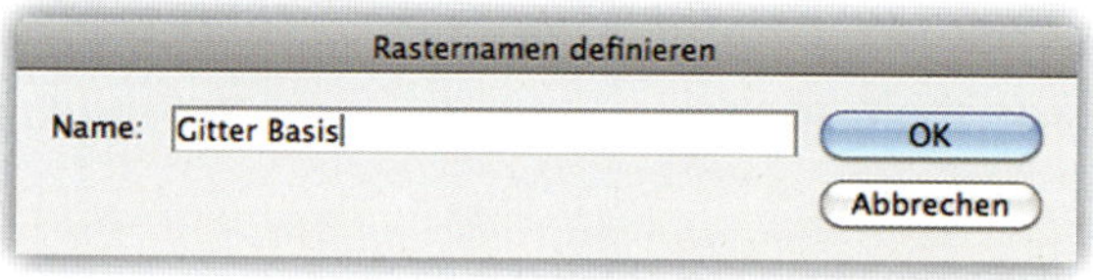

4.3.1 Häuser konstruieren

Ein 3D-Effekt entsteht nicht nur durch einen 3D-Körper, wie es die letzte Übung gezeigt hat. Soll eine dreidimensionale Szene lediglich in Form eines Bildes gezeigt werden, ist eine korrekte Perspektive ausschlaggebend. Bei dieser Übung handelt es sich also um keine echte 3D-Konstruktion, sondern sie zeigt, wie auch in zwei Dimensionen eine dreidimensionale Wirkung umgesetzt werden kann.

Ai 01 Gitter einstellen

Legen Sie ein neues Dokument im Querformat an, Größe *A4*, und blenden Sie über das Menü *Ansicht* das Perspektivenraster ein. Blenden Sie ebenfalls über das Menü *Ansicht* die *Lineale* ein, als Einheit wählen Sie in den Voreinstellungen *Millimeter*. Wählen Sie *Ansicht* > *Perspektivenraster* > *Raster definieren*. Geben Sie dem *Sichtwinkel* 55°, dem *Sichtabstand* einen Wert von 600 Pt und der *Horizonthöhe* 300 Pt. Speichern Sie die Einstellungen als Voreinstellung unter dem Namen *Gitter Basis*.

Ai 02 Gitter ändern

Ändern Sie nun das Gitter direkt auf der Arbeitsfläche. Ziehen Sie zwei vertikale Hilfslinien; eine bei 90 mm, die andere bei 190 mm. Ziehen Sie den rechten Fluchtpunkt in horizontaler Richtung nach links auf die Hilfslinie bei 190 mm. Verschieben Sie die vorderen Kanten der Flächen links und rechts so, dass sie auf der Hilfslinie bei 90 mm zu liegen kommen. Speichern Sie auch diese Einstellung als *Basis links*.

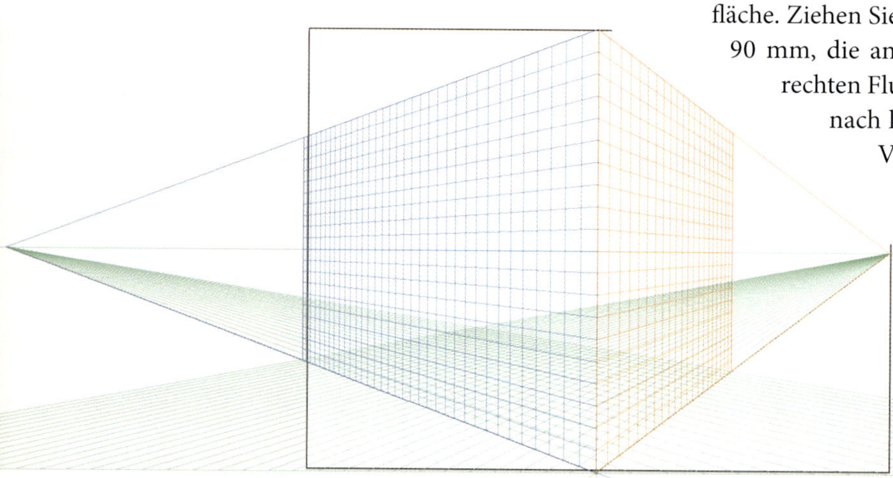

03 Ansicht festlegen

Um in den weiteren Arbeitsschritten immer schnell auf die gesamte Ansicht der Szene zugreifen zu können, speichern Sie die Ansicht der gesamten Arbeitsfläche. Wählen Sie hierzu *Ansicht* > *Neue Ansicht* und nennen Sie diese Ansicht *Szene*. Gespeicherte Ansichten erscheinen im unteren Bereich des Menüs *Ansicht*.

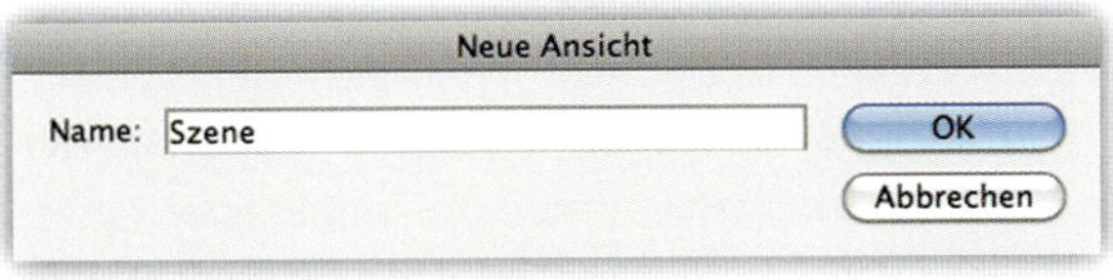

04 Zeichenfläche hinzufügen

Einzelne Details der Häuser, etwa Fenster oder Türen, gestalten Sie zunächst auf einer extra Zeichenfläche und fügen diese später in das Perspektivgitter ein. Verkleinern Sie die Ansicht. Wählen Sie das Zeichenflächenwerkzeug und ziehen Sie an einer beliebigen Stelle, etwa rechts daneben, eine zweite, ungefähr gleich große Zeichenfläche auf. Speichern Sie auch diese Zeichenfläche unter dem Namen *Gesamtansicht*. Vergrößern Sie nun die zweite Zeichenfläche bildschirmfüllend und nennen Sie eine neue Ansicht davon *Elemente*.

05 Fenster bauen

Einen Fensterrahmen bauen Sie am schnellsten mit einer kleineren Kopie eines zuvor platzierten Rechtecks, welches Sie über *Bearbeiten > Davor einfügen* mittig platzieren und über den Pathfinder von dem größeren Original abziehen. Eine neue Form bildet die Färbung der Fensterscheibe, die im Hintergrund liegt und über das Menü *Objekt* gesperrt werden kann. Den Lichteinfall der Szene legen Sie bereits an dieser Stelle fest, indem Sie die das Rechteck mit einem radialen Verlauf von Weiß nach Blau färben.

Auf die gleiche Art formen Sie den Rahmen der ersten Fensterscheibe. Eine horizontale Strebe platzieren Sie durch ein weiteres schmales Rechteck in der Mitte des Rahmens. Rahmen und Mittelstrebe verbinden Sie wieder über den *Pathfinder*. Stellen Sie bei allen Formen eine schmale Kontur von etwa einem Punkt ein, damit sich die einzelnen Formen besser voneinander abheben.

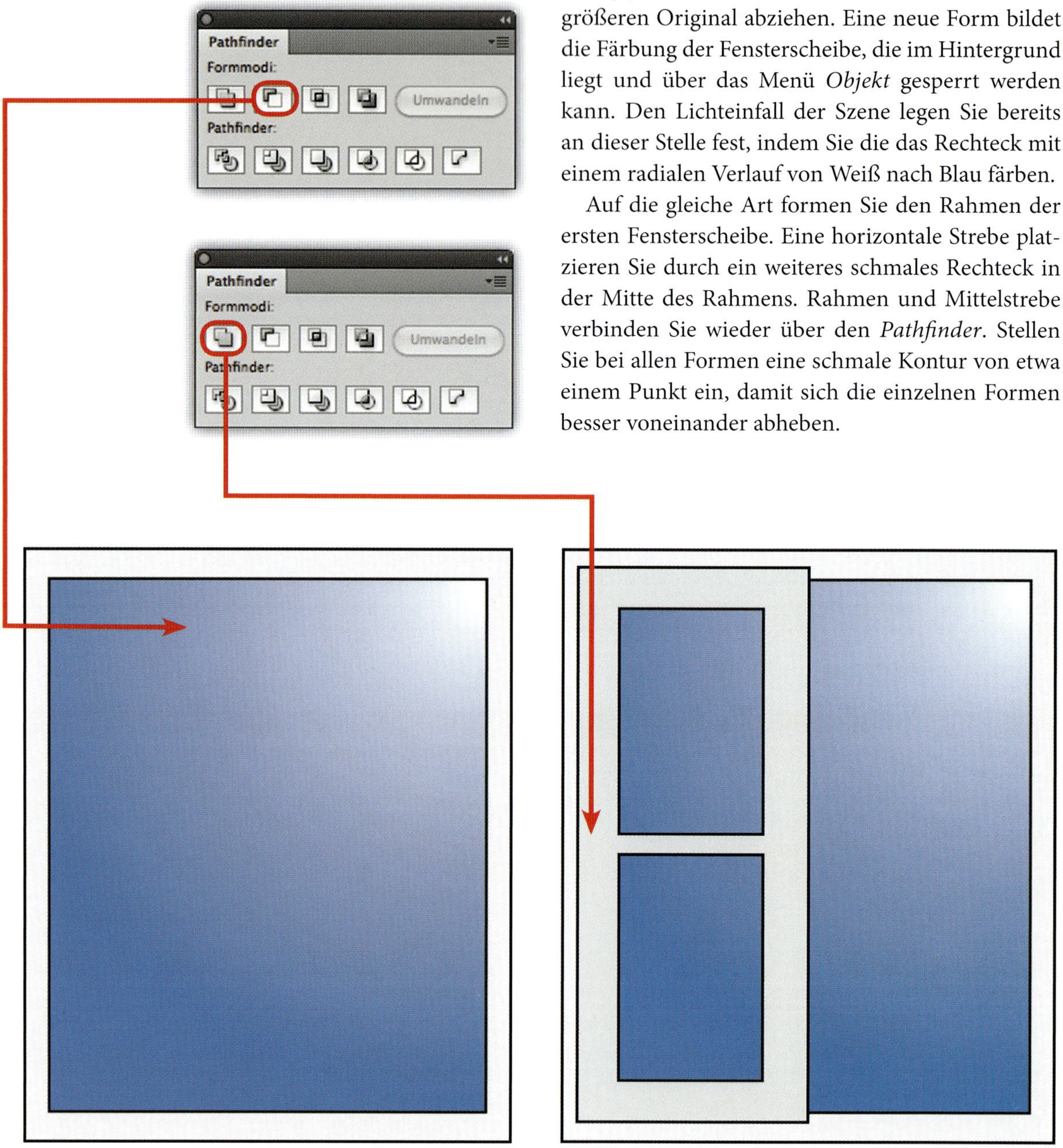

Das obere Scharnier entsteht über ein abgerundetes Rechteck mit einer linearen Verlaufsfüllung von Schwarz nach Grau sowie zwei horizontalen Linien oben und unten. Gruppieren Sie die drei Elemente über das Menü *Objekt*. Eine Kopie der Gruppe bildet das untere Scharnier.

Duplizieren Sie für die andere Seite alle Elemente des Fensterflügels und der beiden Scharniere. Um die einzelnen Flächen zu gruppieren, sperren Sie zunächst den im Hintergrund liegenden Fensterrahmen sowie die Glasscheibe. Duplizieren und spiegeln Sie dann den Fensterflügel in einem Schritt: Wählen Sie hierzu *Objekt > Transformieren > Spiegeln*, aktivieren Sie bei Achse *Vertikal* und klicken Sie auf *Kopieren*.

Mit gedrückter Umschalt-Taste schieben Sie zum Schluss das gespiegelte Duplikat auf die andere Hälfte des Fensterrahmens.

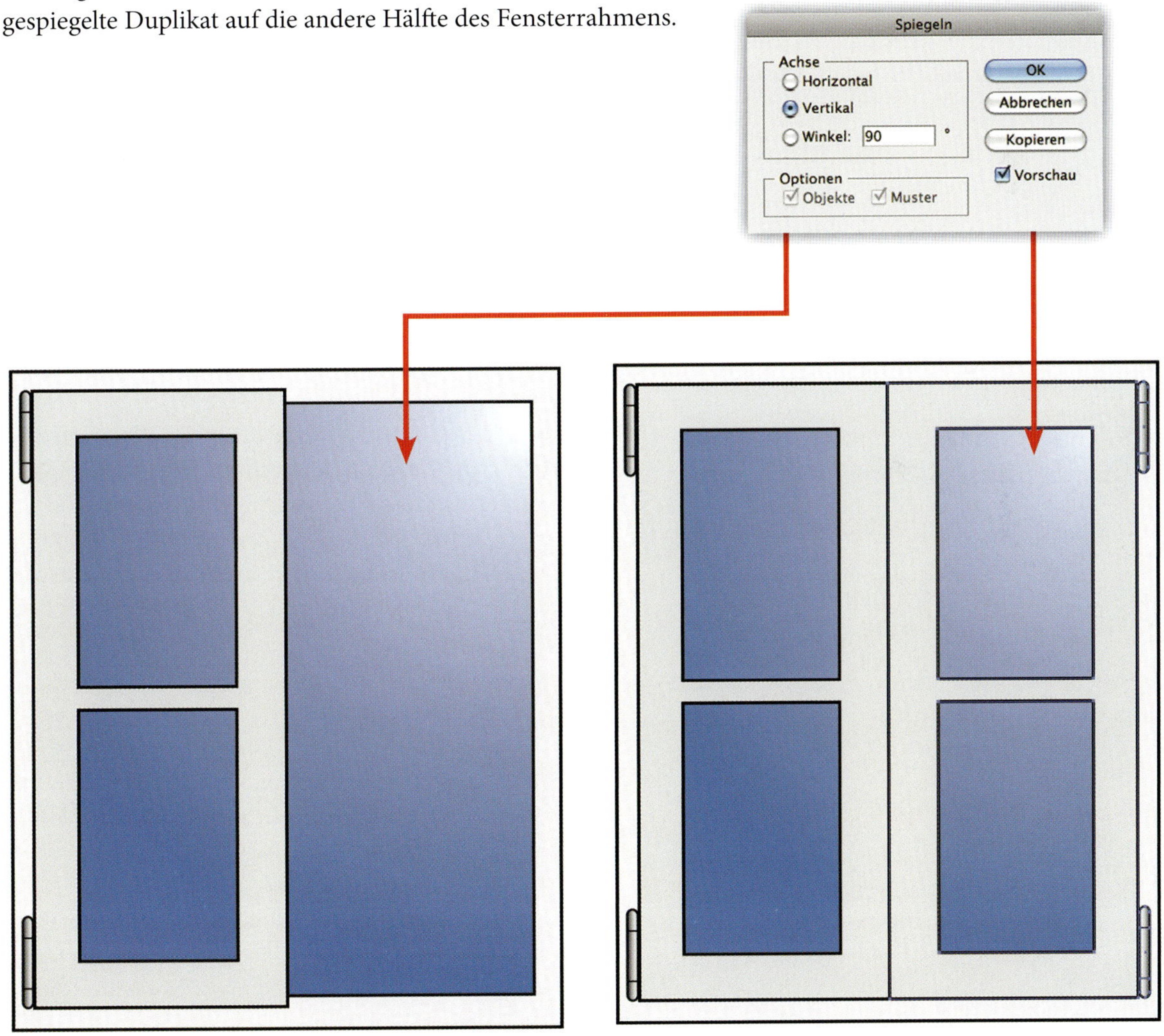

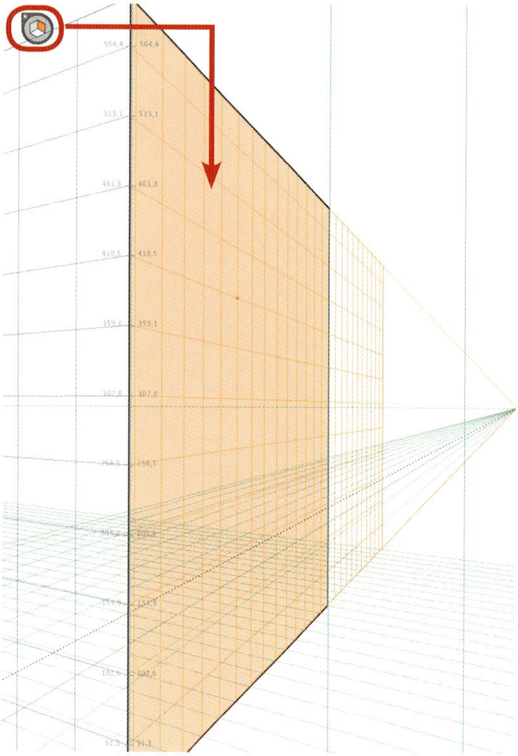

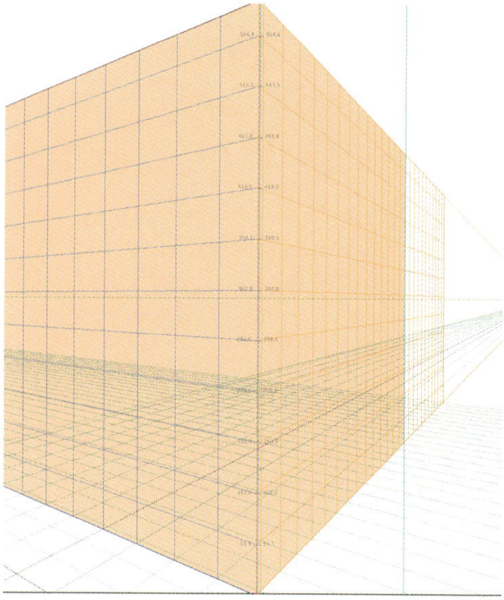

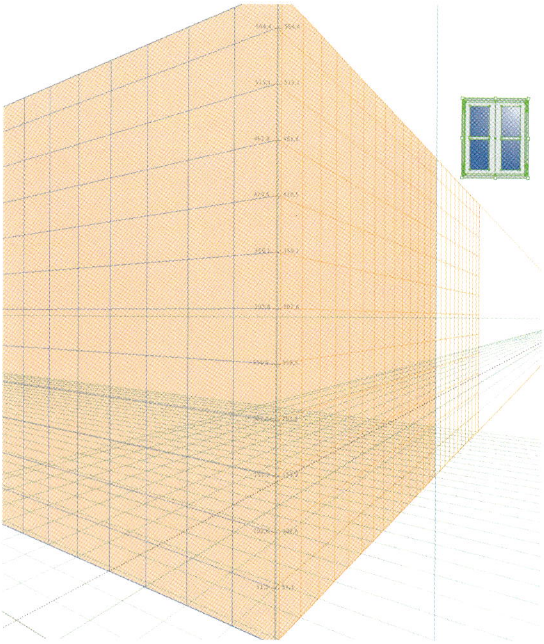

06 Hauskörper bauen

Schalten Sie in die Ansicht *Szene* und blenden Sie das Perspektivgitter wieder ein. Benennen Sie die aktuelle Ebene *Details und Gitter*, sperren Sie diese. Legen Sie eine neue Ebene für die Hausfronten darüber. Aktivieren Sie mit dem Perspektivgitter-Werkzeug im Perspektiv-Widget die rechte Fläche. Ziehen Sie nun mit dem Rechteck-Werkzeug die erste Hauswand auf der rechten Seite des Perspektivgitters auf. Auf die gleiche Weise bauen Sie die rechte Hauswand, die im Vordergrund zu sehen ist. Vergessen Sie nicht, vorher im Widget die entsprechende Fläche zu wählen!

07 Fenster anpassen

Zurück in der Ansicht *Elemente* entsperren Sie den Rahmen und gruppieren alle Fensterflächen. Kopieren Sie die Gruppe und fügen Sie das Fenster in der Ansicht *Szene* auf einer weiteren Ebene *Fenster* ein. Skalieren Sie es auf eine der Szene entsprechende Größe, aktivieren Sie im Skalieren-Dialog die Option *Konturen und Effekte skalieren*, damit sich auch die Linien der neuen Größe anpassen.

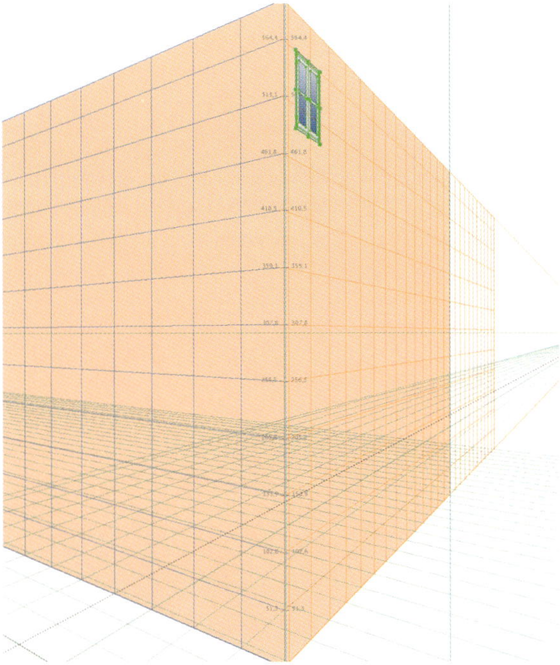

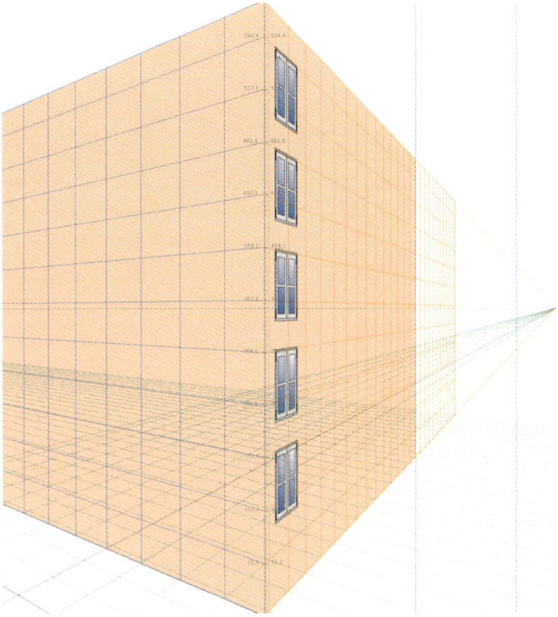

08 Fenster einbauen

Ziehen Sie nun mit dem Perspektivauswahl-Werkzeug das skalierte Fenster in die Ecke links oben der rechten Wand – es passt sich automatisch der Perspektive an.

09 Eine Fensterfront

Um die erste Fensterreihe zu bauen, benötigen Sie nur das bereits platzierte erste Fenster. Indem Sie mit dem Perspektivauswahl-Werkzeug und gedrückter Umschalt- und Alt-Taste das Fenster nach unten ziehen, legen Sie senkrecht darunter ein Duplikat an, welches sich ebenfalls automatisch der Perspektive anpasst. Sperren Sie alle Ebenen bis auf die oberste Ebene *Fenster* und schieben Sie auf die gleiche Art die Duplikate der Fenster nach unten. Je nach Größe findet auch noch ein fünftes Fenster Platz.

Schieben Sie nun beliebig viele Duplikate der Fensterreihe nach hinten neben die erste Reihe, um die Hauswand zu füllen.

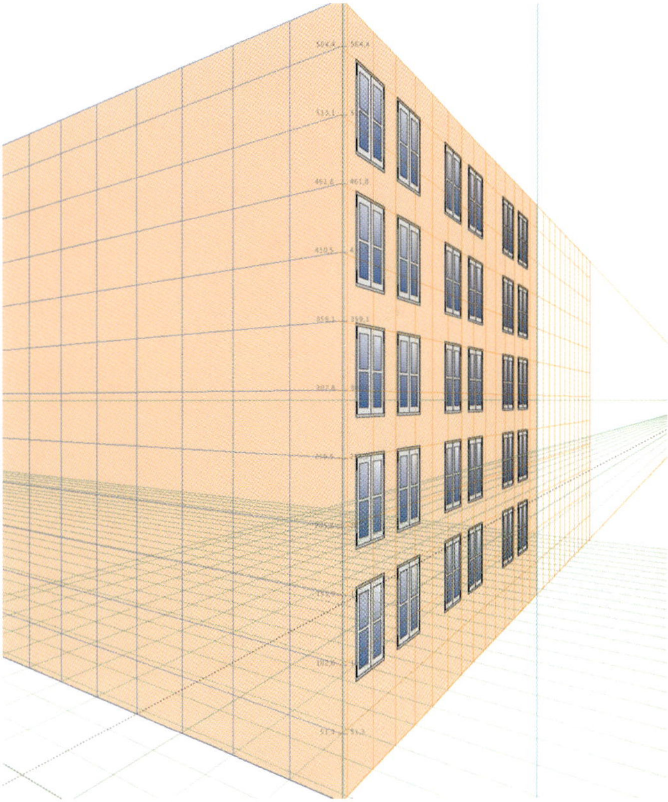

10 Weitere Fenster

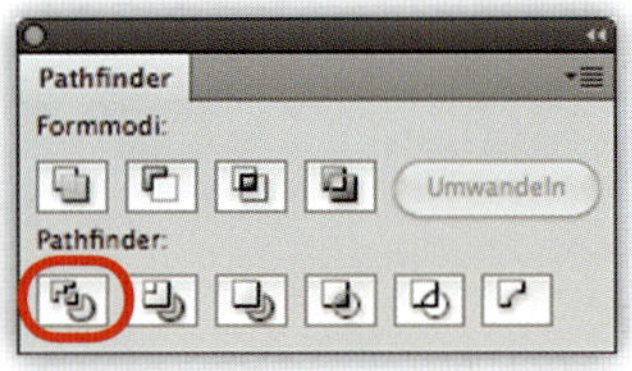

Für weitere Häuser der Szene können Sie beliebig viele neue Fensterformen entwickeln oder das vorhandene Fenster unterschiedlich transformieren und färben. Bauen Sie beispielsweise noch ein Fenster, das oben abgerundet ist. Schalten Sie in die Ansicht *Elemente*. Verwenden Sie eine Kopie des vorhandenen Fensters als Basis. So können Sie über verschiedene Pathfinder-Operationen einen Halbkreis auf die obere Kante des Fensters setzen. Um die untere Hälfte des kreisrunden Rahmens abzuschneiden, ziehen Sie in der Mitte eine horizontale Linie, selektieren diese zusammen mit dem Kreisrahmen und wählen im Pathfinder *Fläche aufteilen*.

In CS5 verbinden Sie die beiden Rahmen mit dem Formerstellungswerkzeug, in CS4 verwenden Sie die entsprechende Pathfinder-Operation. Löschen Sie in der vergrößerten Ansicht noch die inneren Ankerpunkte an den Verbindungsstellen des Kreis- und des Eckrahmens.

Bauen Sie ebenfalls eine oben gerundete Glasscheibe, die Sie hinter den Rahmen setzen. Da diese Fenster später zu einem Haus im Hintergrund gehören, müssen sie nicht so genau sein; es genügt also, mehrere schmale Rechtecke als Streben auf dem Fenster zu platzieren und mit dem Shape-Builder-Werkzeug zu verbinden. Sollte sich eine Form nicht wählen lassen, kontrollieren Sie im Objekt-Menü, ob alles entsperrt ist!

Selektieren Sie dann alle einzelnen Glasscheiben und gruppieren Sie diese. Ziehen Sie in der Gruppe einen neuen, einheitlichen Verlauf auf und färben Sie den Rahmen in einer anderen Farbe.

11 Das zweite Haus

Bauen Sie hinter der bereits bestehenden Hausfront ein zweites Haus. Wählen Sie eine andere Höhe und geben Sie der Front eine andere Farbe. Montieren Sie wie in den Arbeitsschritten 07 bis 10 beschrieben die skalierten, abgerundeten Fenster. Diese müssen in der Horizontale nicht auf der gleichen Höhe wie die Fenster des ersten Hauses liegen; lassen Sie hier etwas mehr Abstand, um die hohen Decken eines Altbaus vorzutäuschen.

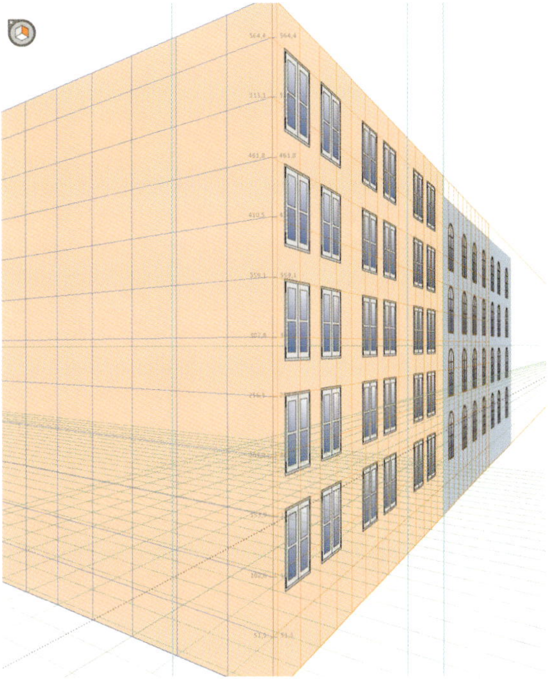

12 Die Tür

Um die Tür des ersten Hauses zu bauen, selektieren Sie die beiden mittleren Fenster unten und lösen die Gruppe. Mit dem Direktauswahl-Werkzeug können Sie einzelne Punkte der Formen wählen, um diese dann zu verschieben. Ziehen Sie so die unteren Leisten bis zum Boden und verbreitern Sie die ehemaligen Fenster so, dass sie in der Mitte zusammenstoßen. Färben Sie nun noch die Glasflächen um.

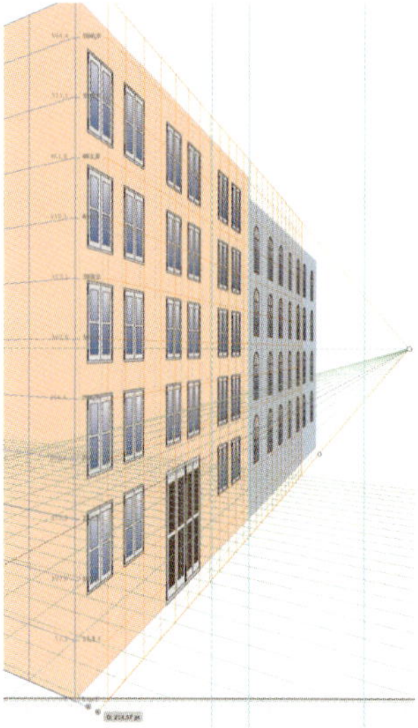

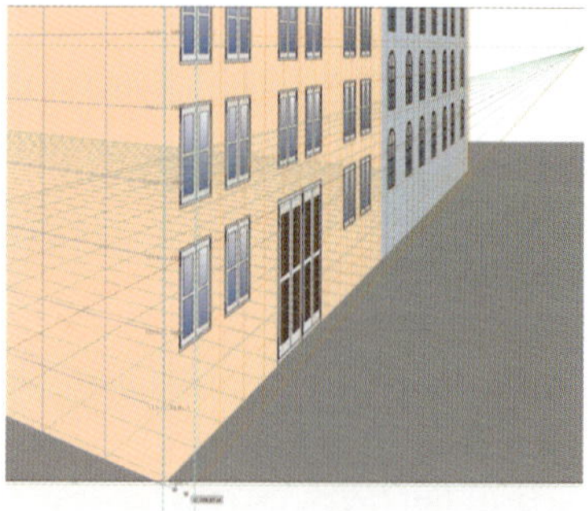

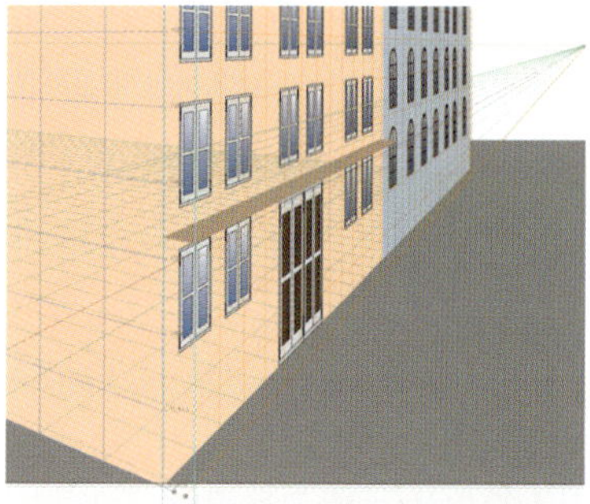

13 Mauervorsprung

Einen Mauervorsprung bauen Sie zwar innerhalb des gleichen Perspektivenrasters, er muss jedoch weiter nach rechts in die Straße hineinragen. Leider ermöglicht Illustrator es nicht, mehrere Gitterebenen einer Seite innerhalb des Perspektivgitters einzublenden. Um den Überblick zu bewahren, ist es also ratsam, die vorhandene Gitterebene für diesen Arbeitsschritt zu verschieben. Ziehen Sie hierzu eine weitere senkrechte Hilfslinie bei 98 mm. Schieben Sie dann mit dem Perspektivgitter-Werkzeug am unteren Greifer das rechte Gitter so weit in die Bildmitte, dass die vorderste senkrechte Linie des Gitters auf der neuen Hilfslinie liegt. Legen Sie zudem eine weitere Ebene für die neuen Objekte auf, die Sie benennen, etwa *Mauervorsprung*.

Aktivieren Sie im Perspektiv-Widget die untere grüne Bodenfläche und ziehen Sie zunächst die untere horizontal liegende Fläche des Vorsprungs auf. Färben Sie diese Fläche etwas dunkler als die Frontansicht des Hauses.

Verschieben Sie nun mit dem Perspektivauswahl-Werkzeug und gedrückter Alt-Taste die neue Fläche etwas nach oben, um eine Kopie davon zu bilden. Färben Sie diese obere Fläche sehr hell.

Um die vordere Kante zu schließen, aktivieren Sie im Perspektiv-Widget die linke blaue Fläche und ziehen in der Vergrößerung die senkrechte Fläche auf. Aktivieren Sie nun wieder das rechte Perspektivgitter und schließen Sie die senkrechte Kante an der Fensterfront.

14 Zweiter Mauervorsprung

Um den Mauervorsprung um das gesamte Haus zu führen, bauen Sie wie in Schritt 13 beschrieben einen zweiten Mauervorsprung. Beginnen Sie auch hier mit der unteren horizontal liegenden Fläche, die Sie dann für die obere horizontal liegende Fläche kopieren. Um das Ende zu schließen, welches parallel zur Fensterfront zeigt, selektieren Sie mit dem Direktauswahl-Werkzeug die beiden vorderen Punkte der senkrechten Schlusskante des ersten Mauervorsprunges und ziehen diese so weit nach vorne, bis sie die neue vordere Kante des zweiten Mauervorsprunges berühren.

4.3.2 Licht und Schatten

Leider gibt es weder in Illustrator noch in Photoshop eine Funktion zum Bilden von Perspektivschatten. Wie bei der letzten Übung, der Zitrone, konstruieren Sie auch hier den Schatten diesmal in Illustrator.

15 Lichtwirkung

Die perspektivische Wirkung der Zeichnung wird durch eine korrekte Beleuchtung unterstützt. Diese wird im vorliegenden Beispiel bereits durch den radialen Verlauf der Fensterscheiben bestimmt: Hier ist jeweils die Ecke rechts oben heller. Das Licht kommt also in etwa von rechts hinten.

Info: Die Lichtverhältnisse lassen sich an einer einfachen 3D-Skizze verdeutlichen. So zeigen die unteren Bilder den Nachbau der Szene in Cinema; links als Konstruktion, in der die Kamera und das Licht so platziert wurden, wie sie der Ansicht in der Illustrator-Zeichnung entsprechen, rechts die berechnete Szene. Beleuchtet ist also die Fensterfront, die zum Betrachter gewandte leere Wand links liegt im Schatten. Beide Vorsprünge zeigen einen deutlichen Schattenwurf, der sich jedoch an der vorderen Hauswand schräg nach unten vergrößert. Um solche Szenen zu konstruieren, können Sie statt Cinema 4D auch das kostenlose 3D-Programm Blender verwenden. Weitere Informationen erhalten Sie unter www.blender.org.

16 Schattenwurf

Passen Sie zunächst die Farben der vorhandenen Flächen an. Färben Sie so etwa die leere Hauswand etwas dunkler als die Fensterfront. Legen Sie dann eine weitere Ebene für die Schatten an, diese muss direkt unter der Ebene *Mauervorsprung* liegen.

Ziehen Sie auf der neuen Ebene zunächst den unteren Schatten auf, den der Mauervorsprung auf die Fensterfront wirft. Aktivieren Sie hierzu mit dem Perspektivenraster-Werkzeug das rechte Gitter. Färben Sie den Schatten in einem sehr dunklen Braun und stellen Sie im Bedienfeld *Aussehen* eine Deckkraft von etwa 60 % ein.

Ziehen Sie nun die Schattenfläche auf der rechten Hauswand auf. Färben Sie auch diesen wie den ersten Schatten dunkel und stellen Sie den Wert der Deckkraft ein.

Wie jedoch die 3D-Szene auf der letzten Seite zeigt, läuft der Schatten auf dieser Wand schräg nach unten und deckt also eine größere Fläche als der Schatten auf der Fensterseite des Hauses ab. Somit wird diese Schattenfläche nicht durch ein Viereck gebildet, sondern sie zeigt fünf Eckpunkte.

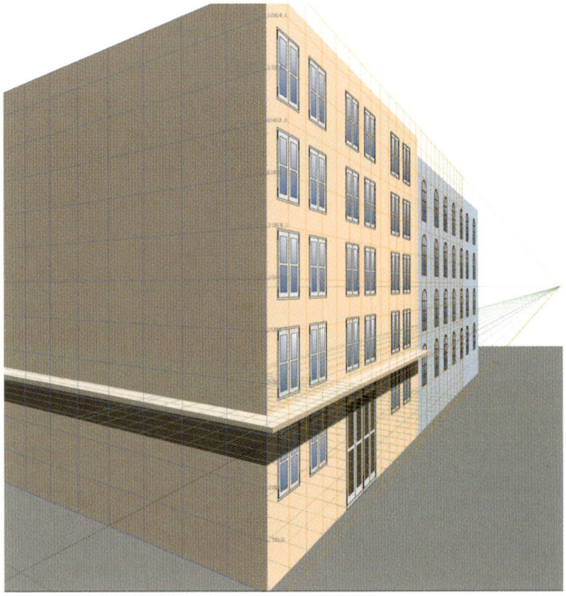

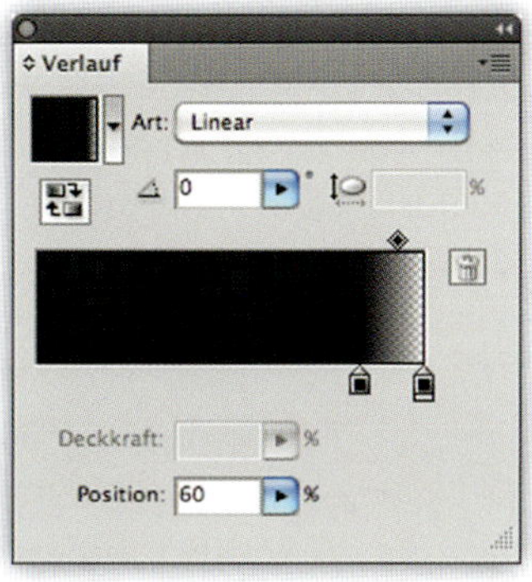

Platzieren Sie auf der unteren Kante der Schattenfläche mit dem Ankerpunkt-hinzufügen-Werkzeug einen neuen Ankerpunkt. Selektieren Sie dann mit dem Direktauswahl-Werkzeug den Ankerpunkt und ziehen Sie diesen diagonal nach unten. Verschieben Sie dann ebenfalls den Ankerpunkt links unten, so dass er in der Perspektive eine Horizontale mit dem neuen, verschobenen Ankerpunkt bildet.

Eine weiche Kante des Schattens erzeugen Sie mit einem linearen Verlauf von der Schattenfarbe zu transparent.

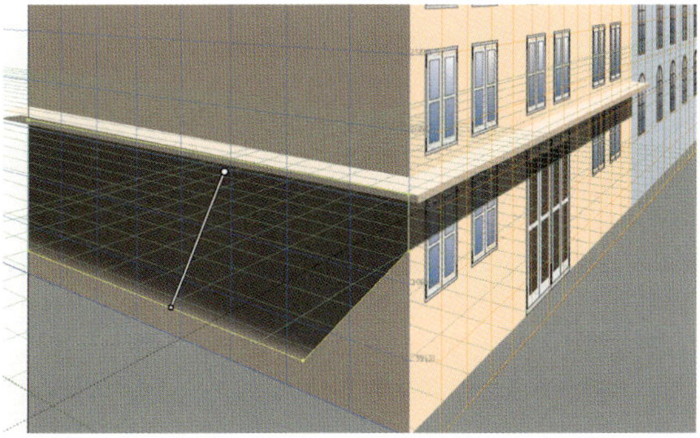

17 Fenstervorbau

Um die Szene noch etwas lebendiger zu gestalten, bauen Sie über der Tür einen weiteren senkrechten Vorsprung, der wie eine Art Erker bis zum obersten Stockwerk des Hauses reicht.

Hierzu legen Sie eine weitere Ebene an, die sich unterhalb der Fenster befindet. Der Vorsprung besteht aus zwei Flächen: der Fläche auf der Fensterfront und der Kante, die zum Betrachter zeigt. Noch sollte sich das perspektivische Raster in der für die neuen Formen korrekten Position befinden. Ziehen Sie also direkt die Front auf; vergessen Sie nicht, zuvor die richtige Seite im Perspektiv-Widget zu selektieren. Färben Sie die Fläche etwas heller, damit sie sich besser von der restlichen Hauswand abhebt.

Leider lässt sich die Kante des Vorbaus nicht so einfach auf dieser Ebene aufziehen, da zuoberst die Ebene *Mauervorsprung* liegt und somit die horizontale Fläche die neue Kantenfläche verdecken würde. Ziehen Sie daher die Kantenform auf der obersten Ebene *Mauervorsprung* auf und platzieren Sie sie auch als Unterebene an der obersten Stelle.

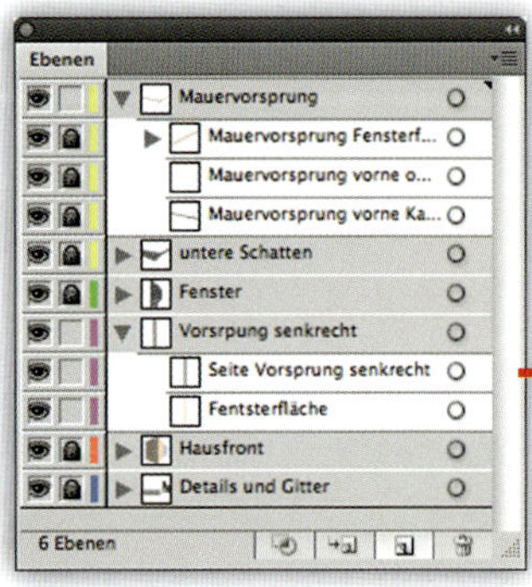

Gehen Sie zurück auf die Fenster-Ebene und selektieren Sie die mittleren Fenster, die sich auf dem Vorsprung befinden. Passen Sie mit dem Perspektivauswahl-Werkzeug die selektierten Fenster an den Vorsprung an. Auf der untersten Ebene *Details und Gitter* können Sie bereits eine Bodenfläche platzieren.

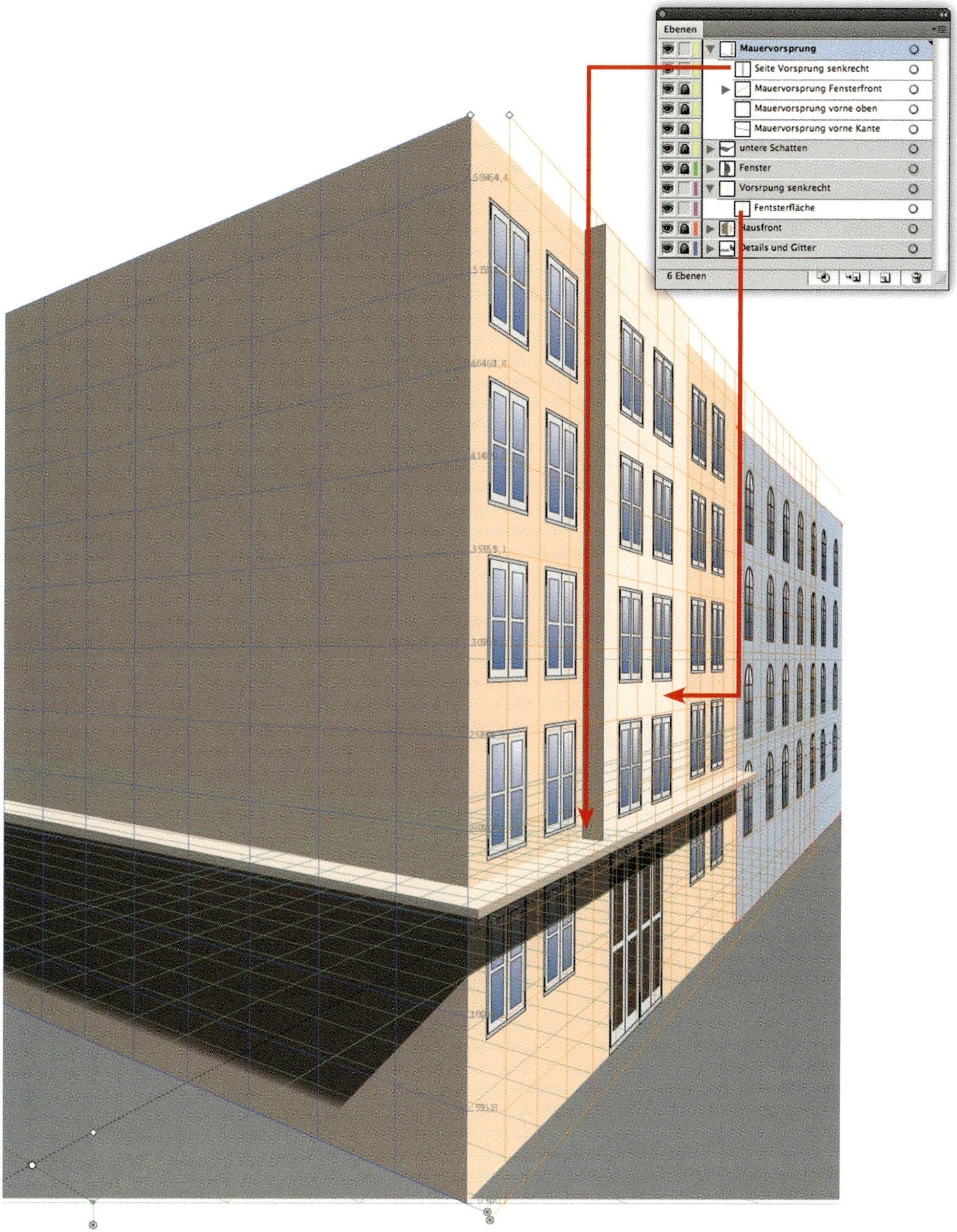

Ebenen
Mauervorsprung
Seite Vorsprung senkrecht
Mauervorsprung Fensterfront
Mauervorsprung vorne oben
Mauervorsprung vorne Kante
untere Schatten
Fenster
Vorsprung senkrecht
Fentsterfläche
Hausfront
Details und Gitter
6 Ebenen

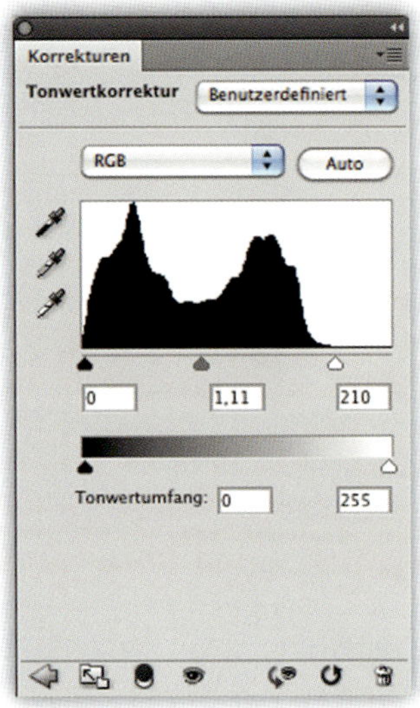

4.3.3 Spiegelung in den Fenstern

Noch realistischer wirkt die vordere Fensterfront, wenn sich die Häuser der anderen Straßenseite in den Fensterscheiben spiegeln. Hierzu können Sie ein beliebiges Foto verwenden, das jedoch zuvor vektorisiert werden muss, da es nur so in Illustrator perspektivisch verzerrt werden kann.

Ps 18 Spiegelbild vorbereiten

Öffnen Sie das Bild *Haeuser* in Photoshop, welches die Ansicht einer Straßenfront zeigt. Zunächst muss es noch begradigt werden. Wandeln Sie per Doppelklick auf die Ebene im Bedienfeld *Ebene* die Hintergrundebene zu einer bearbeitbaren Ebene um. Blenden Sie nun zur Orientierung über *Ansicht* > *Einblenden* das Raster ein. Mit *Bearbeiten* > *Transformieren* > *Verzerren* erhalten Sie an den Bildecken Greifer, mit denen Sie die Fenster an dem Raster ausrichten können.

Mit dem Weichzeichnungsfilter *Matter machen* glätten Sie für das spätere Vektorisieren die Flächen. Stellen Sie hier die Werte so ein, dass möglichst wenig Zeichnung in den Flächen bleibt und die Kanten dabei gestochen scharf bleiben, etwa einen *Radius* von 6 Pixel und einen *Schwellenwert* von ebenfalls 6 Stufen.

Passen Sie nun noch die Farben und den Kontrast an. Fügen Sie hierzu über das Bedienfeld *Korrekturen* die Einstellebene *Tonwertkorrektur* hinzu. Damit die Farben etwas kräftiger werden, können Sie der Datei noch eine weitere Einstellebene *Dynamik* hinzufügen.

Ai 19 Neue Zeichenfläche

Das Pixelbild vektorisieren Sie in Illustrator auf einer weiteren Zeichenfläche. Arbeiten Sie mit der Version CS5, steht Ihnen hierfür das neue Bedienfeld *Zeichenflächen* zur Verfügung, über das Sie auch die einzelnen Zeichenflächen wählen können. Es ermöglicht nicht nur ein schnelles Umschalten zwischen den bereits angelegten Arbeitsflächen, es erleichtert auch deren Organisation, indem Sie diese benennen oder einzeln exportieren können. Wählen Sie im Bedienfeld-Menü *Neue Zeichenfläche*.

In CS4 ziehen Sie mit dem Zeichenflächenwerkzeug eine neue Zeichenfläche auf. Um auf die neue Zeichenfläche schnell umschalten zu können, erstellen Sie über das Menü *Ansicht* eine neue Ansicht.

CS5

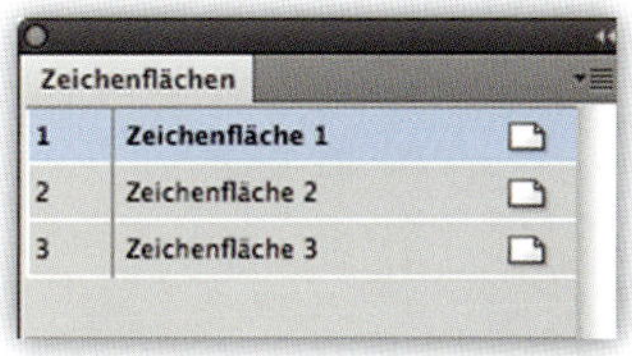

CS4

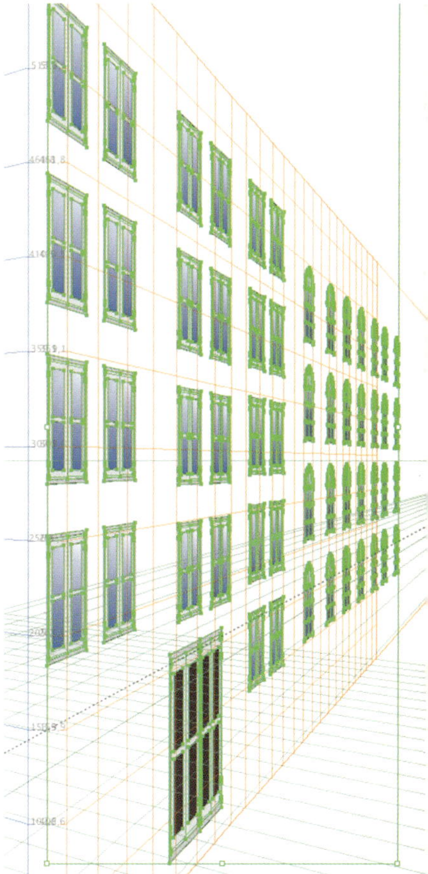

Ai 20 Ebenen organisieren

Um das vektorisierte Bild als Spiegelung auf der richtigen Unterebene zu platzieren, sollten Sie zunächst die auf den Unterebenen liegenden Formen der Ebene *Fenster* anders sortieren. Ziel ist es, die Fensterscheiben des vorderen Gebäudes getrennt von deren Rahmen auf einer Unterebene zu sammeln. Mithilfe dieser Gruppierung werden dann die entsprechenden Stellen aus der Mauerfläche geschnitten, damit die Spiegelung, die Sie in den nächsten Arbeitsschritten anlegen werden, sichtbar wird.

Schalten Sie alle Ebenen bis auf die Fenster-Ebene unsichtbar und sperren Sie diese. Heben Sie dort alle Gruppierungen auf: Selektieren Sie die gesamte Fensterfront und wählen Sie so oft *Objekt > Gruppierung aufheben*, bis der Befehl inaktiv ist.

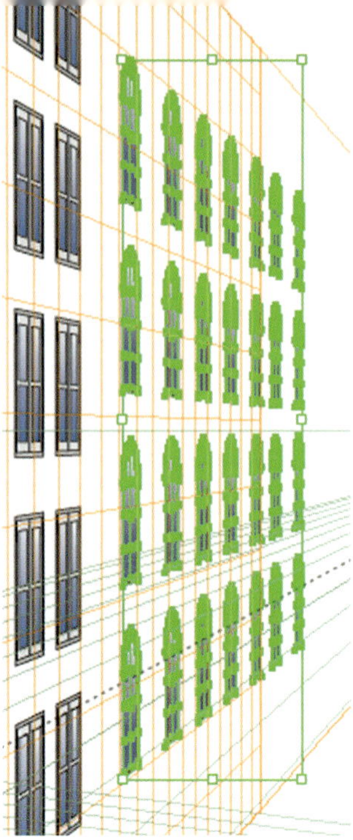

Wählen Sie alle abgerundeten Fenster des hinteren Gebäudes und gruppieren Sie diese erneut. Klappen Sie die Fenster-Ebene auf; zuoberst liegt die eben erstellte Gruppe der Fenster. Per Doppelklick darauf öffnen Sie die Optionen der Gruppe. Benennen und sperren Sie die Gruppe.

Aktivieren Sie dann mit dem Auswahl-Werkzeug eine Fensterscheibe. Mit *Auswahl > Gleich > Flächenfarbe* sind alle Fensterscheiben gewählt. Gruppieren Sie auch die Flächen der Fensterscheiben, benennen und sperren Sie die Gruppe.

Über *Auswahl > Alles auswählen* selektieren Sie die restlichen Elemente auf der Ebene: die Rahmen. Nennen Sie diese Gruppe *Fensterscheiben*. Auf der Ebene *Fenster* sollten nun nur noch die drei von Ihnen benannten Gruppen *Abgerundete Fenster, blaues Haus, Fensterrahmen* und *Fensterscheiben* liegen.

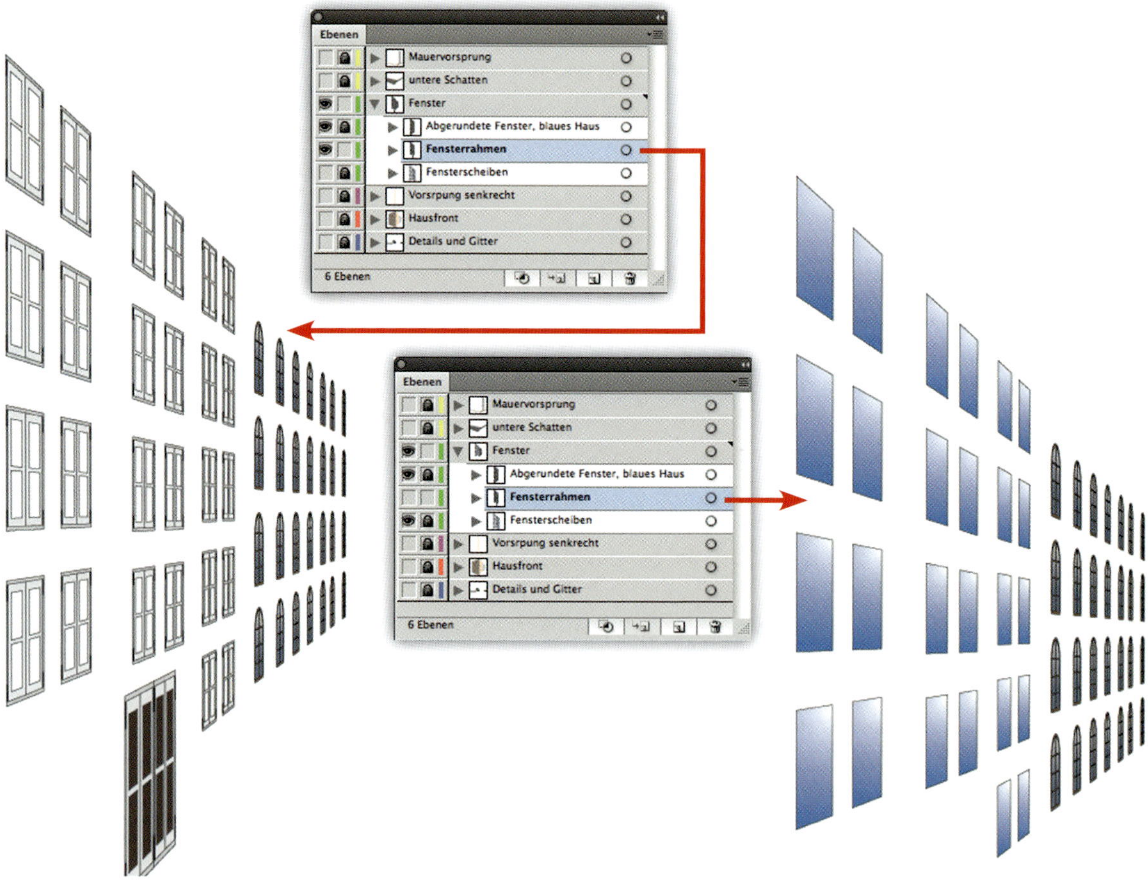

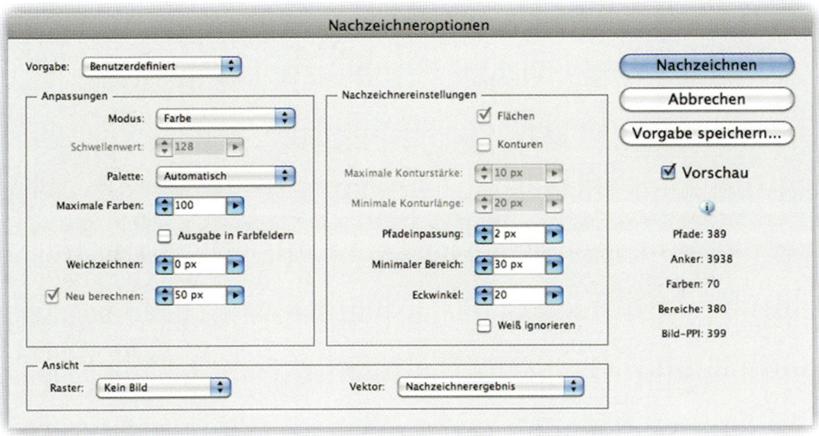

Ai 21 Vektorisieren

Platzieren Sie das Pixelbild auf der dritten Zeichenfläche. Öffnen Sie die *Nachzeichneroptionen*. Wählen Sie hier als Modus *Farbe* mit dem Wert 100 bei *Maximale Farben*. Um eine möglichst geringe Anzahl an Ankerpunkten zu erhalten, geben Sie bei *Neu berechnen* 50 Px, bei *Minimaler Bereich* 30 Px ein. Das Ergebnis ist zwar etwas ungenau, es reicht jedoch für die Spiegelung völlig aus. Per Klick auf *Umwandeln* kann das Bild in das Perspektivgitter eingepasst werden.

22 Spiegelung platzieren

Kopieren Sie das Bild in die Zwischenablage. Bewegen Sie auf der Zeichenfläche 1 das rechte Perspektivgitter wieder zurück auf die eigentliche Hauswand; beide Gitter sollen vorne eine Kante bilden. Kopieren Sie das Bild auf die Ebene *Fenster* und verschieben Sie es mit dem Perspektivauswahl-Werkzeug, damit es der gewählten Perspektiv-Ebene rechts angepasst wird. Mit gedrückter Umschalt-Taste und dem Perspektivenauswahl-Werkzeug skalieren Sie es so groß, dass es alle Fenster bedeckt. Nennen Sie die neue Gruppe auf der Ebene *Fenster Spiegelbild*, sperren und blenden Sie sie aus.

23 Fenster aus der Mauer schneiden

Duplizieren Sie die Gruppe *Fensterscheiben* und nennen Sie das Duplikat *Schnittflächen*. Ziehen Sie die Gruppe *Schnittflächen* in die Ebene *Hausfront* und aktivieren Sie mit einem Klick auf den kleinen Kreis die Fläche der vorderen Hauswand zusammen mit der soeben darübergelegten Gruppe *Schnittflächen*. Ziehen Sie im Bedienfeld *Pathfinder* die vordere Gruppe von der Hausfront ab.

Schalten Sie nun die Gruppe *Fensterscheiben* unsichtbar, um zu überprüfen, ob aus der Hauswand die Fensterflächen ausgeschnitten worden sind.

24 Spiegelung anordnen

Schneiden Sie ebenso die Fensterflächen aus dem Vorsprung in der Mitte der Fensterfront aus und schieben Sie das Spiegelbild direkt unter die Frontfläche des Hauses. Schalten Sie alle Ebenen sichtbar.

4.3.4 Das Plakat

Auf die gleiche Art vektorisieren Sie ein weiteres Bild und platzieren es als Plakat auf einer anderen Hauswand.

25 Bild und Rahmen

Öffnen Sie das Bild *Spuren* und wählen Sie im Bedienfeld *Aussehen* als Modus *Multiplizieren,* um die Farben des vektorisierten Bildes an die Hauswand anzupassen. Ein weiteres Rechteck ohne Füllung wird zum Rahmen um das Plakat. Hier können Sie ebenfalls im Bedienfeld *Aussehen* eine zweite Kontur hinzufügen. Stellen Sie bei der unteren Kontur einen höheren Wert bei der *Strichstärke* ein als bei der oberen und färben Sie die Linien unterschiedlich.

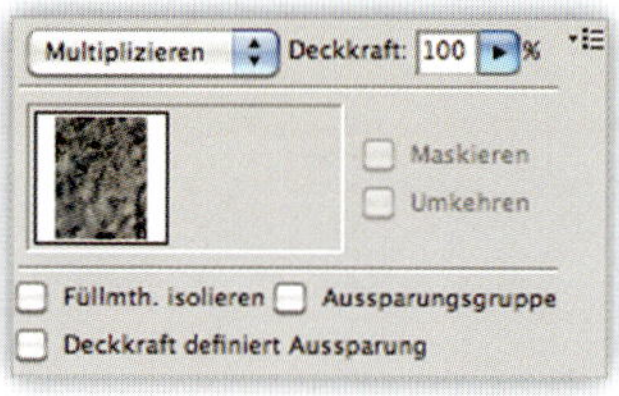

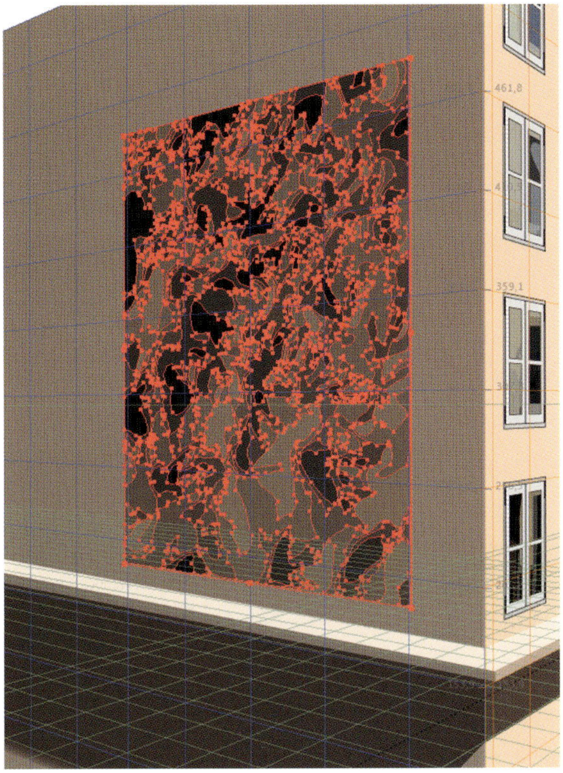

26 Schriftzug

Wie alle anderen Vektorformen lässt sich auch Text in das Perspektivgitter einfügen und dementsprechend verzerren. Hierzu muss er nicht in Pfade gewandelt werden.

Um das Plakat zu beschriften, schreiben Sie zuerst den Text auf die Arbeitsfläche neben das Gebäude. Formatieren Sie ihn nach Wunsch. Selektieren Sie mit dem Perspektivgitter-Werkzeug die Gitterebene, auf der Sie den Text platzieren möchten, hier ist es die linke Ebene, die die blauen Gitterlinien zeigt. Ziehen Sie den fertigen Text dann mit dem Perspektivauswahl-Werkzeug auf das Gitter und schieben Sie ihn auf das Plakat.

Ein leichter Schlagschatten hebt das Plakat etwas von der Wand ab; wählen Sie hierzu die vektorisierte Grafik, dann *Effekt > Stilisierungsfilter > Schlagschatten*.

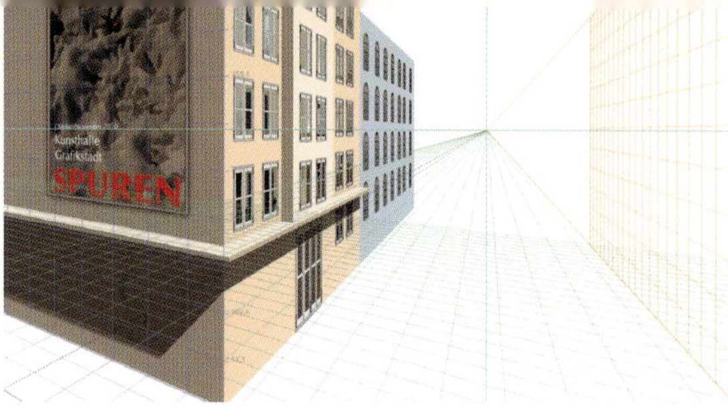

27 Die andere Seite

Um die gegenüberliegenden Häuser zu zeichnen, ziehen Sie mit dem Perspektivgitter-Werkzeug an dem unteren Greifer das rechte Gitter bis an den rechten Bildrand. Ziehen Sie nun an diesem Gitter weitere Häuserfronten auf. Um etwas Leben in die Szene zu bringen, können Sie einzelne Fassaden etwas nach hinten versetzen, sie niedriger bauen, oder weitere Absätze durch Farbflächen im unteren Bereich bilden (siehe Schritt 11 ff.). Bestücken Sie die neuen Häuser mit Fenstern. Variieren Sie die bereits vorhandenen Fenster in ihrer Form und Farbe. Füllen Sie ebenfalls die linke Häuserreihe bis zum Horizont nach hinten auf; den Horizont bildet eine Horizontale, die den Fluchtpunkt in der Bildmitte schneidet.

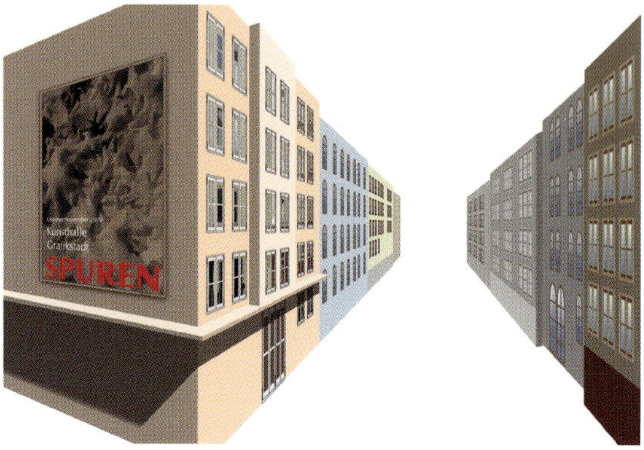

28 Boden und Himmel

Ziehen Sie auf der untersten Ebene zwei rechteckige Flächen auf, eine für den Boden, die andere für den Himmel. Berücksichtigen Sie bei der Färbung des Himmels den Lichteinfall, es sollte also in einem radialen Verlauf die Ecke rechts oben heller sein als der Rest der Fläche. Etwas Struktur können Sie später in Photoshop in den Himmel bringen.

Ziehen Sie mit dem Rechteck-Werkzeug auf dem Boden noch die Flächen für die Gehsteige auf, orientieren Sie sich hierbei an der waagerechten Fläche des Perspektivgitters. Die senkrechten Kanten, die dafür sorgen, dass die Fläche etwas höher als die der Straße liegt, gestalten Sie bei selektiertem rechten beziehungsweise linken Perspektivgitter.

29 Schatten

Orientieren Sie sich beim Ziehen des unteren Schattens an dem horizontalen Perspektivgitter. Den Schatten an den Wänden der Häuser bauen Sie wie den Schatten des Mauervorsprungs (in Schritt 16 beschrieben). Erzeugen Sie auch hier wieder eine weiche Kante des Schattens mit einem linearen Verlauf von der Schattenfarbe zu Transparent.

Info: Ein 3D-Modell soll den korrekten Schattenwurf der rechten Häuser zeigen: Der Schatten bedeckt den Boden zwischen den beiden Häusern und die untere Fläche der gegenüberliegenden linken Häuser bis etwa zum Beginn der Fenster des ersten Stockwerkes.

4.3.5 Effekte in Photoshop

Um das Bild lebendiger zu gestalten, importieren Sie die fertige Grafik in Photoshop und versehen sie dort mit einem Filter.

Info: Eine Vektorgrafik wird in Photoshop zunächst als PDF importiert und dann automatisch gerastert.

30 Import als PDF

Wählen Sie über *Datei > Öffnen* die Illustrator-Datei, es erscheint der Dialog *PDF importieren*. Photoshop zeigt hier rechts bei *Auswählen* alle Arbeitsflächen als Seiten an, die Sie in Illustrator angelegt haben. Im Beispiel sind es drei; eine mit der eigentlichen Grafik, die zweite mit den Fenstern und die dritte belegt das Bild, welches für das Plakat auf der vorderen Hauswand vektorisiert wurde. Wählen Sie die Arbeitsfläche mit der Grafik. Per Klick auf *OK* wandelt Photoshop diese in ein Rasterbild um.

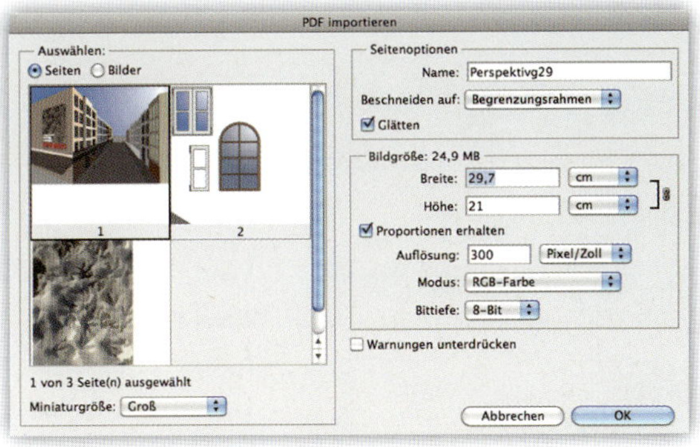

31 Smartfilter

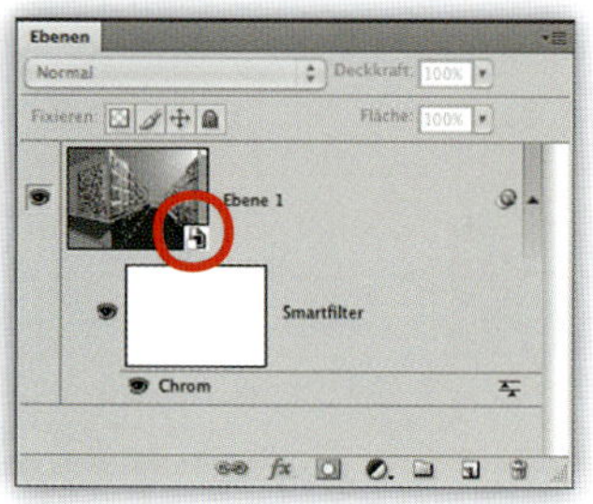

Der Filter *Chrom* verleiht der Szene ein etwas surreales Aussehen, indem er sich wie eine bleierne Flüssigkeit über Kanten und Flächen legt. Hierbei scheint das Bild in Graustufen gewandelt sein: Der Filter berücksichtigt einerseits die abgebildeten Kanten im Bild, andererseits auch die Helligkeitswerte der Flächen. Das Bild wirkt durch den 3D-Effekt an den Kanten noch plastischer als zuvor.

Ziel ist es jedoch, die in Illustrator angelegte Zeichnung mit der Farbigkeit zu erhalten und den Chrom-Effekt nur an den Kanten anzuwenden, die tatsächlich in der Szene abgebildet werden. Somit darf der Filter nicht die komplette Bildfläche bedecken. Hierfür eignet sich ein Smartfilter, da dieser die eigentlichen Bildpixel erhält und nachträgliche Änderungen zulässt. Wählen Sie also *Filter > Für Smartfilter konvertieren*. Die Ebene zeigt nun auf dem Icon rechts unten das kleine Symbol für Smartfilter.

Wenden Sie über das Filter-Menü den Zeichenfilter *Chrom* an, das Beispiel zeigt die Standard-Einstellungen von Photoshop. Im Ebenen-Bedienfeld erscheint der Bildebene untergeordnet als Smartfilter der Filter *Chrom*. Das weiße Icon zeigt die Maske des Filters, die Sie im nächsten Schritt bearbeiten werden.

Info: Einen Exkurs zu den Techniken im Maskierungsmodus finden Sie im Kapitel *1 Zeichnen* in der Übung *1.5 Vexeln*.

Unter der Maske befinden sich die Filter-Einstellungen. Klicken Sie auf *Chrom*, um erneut den gleichnamigen Dialog aufzurufen. Per Klick auf das Regler-Symbol rechts daneben öffnen Sie die Fülloptionen.

Ps 32 Himmel per Maske freistellen

Beginnen Sie damit, den Effekt auf der Fläche des Himmels zu entfernen. Um hierzu eine Auswahl der Fläche zu treffen, deaktivieren Sie im Ebenen-Bedienfeld den Smartfilter. Die aus Illustrator importierte Grafik wird wieder sichtbar und eine Auswahl mit dem Schnellauswahlwerkzeug orientiert sich nun an der blauen Himmelsfläche und nicht an den neuen Lichtkanten, die durch den Chrom-Effekt entstanden sind. Sinnvoll ist es, die Auswahl zu speichern, um eventuell später weitere Effekte darauf legen zu können oder andere Korrekturen vorzunehmen.

Schalten Sie den Smartfilter wieder sichtbar und aktivieren Sie das Masken-Icon im Bedienfeld *Ebenen*. Löschen Sie den gewählten Bereich.

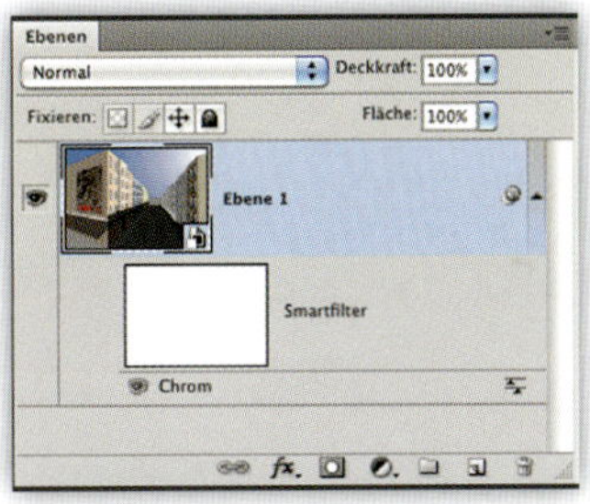

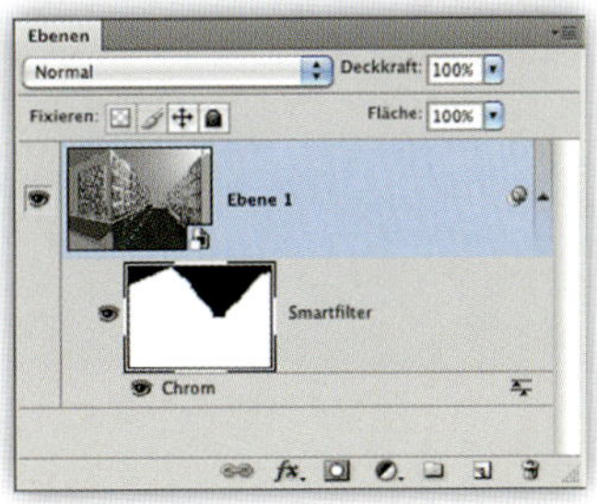

33 Maske bearbeiten

Das Masken-Icon im Bedienfeld *Ebenen* muss weiterhin aktiviert sein. Nun können Sie mit verschiedenen Werkzeugen, etwa dem Pinsel oder dem Radiergummi, die Maske bearbeiten, um Details der Grafik einzublenden. Begonnen wurde im Beispiel mit den Fenstern.

Um die Filterwirkung bei einzelnen Bildstellen wieder einzublenden, malen Sie mit weißer Farbe, Schwarz lässt die ursprüngliche Zeichnung zum Vorschein kommen.

Gerade Kanten ziehen Sie mit Hilfe einer Auswahl auf. Deaktivieren Sie hierzu im Ebenen-Bedienfeld erneut den Smartfilter und wählen Sie mit dem Zauberstab-Werkzeug beispielsweise die Wände der

Häuser. Um die Kanten natürlicher wirken zu lassen, stellen Sie die Auswahl im Dialog *Kante verbessern* ein. Schalten Sie hier zwischen der Vorschau mit Auswahlrahmen und der Masken-Vorschau hin und her: In der Vorschau mit Auswahlrahmen kontrollieren Sie die Grenzen der Auswahl, die Masken-Vorschau zeigt die weiche Kante (Abb. unten).

Schalten Sie die Auswahl unsichtbar (Befehlstaste + h), um die Ränder besser sehen zu können und entfernen Sie mit dem Radiergummi-Werkzeug Teile des Effektes.

Exkurs

Perspektivgitter in CS4 konstruieren

CS4

Illustrator CS4 bietet kein fertiges Perspektivgitter, ein eigenes Raster zur Konstruktion lässt sich jedoch recht schnell erstellen. Legen Sie hierzu eine eigene Ebene an, die Sie sperren und ausblenden können.

Parallel zur Augenhöhe des Betrachters liegt zunächst die Horizontlinie. Auf ihr platzieren Sie die beiden Fluchtpunkte, einer davon liegt links außerhalb der Arbeitsfläche. Eine Senkrechte bestimmt die Höhe des Hauses links im Vordergrund, auf ihr liegt zudem die Hausecke.

Ziehen Sie dann ausgehend von den Fluchtpunkten bis zu der Senkrechten die perspektivisch zulaufenden Hilfslinien, an denen sich die Fenster, Türen und Mauervorsprünge orientieren.

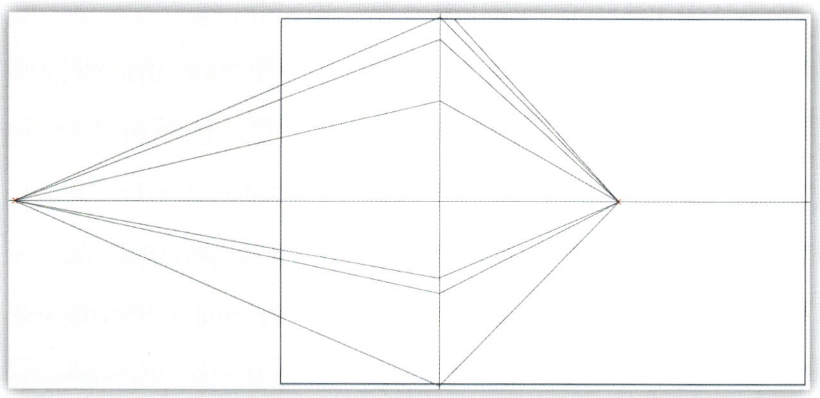

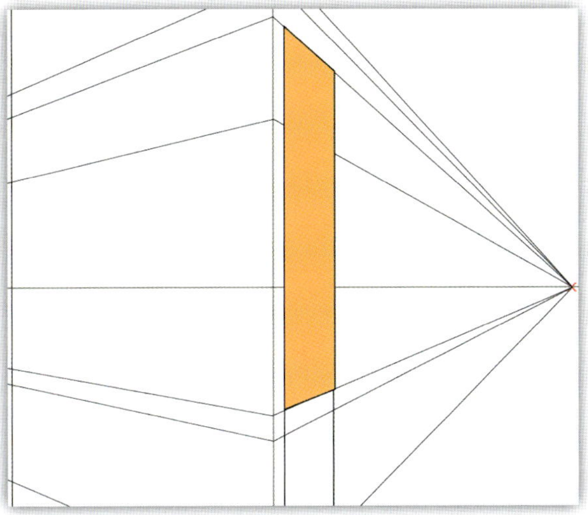

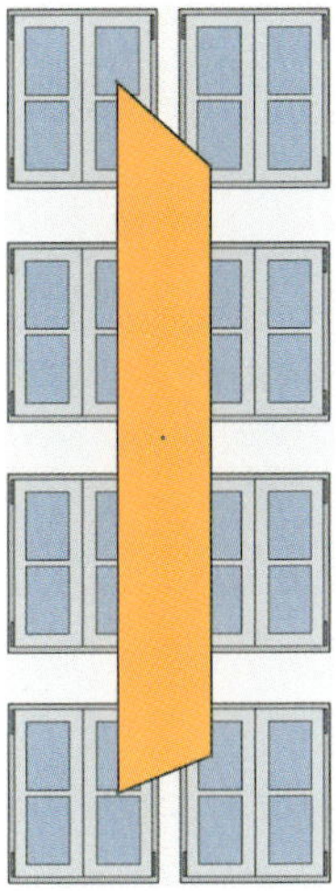

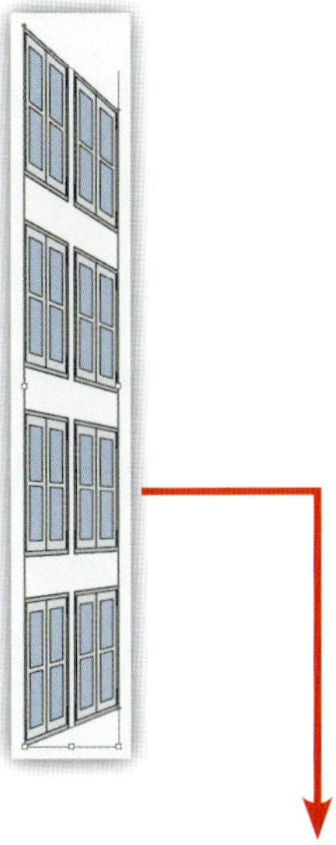

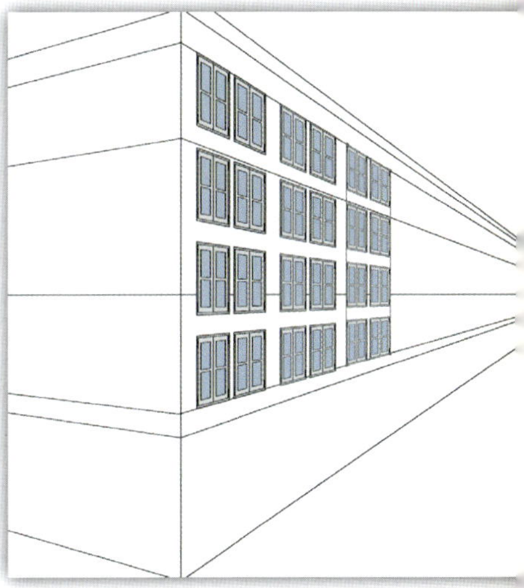

Die Fenster verzerren Sie als Gruppe über eine Verzerrungshülle. Da jedoch Illustrator bei Verzerrungen leider keine Verläufe berücksichtigt, färben Sie zunächst bei dem ersten Fenster die Scheibe und die Scharniere in einfarbige Flächen um. Mit gedrückter Alt-Taste ziehen Sie dann eine Kopie aus dem ersten Fenster. Halten Sie die Umschalt-Taste gedrückt, um das kopierte Fenster horizontal neben dem Original zu platzieren. Gruppieren Sie die beiden Objekte. Versetzen Sie drei weitere Kopien der beiden Fenster nach unten. Gruppieren Sie zum Schluss alle Fenster.

Ziehen Sie nun auf dem Perspektivgitter eine Fläche auf, die die beiden Fensterreihen einnehmen sollen. Das obere Bild zeigt diese Fläche zur besseren Orientierung gefärbt. Legen Sie die Fläche über den Fensterblock, die Größe der Fenster muss nicht mit der Fläche übereinstimmen, ebenso beeinflusst die Platzierung der beiden Formen zueinander das Ergebnis nicht. Über *Objekt > Verzerrungshülle > Mit oberstem Objekt erstellen* passen sich die Fenster der Form an.

Da die Winkel zur Unter- und Oberkante der Fensterblöcke bereits stimmen, können Sie alle weiteren Fenster über Kopien des vorhandenen Fensterblocks anfertigen. Halten Sie zum Verzerren die Umschalt-Taste gedrückt, um das Seitenverhältnis zu erhalten.

Alle weiteren Details, etwa das vektorisierte Bild für die Fensterspiegelung der vorderen Fenster, die Mauern oder das Plakat, fertigen Sie ebenso mit einer Verzerrungshülle an.

Index

K

L

M

N

O

P

Q

R

S